Kurt Jansen
Hans-Henning Jasper
Wolf-Dieter Bök

unter Mitarbeit von Tony Stockwell

Englisch im Berufsfeld Wirtschaft

Ein Kursbuch für den Englischunterricht in wirtschaftsorientierten Bildungsgängen der Sekundarstufe II

4., grundlegend überarbeitete Auflage

Stam 970375

Stam-Verlag Köln · München

Verlag H. Stam GmbH
Fuggerstraße 7 · 5000 Köln 90
Fernruf (0 22 03) 30 29-0

ISBN 3-8237-**0375**-7

Vorwort zur 4. Auflage

Dieses Kursbuch ist für den Englischunterricht in wirtschaftsorientierten Bildungsgängen der Sekundarstufe II bestimmt und baut auf Sprachkenntnissen auf, die zur Fachoberschulreife bzw. zum mittleren Bildungsabschluß führen. Es kann insbesondere an höheren Berufsfachschulen, Fachoberschulen, in entsprechenden Bildungsgängen der Kollegschulen und an Wirtschaftsgymnasien eingesetzt werden. Darüber hinaus ist die Verwendung von ausgewählten Themenbereichen in Englischkursen der Berufsschule mit kaufmännischer Fachrichtung möglich. Das Hauptziel ist es, die Schülerinnen und Schüler auf berufliche und außerberufliche Verwendungssituationen vorzubereiten aber auch Grundlagen für ein mögliches Studium zu vermitteln.

Da bei Eintritt in die Jahrgangsstufe 11 in der Regel stark voneinander abweichende Kenntnisse und Fertigkeiten vorhanden sind, dient **Part 1** des Buches der **Harmonisierung** dieser Vorkenntnisse. Inhalte und grammatische Strukturen aus der Sekundarstufe I werden aufgenommen, können wiederholt und im Hinblick auf die Anforderungen der Sekundarstufe II erweitert werden.

Diese Arbeit wird in **Part 2** des Buches fortgesetzt, wobei inhaltlich und methodisch im Sinne einer Schülerorientierung von privaten zu beruflichen Kommunikationssituationen hingeführt wird. Somit können Grundlagen der **Geschäftskommunikation** in Anbindung an den ersten Teil des Buches relativ früh und unter Beachtung eines integrativen Ansatzes erarbeitet werden.

Part 3 präsentiert mit Hilfe einer Vielfalt von Textsorten **wesentliche Aspekte der Bereiche Wirtschaft, Gesellschaft und Politik.** Der Problemorientierung und rollenspezifischen Argumentation werden besondere Bedeutung beigemessen. Zahlreiche Übungen widmen sich der Texterschließung, Textproduktion und Übersetzung, einschließlich themenbezogener Wortschatzerweiterung und Festigung grammatischer Strukturen, was der Erweiterung der mündlichen und schriftlichen Kommunikationsfähigkeit dient. Dieser Teil ist nicht durch eine vorgegebene Progression bestimmt und bietet dadurch Möglichkeiten einer flexiblen Kursgestaltung.

Part 4 führt die im zweiten Teil begonnene Behandlung von Kommunikationssituationen im geschäftlichen Alltag fort, indem die wichtigen Brieftypen der **Geschäftskorrespondenz** unter Berücksichtigung der Telekommunikation auf die Besprechung betrieblicher Probleme und Verhandlungen bezogen werden. Dabei wird die Anwendung verschiedener sprachlicher Strategien beachtet. Informationen über Abschluß, Erfüllung und Störung von Kaufverträgen, einschließlich der Zahlungs- und Lieferungsbedingungen, sollen das Verständnis des betriebswirtschaftlichen Zusammenhangs fördern und wesentliche Fachbegriffe vermitteln. Um bei der Erlernung der Fachsprache „Handelskorrespondenz" Lernhilfen zu geben, werden Musterbriefe, "guided letter writing" und eine sach- und kommunikationsbezogene Anordnung der Phraseologie vorgestellt, die die Grundlage für die sich anschließenden englisch-englischen und deutsch-englischen Übungen darstellen. Eine Übersetzung der "phrases" wurde, vielfachen Wünschen entsprechend, hinzugefügt.

Part 5 bietet je nach Interesse der Lernenden und der Dauer des Bildungsgangs die Möglichkeit, sich zusätzlich anhand von **Songs und Short Stories** mit fiktionalen Texten zu befassen.

Contents

Part 1 Harmonization

Part 2 Communication in Business (I)

Kurt Jansen
Hans-Henning Jasper
Wolf-Dieter Bök
unter Mitarbeit von Tony Stockwell

Englisch im Berufsfeld Wirtschaft

4. Auflage

Vokabelverzeichnis

zu Stam 97 0375

Stam 97 0994

Stam-Verlag Köln · München

Verlag H. Stam GmbH
Fuggerstraße 7 · 5000 Köln 90
Fernruf (0 22 03) 30 29-0

ISBN 3-8237-**0994**-1

Vocabulary

1.1.1 Twinning

twinning	Beziehung zwischen Partnerstädten
particularly	besonders
determine [di'tɜ:min]	beschließen
arise	entstehen
they play their part	sie spielen ihre Rolle
establish a link	eine Verbindung herstellen
Foreign Office	Außenministerium (Brit.)
similarly (adv)	ähnlich
historical background	geschichtlicher Hintergrund
inhabitant	Einwohner
civic exchange	Austausch zwischen Städten
relationship	Beziehung
confined to [kən'faind]	begrenzt auf
cross section	Querschnitt
in this respect	in dieser Hinsicht
class trip	Klassenausflug
careful preparations	sorgfältige Vorbereitungen
essential	wesentlich
host	Gastgeber
accomodate a guest	einen Gast unterbringen
they are about the same age	sie sind etwa gleich alt
apart from	abgesehen von
adequate ['ædikwət]	angemessen, entsprechend
take part in	teilnehmen an
economic [,i:kə'nɔmik]	wirtschaftlich
topical problems	aktuelle Probleme
native town	Heimatstadt
involved	hier: beteiligt
with regard to	im Hinblick auf

1.1.2 On the Way to England

his knowledge of English	seine Englischkenntnisse
fairly good	ziemlich gut
party	Reisegruppe
coach	Reisebus
M2 (motorway)	Autobahn M2 (entspricht A2 in der Bundesrepublik)
cross a border	eine Grenze überschreiten
produce a list	eine Liste hervorholen
participant	Teilnehmer
EC regulations	EG-Bestimmungen
contrary to	nicht vereinbar mit
Customs regulations	Zollbestimmungen
the officers from HM Customs and Excise	die Zollbeamten Ihrer Majestät der Königin
unlimited powers	unbegrenzte Befugnisse
deny a person's duty-free concessions	jdm. den zollfreien Einkauf verbieten
confiscate property	Besitz beschlagnahmen
take s.th. apart	etwas auseinandernehmen
pay for the damages	für den Schaden aufkommen
harmless	harmlos
professional secret	Berufsgeheimnis
a suspected person	eine verdächtige Person
file past	in Reihen vorbeigehen
harbour	Hafen
come forward	nach vorn kommen
identity card	Personalausweis
realize	feststellen
it is not so much	es ist nicht so sehr
idiom	Redewendung
make English appear a different language	läßt Englisch als andere Sprache erscheinen
"Anything to declare?"	„Haben Sie etwas zu verzollen?"
answer in the negative	verneinen
experience s.th.	etwas erleben, erfahren
a strange feeling	ein eigenartiges Gefühl
apparently (adv)	offensichtlich
famous for	berühmt wegen
founded	gegründet
show s.o. round	jdn. herumführen
countryside	Landschaft
flat	flach
alternate with	sich abwechseln

hilly	hügelig
agricultural areas	landwirtschaftliche Gebiete
lane	Fahrspur
eagerly	gespannt
look out for	Ausschau halten nach
allow direct access into	eine direkte Zufahrt nach ... ermöglichen
call out names	Namen aufrufen
match guests and hosts	für jeden Gast den passenden Gastgeber finden
he is looking forward to having a good time	er freut sich schon auf eine gute Zeit
pleasant [pleznt]	nett, angenehm
terraced houses	brit. Reihenhäuser
precisely [pri'saisli]	genau
sweetener	Süßstoff
enjoy	genießen
result from	sich ergeben aus
disregard	mißachten
decision	Entscheidung

1.1.3 How it All Started

date of birth	Geburtsdatum
similar	ähnlich
detail	Einzelheit
state	angeben, nennen, aufführen
host	Gastgeber
match	gleiches, Passendes auswählen
British Aerospace	größter Flugzeughersteller in GB
part-time job	Teilzeitbeschäftigung
Chamber of Trade	hier: örtliche Handelskammer
be a nuisance ['nju:sns]	lästig sein
cheers	hier: Tschüß
informal	zwanglos, ungezwungen, locker
training office	Lernbüro
assistant manager	stellvertretender Geschäftsführer
she used to work as	sie arbeitete früher als
Pleasure Beach	Vergnügungspark am Strand von Blackpool
hopefully	hoffentlich
conclude	folgern

1.1.4 The Private Letter

envelope	Briefumschlag
Post Town	selbständiger postalischer Ort
BLOCK CAPITALS	große Druckbuchstaben
county	Grafschaft (Verwaltungsbezirk)
when applicable	falls zutreffend
write in full	ausschreiben
abbreviation	Abkürzung
postcode	entsprechend dt. Postleitzahl
post a letter	einen Brief zur Post bringen, einwerfen
c/o Cotton	bei Cotton
layout	Entwurf, Plan, Aufbau
sender's address	Absender
salutation	Anrede
body of the letter	Briefinhalt
introduction	Einleitung
purpose ['pɜ:pəs]	Zweck
conclusion	Schluß
complimentary close	Grußformel
signature ['signitʃə]	Unterschrift
keep in mind	behalten
printed forms	Formulare
avoid	vermeiden
diary ['daiəri]	Tagebuch, Kalender
relatives	Verwandte
a close friend	ein enger Freund
it has taken me long to answer your letter	ich habe lange gebraucht, Deinen Brief zu beantworten
simply	einfach
promise	versprechen, das Versprechen
look forward to doing s.th.	sich darauf freuen, etwas zu tun
see you on Friday	bis Freitag
give my regards to	grüße ... von mir
describe	beschreiben

Brush up your English

appropriate [ə'prəupriət]	passend, entsprechend, geeignet
the words underlined	die unterstrichenen Wörter
departure	Abfahrt, Abflug
receive	erhalten
in case of emergency [i'mɜ:dʒənsi]	im Notfall
dial	wählen (Telefon)
advice (pl)	Ratschläge
sales manager	Verkaufsleiter
strike	Streik
cancel a flight	Flug stornieren
rate	hier: Tarif
platform	Bahnsteig
get off	aussteigen
give s.o. a lift	jdn. als Anhalter mitnehmen
hire a car	Auto mieten
coin	Münze
party in power	Regierungspartei
bus rover	Busfahrkarte für einen Tag
she is good at English	sie ist gut in Englisch
go for a walk	spazierengehen
possibility	Möglichkeit
solve a problem	ein Problem lösen
drop s.o. a line	jdm. ein paar Zeilen schreiben
convince	überzeugen

1.2.1 Typically English

prejudice	Vorurteil
opinion	Meinung
like	Vorliebe
dislike	Abneigung
adequate ['ædikwət]	angemessen, entsprechend
climate ['klaimit]	Klima
left-hand driving	Linksverkehr
bowler-hat	„Melone" (Hut)
whenever	wann immer
opportunity	günstige Gelegenheit
season	würzen
fish and chips	gebratener Fisch mit Pommes Frites
remember s.th.	sich an etwas erinnern
decide	entscheiden, beschließen
find out for oneself	selbst herausfinden
worse	schlechter
prove wrong	sich als falsch herausstellen
feature ['fi:tʃə]	Kennzeichen
in fact	tatsächlich
a great variety of	eine große Anzahl von verschiedenen
fence	Zaun
hedge	Hecke
protection against	Schutz vor
strange	eigenartig
paraphrase	umschreiben
consider s.th. to be	etwas für ... halten
proud	stolz
passionate ['pæʃənət]	leidenschaftlich
share an opinion	eine Meinung teilen

1.2.2 A 4-Person Middle-Class Household

I wonder if	ich möchte wissen, ob
to his surprise	zu seiner Überraschung
I do not mind the taste	der Geschmack macht mir nichts aus
home-made	selbstgemacht, hausgemacht
aircraft research	Flugforschung
represent interests	Interessen vertreten
community	Gemeinde
at national level	auf nationaler Ebene
advance	fördern
public administration	öffentliche Verwaltung
local expenditure	Ausgaben der Gemeinde
consumer affairs	Verbraucherfragen
sufficient [sə'fiʃnt]	genügend, ausreichend
leisure ['leʒə]	Freizeit
vocational courses	Berufsbildungskurse (entsprechen dt. Berufsschule)
office skills	Bürokenntnisse
realize	feststellen
spend time	Zeit verbringen

time-consuming	zeitaufwendig, zeitraubend
attend school	die Schule regelmäßig besuchen
GCSE (General Certificate of Secondary Education)	entspricht in etwa dt. Fachabitur
both the parents	beide Eltern
do a bit of gardening	ein wenig Gartenarbeit tun
barbecue ['ba:bikju:]	Grillen
First Division	1. Fußballiga in England
supporter	Anhänger
support	unterstützen
violence	Gewalt
be fond of	gern mögen
volunteer	sich bereit erklären
gently	freundlich
decline	ablehnen
complain	sich beklagen
tease	necken
starter	Vorspeise (besonders in England)
in comparison to	im Vergleich zu

1.2.3 Going Shopping

either ... or	entweder ... oder
department store	Kaufhaus
huge [hju:dʒ]	riesig
cash-and-carry market	Selbstbedienungsmarkt
choice	Wahl, Auswahl
slightly	geringfügig
have needs	Bedürfnisse haben
taste	Geschmack
provide for	sorgen für
mutton	Hammelfleisch
lamb	Lammfleisch
roast beef	Rinderbraten
supply [səp'lai]	Angebot
foodstuffs	Nahrungsmittel
accompany	begleiten
shopping centre	Einkaufszentrum
multi-storey car park	Parkhaus
suggest	vorschlagen
shopping arcade [a:'keid]	Einkaufspassage
at ground floor level	zu ebener Erde
retail market	Markt für Einzelhändler
roofed over	überdacht
facilitate	erleichtern
numerous ['njuməras]	zahlreich
stall	Marktstand
consumer goods	Verbrauchsgüter
ingredients	Zutaten
raspberry ['ra:zbəri]	Himbeere
jelly	Gelee
tin	Blechdose
custard power	Puddingpulver mit Vanillingeschmack
Cadbury	Schokoladenmarke
recipe ['resipi]	Herstellungsrezept
trifle	brit. Biskuitdessert
plain	einfach
fruit	Obst
strawberry	Erdbeere
1 pint	0,57 Liter
cream	Sahne
nut	Nuß
dish	Schüssel
bottom	Boden (einer Flasche, Schüssel)
soak	durchweichen
leave	ruhen lassen
liquid	flüssig, Flüssigkeit
cover	bedecken
decorate	verzieren
comparable	vergleichbar
proverb	Sprichwort

1.2.4 Telephoning in Britain

run a service	einen Dienstleistungsbetrieb führen
contain	enthalten
instruction	Anweisung
codes	Vorwahlnummern
dial ['daiəl]	wählen
common	gebräuchlich
operator	Vermittlung
Greenwich Mean Time (GMT)	Greenwich-Zeit (Unterschied zur kontinentalen Zeit in Europa)
ringing tone	Rufzeichen
engaged tone	Besetztzeichen
number unobtainable tone	Anschluß nicht erreichbar

pay tone	Aufforderung zum weiteren Münzeinwurf
telephone box	Telefonzelle
coin-operated	münzbetrieben
card-operated	mit Karte betrieben
cardphone	Telefon zum bargeldlosen Telefonieren (mit codierter Magnetkarte)
receiver	Telefonhörer
return a coin	eine Münze wieder herausgeben
continuation button	Knopf zur Fortsetzung eines Telefongesprächs mit nicht verbrauchten Münzen
accept	annehmen
credit card	Kreditkarten
a particular place	hier: ein bestimmter Ort
depend on	abhängen von
distance	Entfernung
bear s.th. in mind	an etwas denken
telephone subscriber	Fernsprechteilnehmer
give one's name	seinen Namen nennen
when being run	wenn sie angerufen werden
emergency services	Notruf (Polizei, Feuerwehr, Krankenwagen)
valuable	wertvoll
speaking clock	Zeitansage
cookery recipes	Kochrezepte
available	verfügbar
alarm call	Weckdienst
transferred charge call	R-Gespräch (Gebühr zahlt der andere Teilnehmer)
ADC (Advice of Duration Call)	Gespräch mit anschließender Mitteilung über Dauer und Kosten
amount	Betrag
Who's calling?	Wer spricht?
put through to	verbinden mit
hold on/hold the line	bleiben Sie am Apparat
busy ['bizi]/**engaged**	besetzt
for the time being	im Augenblick
get in touch with	sich mit ... in Verbindung setzen
pip	kurzer Ton
oversleep	sich verschlafen
mock phone call	simuliertes Telefongespräch
make a date	sich verabreden
invent	erfinden

Brush up your English

weather forecast	Wettervorhersage
disturb [dis'tɜ:b]	stören
the boys next door	die Jungen von nebenan
occasionally	gelegentlich
attend courses	Kurse besuchen
go window-shopping	einen Schaufensterbummel machen
every fortnight	alle 2 Wochen
pour [pɔ:]	in Strömen gießen
father-in-law	Schwiegervater
Ian [i:ən]	Jan
fiancé [fi'a:ŋsei]	Verlobter
apply for a job	sich um einen Arbeitsplatz bewerben
further education	Weiterbildung
spend money on	Geld ausgeben für
nursery school	Vorschule
primary school	Grundschule
secondary technical school	Realschule
clerk [kla:k]	Angestellter
spirits	Spirituosen
definitely ['definitli]	sicherlich
independent	frei, unabhängig
an item of news	eine Nachricht
occur [ə'kɜ:]	auftauchen
axe [æks]	Axt
awkward ['ɔ:kwəd]	peinlich
pick up fashion	sich nach der Mode kleiden

1.3.1 Holiday Making

comparatively	vergleichsweise
holiday resort [ri'zɔ:t]	Ferienort
boarding-house	Pension
BED & BREAKFAST	Übernachtung mit Frühstück in einer Familie (brit.)

besides	außer, neben
holiday camp	Feriendorf
village	Dorf, Kleinstadt
chalet ['ʃælei]	Landhaus (Schweizer Art)
camping site	Campingplatz
admit	zulassen
youth hostel	Jugendherberge
accomodation	Unterkunft
at reasonable prices	zu günstigen Preisen
boating holidays	Ferien auf einem Kanalboot
pleasant	angenehm
cruiser	Kreuzer
enjoy high popularity	sich großer Beliebtheit erfreuen
travel agent	Reisebürovertreter
recommend	empfehlen
Royal Britain	Königliches Britannien
confront s.o. with	jdn. mit ... konfrontieren
announce	ankündigen
relevant	entsprechend
travel agency	Reisebüro

1.3.2 Welcome to London – A Sightseeing Tour

empty seat	freier Sitzplatz
square	viereckiger Platz
column ['kɔləm]	Säule
erect	errichten
art collection	Kunstsammlung
sentry	(Wach-)Posten
reside [ri'zaid]	ansässig sein, wohnen
coronation	Krönung
found, founded, founded	gründen
embankment	Ufer
needle	Nadel
ancient	alt, ehemalig
fortress	Festung
house	beherbergen, unterbringen
H.M.S. (Her Majesty's Ship)	
permanent	ständig
naval museum	Schiffsmuseum
magnificent	großartig
redevelopment	Neuentwicklung
a disused wharf	eine stillgelegte Werft
monorail	Einschienenbahn
cope with	bewältigen
move	hier: verlegen
office	Büro
high-tech industry	hochtechnisierte Industrie
Lord Mayor	Oberbürgermeister
territory	Fläche, Gelände, Gebiet
masterpiece	Meisterwerk
destroy	zerstören
bury ['beri]	begraben
hub	Zentrum, Angelpunkt
archbishop	Erzbischof
sight	Sehenswürdigkeit
dusk	Abenddämmerung
topic	Thema
insult	verletzen, beleidigen
glimpse	flüchtiger Blick
x or y respectively	x bzw. y

1.3.3 Booking an Accomodation

book an accomodation	Unterkunft buchen
enthousiastic about	begeistert über
vacancies	freie Zimmer
on the occasion of	anläßlich
intend	beabsichtigen
enquiry	Anfrage
grateful	dankbar
lodge	Jagd-, Skihütte, kleines Haus
facility	Möglichkeit
activity	Unternehmung, Tätigkeit
query	Rückfrage

1.3.4 Arranging a Business Trip

market research	Marktuntersuchung
a sales promotion initiative	Werbekampagne
efficient	leistungsfähig
appointment	Besuch, Verabredung, Treffen

country code	Ländervorwahl
automatic switchboard	automatische Vermittlung
as a matter of fact	nun, ...
meeting point	Treffpunkt
that sounds promising	das hört sich vielversprechend an
computerize	auf Computer umstellen
itinerary [ai'tinərəri]	Reiseroute
pillar box	Briefkasten
accessory	Zubehör
turnover	Umsatz
sponsor	finanziell unterstützen, fördern
include	einschließen
prompt	Stichwort

Brush up your English

oral	mündlich
canteen	Kantine
recognize	erkennen
colleague	Kollege
propose marriage to s.o.	jdm. einen Heiratsantrag machen
be on the point of	gerade dabei sein, etwas zu tun
determined [di'tɜːmind]	entschlossen
reluctant	widerwillig
refuse	sich weigern
show s.o. round	jdn. herumführen
break a journey	eine Reise unterbrechen
attend language courses	Sprachkurse besuchen
keep s.o. company	jdm. Gesellschaft leisten
make up for the time lost	jdn. für die verlorene Zeit entschädigen
sunset	Sonnenuntergang
this very hour	genau jetzt
suggestion	Vorschlag
remark	bemerken, Bemerkung
shop assistant	Verkäufer/in
sound track	Originalfilmmusik
petrol price	Benzinpreis
chairman	Vorsitzender
principal	Schulleiter
fill in a form	ein Formular ausfüllen
brothers and sisters	Geschwister
shorthand	Kurzschrift
typing	Maschinenschreiben
labour exchange	Arbeitsamt
improve	verbessern
employee	Angestellte/r
get rid of	loswerden

2.1 A Day in an Office

appointment	Verabredung, Termin
take a seat	Platz nehmen
executive	leitender Angestellter
the day could be matched by	der Tag könnte typisch sein für
IN-tray	Ablagefach für Eingangspost
supplier	Lieferant
memo	(Akten-)Notiz, innerbetriebliche Mitteilung
directive	Anweisung
departmental manager	Abteilungsleiter
staff	Personal, Mitarbeiter
skim through	durchblättern
the draft of a circular	der Entwurf eines Rundschreibens
section	Abteilung
handle orders	Aufträge abwickeln
fit in the final version	die endgültige Fassung überarbeiten
get quick rulings	eine rasche Entscheidung bekommen
complaint	Beschwerde, Beanstandung
request	Bitte, Aufforderung, Ersuchen
plea	Einwendung
assurance	Selbstsicherheit
competence	Sachverstand, Kompetenz
clerical work	Büroarbeit

predominant	vorherrschend
accounting	Buchführung
filing	Ablage
personnel department	Personalabteilung
accounts and costing department	Buchhaltungs- und Kostenrechnungsabteilung
purchasing department	Einkaufsabteilung
sales department	Verkaufsabteilung
dispatch department	Versandabteilung
public relations department	Abteilung für Öffentlichkeitsarbeit
branch	Zweigstelle, Filiale
subsidiary	Tochtergesellschaft
competitor	Konkurrent
authority	Behörde
insurance company	Versicherungsgesellschaft
forwarding agent	Spediteur
information agency	Auskunftei

Brush up your English

exhibition	Ausstellung
audience	Publikum
broadcast news	Nachrichten senden
mail-order house	Versandhaus
on receipt of the goods	bei Wareneingang
hair-dryer	Haartrockner

2.2 Forms of Business Organization

forms of business organization	Unternehmensformen, Rechtsformen der Unternehmung
sole proprietorship	Einzelunternehmung
entrepreneur	Unternehmer
sole trader	Einzelkaufmann
enterprise	Unternehmung
assets	Vermögen, Aktiva
partnership	Personengesellschaft
pool financial resources	finanzielle Mittel zusammenlegen
operate a business enterprise	eine Unternehmung/Geschäft führen
know-how	Sachkenntnis, Fachwissen
hence	folglich, daher
share profits or losses	Gewinne oder Verluste teilen
take share in the management	an der Geschäftsführung beteiligt sein
sleeping partner	stiller Gesellschafter
be liable for debts	für Schulden haften
liability	Haftung
ordinary partnership	etwa: offene Handelsgesellschaft, OHG
limited partnership	etwa: Kommanditgesellschaft, KG
limited partner	beschränkt haftender Gesellschafter, Kommanditist, Teilhaber
ordinary/general partner	unbeschränkt haftender Gesellschafter, Komplementär, Vollhafter
joint-stock company	Kapitalgesellschaft
legal person	juristische Person
share	Kapitalanteil, Aktie
shareholder	Aktionär
private limited company	etwa: Gesellschaft mit beschränkter Haftung, GmbH
public limited company	etwa: Aktiengesellschaft, AG
subscribe for shares	Geschäftsanteile (Aktien) zeichnen
Stock Exchange	Börse
issue shares	Aktien herausgeben
subject to strict regulations	strengen Bestimmungen unterliegen
fraud	Betrug
grocer	Lebensmittelhändler
supermarket chain	Supermarktkette
monopoly power	Macht durch ein Monopol/alleinige Beherrschung

Brush up your English

treatment	Behandlung
celebrate a party	eine Party feiern
fortune	Glück, Vermögen
book in advance	vorbestellen

2.3 The Business Letter

heading	Briefkopf
fax (=telefax)	Telefax
reference initials	Bezugszeichen
our ref.: (= reference)	unser Zeichen
your ref.:	Ihr Zeichen
attention line	Vermerk „zu Händen"
(for the) attention (of)	zu Händen von
salutation	Anrede
subject line	Betreffzeile
electrical household appliances	elektrische Haushaltsgeräte
inquiry/enquiry	Anfrage
supply	liefern
body of the letter	Brieftext
appropriate discounts	entsprechende Preisnachlässe
relevant literature	wichtige Prospekte
contact a person	sich mit einer Person in Verbindung setzen
complimentary close	Grußformel, Schlußformel
Yours faithfully	Hochachtungsvoll
enclosure	Anlage
letterhead	Briefkopf
P.O. Box (= Post Office Box)	Postfach
a growing tendency	eine steigende Tendenz
colon	Doppelpunkt
"re" line	Betreffzeile, Betreff
Yours sincerely	Mit freundlichem Gruß
omit	auslassen
signatory	Unterzeichner
indicate	anzeigen, angeben
margin	Rand

2.4 Preparing a Contract of Sale

contract of sale	Kaufvertrag
in stock	auf Lager
quotation	Preisangebot, Preisangabe
subject to certain conditions	abhängig von bestimmten Bedingungen
quote a price	einen Preis nennen, ein Preisangebot machen

2.4.1 Inquiry

advertisement	Anzeige, Annonce
manufacturer	Hersteller
light(ing) fittings	Beleuchtungskörper
special lighting purposes	besondere Beleuchtungszwecke
illumination at work	Arbeitsplatzbeleuchtung
fit into one's line	in das Sortiment passen
sales manager	Verkaufsleiter
issue	Ausgabe (einer Zeitung)
range	Auswahl, Kollektion, Sortiment
sales literature	Verkaufsprospekte
appreciate	dankbar sein für, schätzen, zu würdigen wissen
refer to	sich beziehen auf
we have learnt from Messrs Brown & Co.	wir haben von der Firma Brown & Co. erfahren
we have learnt from your advertisement	wir haben Ihrer Anzeige entnommen
we understand that you are a dealer in	wie wir hören, sind sie Händler für
we are in the market for	wir haben Bedarf an, wir benötigen
our stock is nearly exhausted/running low	unser Lagervorrat geht zur Neige
sample	Muster, Musterstück

pattern	Muster, Stoffmuster
submit an offer	ein Angebot unterbreiten
terms (of payment) and conditions (of delivery)	Zahlungs- und Lieferbedingungen
competitive	konkurrenzfähig
place regular orders	regelmäßige Aufträge erteilen
substantial repeat orders	beträchtliche Wiederholungsaufträge, Nachbestellungen
we refer you to	wir verweisen Sie an
creditworthiness	Kredigwürdigkeit
equip	ausstatten, ausrüsten
display goods at a fair	Waren auf einer Messe ausstellen
representative	Vertreter
arrange for consultations	ein Beratungsgespräch vereinbaren
ready sale	schneller Absatz
fancy goods	modische Artikel, Modewaren
favourable site	günstige Lage
commercial spot	Werbesendung, -spot
pocket calculator	Taschenrechner

vacancy	freies Zimmer
brand	Handelsmarke
introductory offer	Einführungsangebot

model kit	Modellbaukasten
popular	beliebt
sample	Musterstück
leading importer	führender Importeur
competitive	wettbewerbsfähig

season	Saison
colour sample card	Farbkarte
important orders	größere Bestellungen

Brush up your English

unpack	auspacken

strenuous ['strenjuəs] **efforts**	eifrige Bemühungen
pass an exam	eine Prüfung bestehen
traffic warden	Person zur Überwachung des ruhenden Straßenverkehrs
debt	Schuld
advise	einen Rat geben
rely on s.o.	sich auf jdn. verlassen
argue with s.o.	mit jdm. streiten
apologize for	sich für ... entschuldigen
succeed in	gelingen
be used to	gewohnt sein
be accused of	angeklagt, beschuldigt sein
be accustomed to	gewohnt sein
miss a train	einen Zug verpassen
join the army	zum Militär gehen (freiwillig)
behaviour	Verhalten, Benehmen

solve a crossword puzzle	ein Kreuzworträtsel lösen
consult a dictionary	in einem Wörterbuch nachsehen
street map	Stadtplan

pedestrian	Fußgänger
state one's requirements	seinen Bedarf angeben
escape	fliehen, entwischen
favourable	günstig

seasick	seekrank
handle a gun	mit einem Gewehr umgehen

disappointed	enttäuscht
hide	verstecken
poor knowledge	geringes Wissen
surround	umgeben

3.1 The Household as a Mirror of Basic Economic Problems

economics	Wirtschaftswissenschaften
housekeeping money	Haushaltsgeld
manage on	auskommen mit
insufficient	unzureichend
essentials	Notwendigkeiten des Lebens
according to priority	entsprechend der Vorrangigkeit
go without fires	ohne Heizung auskommen
ridiculous	lächerlich
catch (a) cold	sich erkälten
this sounds sensible	das klingt vernünftig
emerge	hervorgehen, auftauchen
exchange of goods	Güteraustausch
short of	knapp an
our wants are unlimited	unsere Bedürfnisse sind unbegrenzt
scarcity	Knappheit
resources	Mittel
economize	wirtschaften
be willing	bereit sein
importance	Bedeutung
increase	ansteigen, Anstieg
insufficient	unzureichend
task	Aufgabe
waste	Verschwendung
do overtime	Überstunden machen
economic	wirtschaftlich
economical	sparsam
economist	Wirtschaftswissenschaftler
financial policy	Finanzpolitik
determine [di'tə:min]	bestimmen
social science	Sozialwissenschaft
save money	Geld sparen
economy class	Touristenklasse
root	Wurzel
drive downtown	in die Stadt fahren
consumption	Verbrauch
fellow student	Mitschüler
beyond our means	außerhalb unserer finanziellen Möglichkeiten
the amount available	der zur Verfügung stehende Betrag
at her disposal	zu ihrer Verfügung
be backed by	dahinter stehen
purchasing power	Kaufkraft
obtain	erhalten, bekommen (auf Grund eigener Bemühungen)
on an average	im Durchschnitt
table	Tabelle
statistics (pl)	Statistik
expenditure (on)	Ausgabe (für)
footwear	Schuhwerk
housing	Wohnen
fuel	Wärme
power	Elektrizität
recreation	Erholung
entertainment	Unterhaltung
education	Bildung
component part	Bestandteil
amount to	sich belaufen auf
decrease	Rückgang, zurückgehen
increase	Anstieg, ansteigen
be fed up with	genug haben von
reminder	Mahnung
Ministry of Health	Gesundheitsministerium
booze (sl)	Besäufnis, Suff; saufen
nourishing food	nahrhafte Lebensmittel
thirst	Durst
guzzle	saufen, wegtrinken

3.2 The Principle of Mass Production

dominant feature	vorherrschendes Kennzeichen
standing expenses	feste Kosten
overhead expenses	Gemeinkosten
units	Produktionseinheiten
is correspondingly reduced	wird entsprechend verringert
power-driven machines	mit Energie betriebene Maschinen
large-scale production	Massenfertigung
assembly line	Montageband
main pillar	Hauptstütze
luxury item	Luxusartikel

try the utmost	versuchen das Äußerste
prerequisite	Voraussetzung
keep the system going	das System in Gang halten
mass produced goods	Massenproduktionsgüter
sales decrease	der Absatz geht zurück
be run at full capacity	voll ausgelastet werden
it will not pay	es macht sich nicht bezahlt
previously ['pri:vjəsli]	vorher
abolish	abschaffen
criticism	Kritik
they lack individuality	ihnen mangelt es an Individualität
environmental issues	Umweltprobleme

a lack of	ein Mangel an
steam engine	Dampfmaschine
keep alive	am Leben erhalten
afford	sich leisten
decreasing value of money	sinkender Geldwert
robot	Roboter
larger output	größere Produktionsmenge
replacement of physical labour	Ersatz körperlicher Arbeit
prescribed speed of work	vorgeschriebenes Arbeitstempo
throw-away mentality	„Wegwerf"-Mentalität
surplus supply	Überschußangebot

promote sales	Absatz fördern
beverage	Getränk
market analysis	Marktanalyse
draft	entwerfen
maintenance of a vehicle	Unterhaltung eines Fahrzeugs
brand	Marke
the money at their disposal	das Geld, das ihnen zur Verfügung steht
reel off	abspulen, herunterrasseln
bear responsibility	Verantwortung übernehmen
skimpy	knapp
put the brakes on s.th.	etwas bremsen
upswing	Aufschwung

3.3 Industrialism and Environment

predict	vorhersagen
prediction	Vorhersage
be based on	basieren auf
economic terms	wirtschaftliche Bedingungen
double ['dʌbl]	sich verdoppeln
doubt [daut]	bezweifeln
desirability	Erwünschtheit
achieve	erreichen
ecological balance	ökologisches Gleichgewicht
maintain	aufrechterhalten
despite	trotz
intervention	Eingreifen
scale	Grad
primarily ['praimərili]	hauptsächlich, in erster Linie
be located	liegen
obvious ['ɔbviəs]	offensichtlich
in recent years	in den letzten Jahren
ignore	nicht zur Kenntnis nehmen, ignorieren
border	Grenze
of international concern	von internationaler Bedeutung
acid rain	saurer Regen
rural	ländlich
suffer from	leiden unter
kill off	vernichten, ausrotten
pollutant	Schadstoff
be belched out	ausstoßen, ausspeien
smokestack	Schornstein
exhaust fumes	Auspuffgase
nuclear disaster	nukleare Katastrophe
contaminate	vergiften
long-term damage	langfristiger Schaden
cancer	Krebs
emphasize ['emfəsaiz]	betonen
reliable	zuverlässig
handy	praktisch
rubbish dump	Mülldeponie

border on	grenzen an
sewage ['sjuidʒ]	Abwasser
pollute	verschmutzen
to such an extent	in einem solchen Ausmaß
environmentalist	Umweltschützer
dismal ['dizməl]	düster, trübe, bedrückend
disastrous	fürchterlich
deadly	tödlich
chemical residues ['rezidju:z]	chemische Rückstände
get away with fright	mit dem Schrecken davonkommen
divine	göttlich
henceforth	in Zukunft
downstream	flußabwärts
drinking water plants	Wasserwerke
toxic	giftig
mankind	die Menschheit
apparently	offensichtlich
be aware of	sich bewußt sein
threat	bedrohen, Bedrohung
minimize	möglichst gering halten
with regard to	hinsichtlich
conservationist	Umweltschützer
nature's equilibrium	das Gleichgewicht der Natur
ecosystem	Ökosystem
prevent	verhindern
reduce	verringern
recycle	wiederverwerten
extinct	ausrotten, auslöschen
life expectancy	Lebenserwartung
cancer-causing rays	krebsverursachende Strahlen
insecticide	Insektenvernichtungsmittel
poison	Gift
chlorofluorcarbon (CFC)	Fluorkohlenwasserstoff (FCKW)
litter	Abfall
spray cans	Sprühdosen
rubbish	Abfall
garbage	Müll
ozone layer	Ozonschicht
greenhouse effect	Treibhauseffekt
dispose of s.th.	etwas loswerden
smog (smoke + fog)	Smog
emit	ausstoßen
unleaded petrol	bleifreies Benzin
catalytic converter	Katalysator
expose s.th. to	etwas einer Sache aussetzen
deaf [def]	taub
eardrums	Trommelfell
decibel	Dezibel (Maßeinheit für Geräuschmessung)
nuclear power station	Atomkraftwerk
wind farm	Windanlagen (zur Stromerzeugung)
bleak	trübe
turning point	Wendepunkt
the ... the	je ... desto
DDT	Insektenvernichtungsmittel
densely populated	dicht besiedelt
suffix	angehängte Endung
bone	Knochen
bright	hell, leuchtend
bring up to strength	verstärken
sound the alarm	Alarm schlagen
be of an opinion	einer Meinung sein
take into account	berücksichtigen
take into consideration	berücksichtigen
take for granted	als selbstverständlich betrachten
justify	rechtfertigen
quotation	Zitat
as proof of	als Beweis für
the pros and cons	das Für und Wider
advantage	Vorteil
disadvantage	Nachteil
weigh up	abwägen
cause	Ursache
draw a conclusion	Schlußfolgerung ziehen
in favour of	zugunsten, für
contradict	widersprechen
convincing	überzeugend
condemn	verurteilen
compromise	einen Kompromiß finden
versus ['vɜ:səs]	gegen
law court	Gericht
interfere with	sich einschalten
refuse dump	Mülldeponie
dustbin	Mülleimer
the left-overs	die Reste

the public response	die Reaktion der Öffentlichkeit
reuse [ri'ju:z]	wiederverwenden
anxiety	Furcht
worry	Sorge
pesticide	Pestizid, Unkrautvernichtungsmittel
poultry	Geflügel
confidence	Vertrauen
ensure	gewährleisten
fertiliser	Dünger

3.4 Production and Distribution

distribution	Verteilung
be involved in	zu tun haben mit
service	Dienstleistung
necessities	Lebensbedürfnisse
clothing	Kleidung
shelter	Wohnung
luxuries	Luxusgüter
essential	wesentlich
in turn	wiederum
satisfy	befriedigen
roughly ['rʌfli]	grob
raw material	Rohmaterial
extractive industry	Industrie zur Gewinnung von Naturprodukten
convert	umwandeln
semi-finished	halbfertig
means	Mittel
trade	Handel
wholesale trade	Großhandel
retail trade	Einzelhandel
warehousing	Lagerung
insurance	Versicherung

3.4.1 Chains of Production

chain of production	Produktionskette
stage	Stadium, Schritt
final consumer	Endverbraucher
figure	Bild, Darstellung
simplified	vereinfacht
not for resale	nicht zum Wiederverkauf gedacht
producer goods	Produktionsgüter
home	binnen ...
survival	überleben
brochure	Broschüre
oil related industries	ölverarbeitende Industriezweige
pottery	Keramik
jewellery	Schmuck
man-made fibres	Kunstfasern
tinplate	Zinnblech
non-ferrous	nicht-eisenhaltig
oil-refining	Ölraffinerie
select	aussuchen
get bored	sich langweilen
perform a task	eine Arbeit/Aufgabe tun
aptitude	Eignung
go on strike	in einen Streik treten
be affected	beeinträchtigt, betroffen sein

3.4.2 Channels of Distribution

marketing board	Vermarktungsdienst
retailer	Einzelhändler
wholesaler	Großhändler
store	lagern, Lager
the final link	das letzte Glied
suitable	geeignet
increasingly	in steigendem Maße
chain stores	Ladenkette
mail order	Versand(haus)
retail cooperative societies	genossenschaftlich organisierte Einzelhändler
doorstep selling	Verkauf an der Haustür
mobile shop	Verkaufswagen
automatic vending	Automatenverkauf
cash points	kleine Kassen im Inneren des Geschäfts
dotted	verstreut
perishable goods	leicht verderbliche Waren
regain	wiedergewinnen
voluntary	freiwillig
pass on	weitergeben
benefit	Gewinn
compete with	konkurrieren mit
in view of	hinsichtlich
twofold	zweifach
sole	einzig, einzeln, allein

well-to-do	wohlhabend
dividend stamps	Rabattmarken
rent	mieten, pachten
electronic check-out	elektronische Registrierkasse
light-pen	Lichtgriffel
theft	Diebstahl
convey	liefern, bieten
laser beam	Laserstrahl
accurate	genau
cashier [kæ'ʃiə]	Kassierer
purchase	kaufen, Kauf
scan	abtasten
bar code	Strichcode
shelf, shelves	Regal
responsible for	verantwortlich für
showroom	Ausstellungsraum

3.5 Techniques of Advertising

advertising	Werbung
devise an advertisement	eine Anzeige entwerfen
choose in preference to	bevorzugen gegenüber
juicy	saftig
sizzle	zischen
brand	Hasndelsmarke
promote sales	den Verkauf fördern
woo	umwerben, verführen
wheedle	beschwatzen
hoodwink	täuschen
label a product	ein Produkt benennen, etikettieren
association	Gedankenverbindung
grease	Schmiere
smart	schick
ads	Anzeigen
candlestick	Kerzenleuchter
carefree	sorglos
fragrance	Duft, Aroma
elusive	schwer zu bekommen
link with	verbinden mit
be blinded	geblendet werden
bad conscience	schlechtes Gewissen
guilt feelings	Schuldgefühle
admen	Werbefachleute
feature famous people	berühmte Leute groß herausstellen
advert	Anzeige
deceive	täuschen
eye-catching billboards	ins Auge fallende Reklametafeln
commercial spot	Werbespot (im Radio/Fernsehen)
classified advertisements	Kleinanzeigen
mislead	irreführen
claim	Behauptung, behaupten
exaggerated [ig'zædʒəreitid]	übertrieben
endanger	gefährden
the favourites in entertainment	Lieblingsunterhaltung
specimen	Muster
hygienic [hai'dʒi:nik] **disposal**	hygienische Entsorgung
balance of payments	Zahlungsbilanz
it makes sense	es gibt Sinn
I suppose	ich nehme an
unaccompanied	ohne Begleitung, allein
curl up	sich zusammenrollen
lap	Schoß
trace	ausfindig machen
go off-duty	frei haben
domestic	häuslich
I remember the boy though	ich erinnere mich aber an den Jungen
dedication	Hingabe, Engagement
courier ['kuriə]	Verbindungsmann
hawk	Falke
dateline	Datumsgrenze
chronometer	Uhr
update	auf den neuesten Stand bringen
tough	fest, widerstandsfähig
metal shell	Metallhülle
rugged	hier: rauh
leather ['leðə] **strap**	Lederband
quartz movement	Quartzgehwerk
acceleration	Beschleunigung
camaraderie [,kæmə'ra:dəri]	Kameradschaft, Kumpanei
aerodrome	Flugplatz (brit.)
wind-up windows	Kurbelfenster
retractable	einziehbar

headlight	Scheinwerfer
headlamp washer	Scheinwerferwaschanlage
econometer	Ökonometer
female voice readout	Datenangabe durch weibliche Stimme
turbo charge	Turbolader
remote control door mirrors	fernbediente Außenspiegel
cruise control	Temporegler
peppy (sl)	schwungvoll
tucked away	versteckt, verstaut
visibility	Sicht
depress	niederdrücken

counterpart	Gegenstück
intriguing	fesselnd, faszinierend
weld	schweißen
drive screws	Schrauben drehen
comprehend	begreifen
sophisticated	anspruchsvoll
vital	lebenswichtig
future-oriented	zukunftsorientiert
aviation	Luftfahrt
aeronautics	Luftfahrt(kunde)
researcher	Forscher
challenge	Herausforderung

knitwear	Strickwaren
buying decision	Kaufentscheidung
persuade	überreden
garlic	Knoblauch
long for	sich sehnen nach
mellow puff	weicher Zug (Rauchen)
apart from	abgesehen von
gorgeous [ˈgɔːdʒəs]	toll, großartig
share of the market	Marktanteil
sales talk	Verkaufsgespräch
tin-opener	Dosenöffner
florist	Blumenhändler

3.6 Dynamic Management in a World of Bits and Bytes

be endowed with	ausgestattet sein mit
integrated electronics	Mikroprozessoren
striking	aufsehenerregend
overcome obstacles	Hindernisse überwinden
jam s.th. onto	zusammenpressen
tiny memory chips	winzige Speichereinheiten
a big leap forward	ein großer Sprung vorwärts
pioneer	Pionierarbeit leisten
long-predicted	lange vorhergesagt
wristwatch	Armbanduhr
pinball machine	Flipper
cash register	Registrierkasse
pocket calculator	Taschenrechner
related devices	damit verbundene Geräte
realiable	zuverlässig
relay	Relais
switch	Schalter
timer	Zeitmesser
obsolete	veraltet
core memories	Zentralspeichereinheiten
store	speichern
binary	binär
coded	kodiert
integrated circuits	integrierte Schaltkreise
expansion	Ausdehnung
skilled staff	Fachpersonal
hang on to	festhalten an
fire a person	jdn. entlassen
foreman	Meister, Vorarbeiter
flop	versagen
promote	befördern
more demanding jobs	Posten mit höheren Ansprüchen
split the tasks	die Aufgaben teilen
monitor	kontrollieren
operational freedom	Handlungsspielraum
streamline	rationalisieren
the engineer in charge of	der verantwortliche Ingenieur
neglect new opportunities	neue Gelegenheiten vernachlässigen
moan	stöhnen

human traits	menschliche Züge
wp skills (word processing)	elektronische Textverarbeitungskenntnisse
varied workload	unterschiedliches Arbeitspensum
single	alleinstehend
subjects studied	Studienfächer
previous	früher
marital status	Familienstand
school attendance	Schulbesuch
superior	Vorgesetzter
executive	leitender Angestellter
do one's work properly	Arbeit ordentlich tun
work overtime	Überstunden machen

3.7 Trade Unions in Britain

trade unions	Gewerkschaften
occupation	Beruf, Beschäftigung
negotiate pay	über Lohn verhandeln
terms and conditions of employment	Arbeitsbedingungen
educational facilities	Bildungsmöglichkeiten
legal advice	Rechtsbeistand
benefit payment	Unterstützungszahlung
industrial dispute	Streik
merger	Fusionierung von Gesellschaften
decade	Jahrzehnt
synonymous with	gleichbedeutend mit
autocratic	unumschränkt
hire a worker	einen Arbeiter einstellen
at will	nach eigenem Gutdünken
crumble	zerbröckeln
a bitter defeat	eine bittere Niederlage
shutdown	Stillegung
immunity from legal action	Strafbefreiung
picketing	Streikpostenstehen
industrial relations	Beziehungen zwischen Arbeitgebern und Arbeitnehmern bzw. Gewerkschaften
result in	zur Folge haben
expand	ausdehnen
union density	Gewerkschaftsdichte
de-unionisation	Loslösung von der Gewerkschaft
bleak	trüb
blue-collar (worker)	Arbeiter
greenfield site	Gelände außerhalb einer Stadt
single-union deal	Vertrag mit nur einer Gewerkschaft
no-strike clause	Streikverzichtsklausel
invariably	ausnahmslos
insist on	bestehen auf
to call in question	in Frage stellen
overdue	überfällig
ammunition	Munition
nurse	Krankenschwester
striking	aufsehenerregend
message	Anliegen
Dock Labour Scheme	(politisches) Programm für die Dockarbeiter
predictable	vorhersehbar
take s.th. in/into one's stride	etwas spielend schaffen
in the mid-1−90s	in der Mitte der siebziger Jahre
unpalleted goods	lose, nicht auf Paletten verpackte Waren
lightning strikes	Überraschungsstreiks
entity ['entəti]	Wesen, Ding; Rechtspersönlichkeit
affiliated	angeschlossen
public founding	öffentliche Unterstützung
hearing aid	Hörgerät
wildcat strike	wilder Streik

3.8 Woman's Place in a Man's World

exploit	ausbeuten
treat as inferior	als minderwertig behandeln
debar from	ausschließen von
equip	ausstatten
ascribed by nature	naturbedingt

focus on the question	auf die Frage konzentrieren
aim	Ziel
sentence	Verurteilung
solitary confinement	Einzelhaft
release	Entlassung
cage	Käfig
scatter	verstreuen
drudgery	Plackerei
chained to the house	ans Haus gebunden
right setting	richtige Rahmenbedingungen
make a proper job	hier: jdn. mit Arbeit ausfüllen
routine clerical work	Routinearbeit im Büro
skilled female operatives	Facharbeiterinnen
apprenticeship	Ausbildungsverhältnis
distinctly odd	Ausgesprochen seltsam
statistician	Statistiker
Stock Exchange	Börse
infinitely	unendlich
superior to	überlegen
graduates	Absolventen von Universitäten
even temperament	ausgeglichenes Temperament
affect	betreffen, beeinträchtigen
preferably	vorzugsweise
it can't be denied	es läßt sich nicht leugnen
on equal terms	zu gleichen Bedingungen
parental	elterlich
applicant	Bewerber
damp down	dämpfen
enthusiasm	Begeisterung

3.9 Minorities and Prejudice

minority	Minderheit
prejudice ['predʒədis]	Vorurteil
civilian	Zivilist, Zivil
science degree	Diplom in einem wissenschaftlichen Fach
urgent demand	dringende Nachfrage
qualified labour	qualifizierte Arbeitskräfte
service career	militärischer Werdegang
be notified of	über etwas benachrichtigt werden
letter of application	Bewerbungsschreiben
to feel on top of the world	sich obenauf fühlen
receptionist	Empfangsdame
smartly polished	blank geputzt
consult a diary	im Terminkalender nachsehen
verify a statement	eine Aussage auf die Richtigkeit hin überprüfen
cup one's hand around	mit der Hand abschirmen
mouthpiece	Sprechmuschel
privacy	Heimlichkeit
hostility	Feindseligkeit
retreat	zurückgehen
spacious	geräumig
circuit	Schaltkreis
thorough	streng
relaxed	entspannt
pay off	sich auszahlen
associate	Teilhaber, Gesellschafter
appointment	Ernennung, Einstellung
affect	beeinträchtigen
drained of s.th.	leer von
volunteer	sich freiwillig melden
meaningless game	bedeutungsloses Spiel
create tension	Spannung erzeugen
municipal services	städtische Dienstleistungen
developing countries	Entwicklungsländer
advisable	ratsam
trust	vertrauen
dormitory	Schlafsaal
acquire skills	Fähigkeiten erwerben
be applied	angewendet werden
pay taxes	Steuern zahlen
remit money	Geld überweisen
savings	Ersparnisse

3.10 The European Community

sit for a certificate	eine Prüfung für einen Abschluß machen
curriculum	Stundenplan
mother tongue	Muttersprache
data-processing	Datenverarbeitung
school-mate	Schulkamerad
knack [næk]	Trick, gewisser Kniff
have access to	Zugang zu ... haben
computer library	hier: Datenbank
remote data transmission	Datenfernübertragung
rail fan	Eisenbahnfan
magnetic monorail	Magnetschwebebahn
through train	durchgehender Zug
accessible	zugänglich, erreichbar
telecall	Ferngespräch
set examination papers	Prüfungsaufgaben stellen
procedure	Verfahren
negotiation	Verhandlung
fail	scheitern
veto	Einspruch
enlargement	Erweiterung, Vergrößerung
in favour of	für, zugunsten
treaty	Vertrag
referendum	Volksabstimmung
election	Wahl
objectives	Ziele
quota	Einfuhrkontingente
monetary union	Währungsunion
supervise	überwachen
settle a dispute	einen Streit schlichten
interpret a treaty	einen Vertrag auslegen
compensate	entschädigen
balance of payments	Zahlungsbilanz
agree on	sich einigen auf
televised	im Fernsehen übertragen
commend	loben
let alone	ganz zu schweigen von
commit to	verpflichten zu
omit	unterlassen, vergessen
interpolation	Einschiebung
sovereignty	Souveränität, politische Selbständigkeit
hold precedence over	Vorrang haben vor
explicit	deutlich, offen, klar

4.1 Conclusion of a Contract of Sale

conclusion of a contract of sale	Abschluß eines Kaufvertrages
acknowledgement of order	Auftragsbestätigung
counter-proposal	Gegenvorschlag
revoke an offer	ein Angebot widerrufen
mail	(mit der Post) abschicken
come about	entstehen

4.1.1 Order

be bound by an offer	an ein Angebot gebunden sein
descriptive literature	Informationsmaterial
total	Gesamtsumme
the quality comes up to our wishes	die Qualität entspricht unseren Wünschen
feel	glauben, meinen
concession	Zugeständnis, Entgegenkommen
I'll put you through to	ich verbinde Sie mit
your products fit into the line	Ihre Produkte passen in unser Warensortiment
rate of exchange	Wechselkurs
introductory discount	Einführungsrabatt
good-will discount	Gefälligkeitsrabatt
would you confirm this order	würden Sie diesen Auftrag bestätigen
trial order	Probeauftrag
special discount	Sonderrabatt
forward goods	Waren versenden, befördern

ship goods	Waren verschiffen, versenden
acknowledge receipt	den Empfang bestätigen
undermentioned goods	unten aufgeführte Waren
place an order with s.o.	jdm. einen Auftrag erteilen
terms stated below	unten aufgeführte Bedingungen
enclosed please find our order form	als Anlage fügen wir unser Auftragsformular
the delivery date must be strictly observed	das Lieferdatum muß streng eingehalten werden
packing instructions	Verpackungsanweisungen
shipping (forwarding) instructions	Versandanweisungen
cancel the order	den Auftrag annullieren, streichen, rückgängig machen, stornieren
the goods are not up to sample	die Waren entsprechen nicht dem Muster

generous	großzügig
the goods meet the expectations of	die Waren entsprechen den Erwartungen von
as per attached order form	gemäß beigefügtem Auftragsformular
remainder	Rest
commence	beginnen

accomodation	Unterkunft
twin-bedded room	Doppelzimmer mit zwei nebeneinanderstehenden Betten
bed, breakfast and evening meal	Halbpension
confirmation	Bestätigung
provided	vorausgesetzt
prices mentioned above	obige Preise
value-added tax (VAT)	Mehrwertsteuer

4.1.2 Acknowledgement of Order

item	Artikel, Posten, Gegenstand
by parcel post	mit Paketpost, als Paket
consignment [ˌkən'sainmənt]	Sendung, Lieferung
in accordance with	in Übereinstimmung mit, gemäß
shipping department	Versandabteilung
state	angeben, erklären
estimated delivery	geschätzter Liefertermin
go-slow	Bummelstreik
delay	Verzögerung, Verzug, Verspätung
keep to a delivery date	sich an ein Lieferungsdatum halten, ein Lieferungsdatum einhalten

by rail	mit der Bahn
by air freight	per Luftfracht
induce s.o. to place orders	jdn. veranlassen, Aufträge zu erteilen
put s.th. in hand	etwas bearbeiten
invoice	(Waren-)Rechnung
be out of stock	nicht vorrätig, nicht auf Lager haben, keine Lagerbestände vorhanden
available	verfügbar, lieferbar, vorrätig
stipulate	festsetzen, ausbedingen
advance and back orders	Vorbestellungen und unerledigte Aufträge
cancellation	Stornierung, Annullierung, Rückgängigmachung, Rücktritt, Kündigung
in triplicate	in dreifacher Ausfertigung
omit	auslassen
do everything, make every effort	sich bemühen
sell well	sich verkaufen lassen

4.2 Performance of a Contract of Sale

performance of a contract of sale	Erfüllung eines Kaufvertrages
conclude a contract of sale	einen Kaufvertrag abschließen
be free from faults	frei von Fehlern sein
in line with	in Einklang mit
complaint	Beschwerde, Beanstandung, Mängelrüge, Reklamation
obligation	Verpflichtung, Pflicht

4.2.1 Delivery

price per unit	Preis pro Einheit, Stückpreis
total amount	Gesamtbetrag
additional clauses	zusätzliche Klauseln
polite [pə'lait]	höflich
covering letter	Begleitschreiben
fluorescent fittings	Leuchtstofflampen, Neonleuchten
outdoor lanterns	Außenbeleuchtungen
table lamps	Tischlampen
carriage paid	frachtfrei
2% one month	2% Skonto bei Zahlung innerhalb eines Monats
in duplicate	in doppelter Ausfertigung
bank transfer	Banküberweisung
cheque	Scheck
Commercial Invoice	Handelsrechnung, Handelsfaktura
Pro Forma Invoice	Proformarechnung
preliminary invoice	vorausgehende Rechnung, Vorabrechnung
request for payment in advance	Bitte um Vorauszahlung
doubtful	zweifelhaft
Consular Invoice	Konsulatsfaktura
enable	ermöglichen, in die Lage versetzen
charge duties	Einfuhrzölle erheben
Certificate of Origin	Ursprungs-, Herkunftszeugnis
Bill of Lading (B/L)	Seefrachtbrief, Konnossement
consignment note, waybill	Frachtbrief
mark	Beschriftung, Markierung
value	Wert
retain	behalten, zurückbehalten
carrier	Frachtführer
document of title	verbriefter Rechtstitel
a "clean" B/L	ein reines (reingezeichnetes) Konnossement
Insurance Policy	Versicherungspolice
give evidence	als Beweismittel dienen, bezeugen
average	Havarie, Seeschaden
theft	Diebstahl
robbery	Raub
pilferage ['pilfəridʒ]	Beraubung, Plünderung
M.S. or M/S (motorship)	Motorschiff
amount to	sich belaufen auf, betragen
deduct	abziehen
the invoice covering the consignment of	die Rechnung über die Sendung von
full set	voller Satz
draft	(gezogener) Wechsel, Tratte
S.S. or S/S (= steamship)	Dampfschiff
due to arrive	ankommen sollen
package	Paket
in quadruplicate	in vierfacher Ausfertigung
in quintuplicate	in fünffacher Ausfertigung
the enclosed invoice covers goods	die beigefügte Rechnung umfaßt Waren
dispose of	verfügen über, übernehmen
remit	Zahlung leisten, überweisen
to our account with the National Westminster Bank	auf unser Konto bei der National Westminster Bank
advice	Benachrichtigung, Avis, Anzeige

advise	benachrichtigen, avisieren
M/V (= motor vessel)	Motorschiff
attach	beifügen
advice of payment	Zahlungsanzeige
engine parts	Maschinenteile
by container service via Bremerhaven	durch Containerdienst über Bremerhaven
insert	einsetzen, einfügen
destination	Bestimmungsort
Railway Consignment Note	Bahnfrachtbrief
particulars	Einzelheiten
be included	beiliegen

4.2.2 Payment

settle an invoice	eine Rechnung begleichen
transfer	Überweisung
bill of exchange (B/E)	Wechsel
letter of credit (L/C)	Akkreditiv
documents against acceptance (D/A)	Dokumente gegen Akzept
documents against payment (D/P)	Dokumente gegen Zahlung
remit	überweisen
debit an account	ein Konto belasten
credit an account	einem Konto gutschreiben
write out/draw a cheque	einen Scheck ausstellen
drawer	Aussteller
payee [pei'i:]	Zahlungsempfänger
drawee [drɔ:'i:]	Bezogener
open cheque	Barscheck
crossed cheque	Verrechnungsscheck
payable at sight	zahlbar bei Sicht
debtor	Schuldner
honour a bill	einen Wechsel einlösen, zahlen
have a bill protested for non-payment	einen Wechsels mangels Zahlung protestieren lassen
take legal action against s.o.	gegen jdn. gerichtlich vorgehen, jdn. verklagen
confirmed, irrevocable letter of credit	bestätigtes, unwiderrufliches Akkreditiv
most widely spread	am weitesten verbreitet
effect payment	Zahlung leisten
release documents	Dokumente übergeben, übertragen, freigeben
payment in cash	Barzahlung
acceptance	Akzept
cancel	widerrufen
documentary letter of credit	Dokumentenakkreditiv
documentary bill of exchange	Dokumententratte
fall due	fällig werden
sight draft	Sichttratte

in settlement of your invoice	zum Ausgleich Ihrer Rechnung
receipt [ri'si:t]	Empfangsbestätigung
your instructions will be strictly observed	Ihre Anweisungen werden genau eingehalten
arrange for	dafür sorgen, veranlassen
open a letter of credit	ein Akkreditiv eröffnen
issue a letter of credit	ein Akkreditiv ausstellen
in your favour	zu Ihren Gunsten
transfer money to your account	Geld auf Ihr Konto überweisen
remittance	Überweisung
settle our account (balance) with you	unser Konto bei Ihnen ausgleichen
by return of post	postwendend, umgehend
our bankers' correspondents authorize	die Geschäftsfreunde unserer Banken ermächtigen

as per attached invoice	gemäß beiliegender Rechnung
scientific instruments	Instrumente für wissenschaftliche Zwecke
payment by instalments	Ratenzahlung
overdraw an account	ein Konto überziehen
urgently	dringend

4.3.1 Complaints

give cause for complaint	Grund zur Beanstandung geben
defective	fehlerhaft
damaged	beschädigt
spoilt	verdorben
make claims	Ansprüche (Beanstandungen) geltend machen
be justified	gerechtfertigt sein
satisfy	zufriedenstellen
adjustment	Regelung, Regulierung, Erledigung
settle the trouble by a compromise	den Ärger durch einen Kompromiß beseitigen
handle complaints	Beschwerden, Beanstandungen erledigen
tact	Fingerspitzengefühl, Takt
delay in delivery	Lieferungsverzug
non-delivery	Nichtlieferung, nicht erfolgte Lieferung
claim damages	Schadenersatz fordern
cancel the order	den Auftrag stornieren
repair of the goods	Reparatur der Waren
replacement for the goods	Ersatz(stücke) für die Waren
allowance	Entschädigung, Vergütung
reject the goods	die Waren zurückweisen
hold the goods at the supplier's disposal	die Waren zur Verfügung des Lieferers halten
about an urgent order	wegen eines dringenden Auftrags
spare parts	Ersatzteile
inconvenient situation	unangenehme Situation
look into the matter	der Angelegenheit nachgehen, die Angelegenheit überprüfen
packing department	Packerei, Verpackungsabteilung
settle this matter	diese Angelegenheit beilegen (regeln)
beyond our control	außerhalb unseres Einflußbereichs
track suits	Trainingsanzüge
inconvenience caused	entstandene Unannehmlichkeit
overseas supplier	Lieferer aus Übersee
have difficulties in meeting the heavy demand	Schwierigkeiten haben, der großen Nachfrage nachzukommen
badly dented	stark verbeult
the damage is due to rough handling	der Schaden ist auf unsachgemäße Behandlung zurückzuführen
in transit	unterwegs, beim Transport, während der Überfahrt
a replacement	eine Ersatzlieferung
bent	verbogen
scratched	verkratzt
smashed	zerbrochen
torn	zerrissen
soiled	verschmutzt, angeschmutzt
unsuitable/faulty packing	ungeeignete, unsachgemäße/mangelhafte Verpackung
damp	Feuchtigkeit
misdirected consignment	fehlgeleitete, falsch adressierte Sendung
shortage in weight	Fehlgewicht
keep the consignment	die Sendung behalten
we hold you liable for the loss sustained	wir machen Sie für den erlittenen Schaden haftbar
free of charge	kostenlos
we cannot assume any liability	wir können keinerlei Haftung übernehmen
reject claims	Ansprüche zurückweisen
scratch	Kratzer
warehouse	Lagerhaus
cotton shirt	Baumwollhemd
vacuum cleaner	Staubsauger
notice of shipment	Versandmeldung
keep delivery-dates	Liefertermine einhalten
motor-driven pump	Motorpumpe
tear [teə]	Riß
unsalable	unverkäuflich

light up	aufleuchten
be in operation	in Betrieb sein
credit	gutschreiben

4.3.2 Reminders

reminder	Zahlungserinnerung, Mahnbrief
overlook	übersehen
printed notice	vorgedruckte Mitteilung
request for payment	Zahlungsaufforderung
collection agency	Inkassoinstitut
take legal action	Klage erheben, klagen
the amount overdue is received	der überfällige Betrag ist eingegangen
collection letter	Mahnbrief, Mahnschreiben
dunning letter	Mahnbrief, Mahnschreiben
statement	Kontoauszug
unbalanced account	unausgeglichenes Konto
balance	Saldo, Differenz
indefinitely	unbegrenzt
final demand	letzte Zahlungsaufforderung
owe [əʊ]	schulden
legal department	Rechtsabteilung
settle the balance	das Konto ausgleichen
charge	in Rechnung stellen
interest on arrears	Verzugszinsen
legal steps	gerichtliche Schritte
collect the amount	Betrag einziehen
turn the matter over to our lawyer	die Angelegenheit unserem Rechtsanwalt übergeben
application for payment	Mahnung, Zahlungsaufforderung
misplaced	verlegt
disregard	hier: nicht beachten, als nicht abgeschickt betrachten
save inconveniences	Unannehmlichkeiten ersparen

4.4 Status Inquiry and Credit Information

status (credit) inquiry	Anfrage über die Finanzlage und Kreditwürdigkeit einer Firma
credit information	Kreditauskunft
credit standing	Kreditwürdigkeit
expose s.o. to the risk of non-payment	jdn. dem Risiko der Nichtbezahlung aussetzen
diminish the risk	das Risiko verringern
reputation	Ansehen, Ruf
pay one's accounts	seine Rechnungen begleichen
references	Referenzen, Empfehlungen, Hinweise
credit inquiry agency	Auskunftei
assure	zusichern
treat s.th. in strictest confidence	etwas mit strengster Vertraulichkeit behandeln
render a similar service	einen gleichartigen Dienst erweisen
in return	als Gegenleistung dafür
unfavourable	ungünstig, negativ
call for	erfordern, verlangen
utmost care	höchste Vorsicht/ Sorgfalt
defamation	Diffamierung
slander	Verleumdung
libel	üble Nachrede
businesses (pl)	Geschäfte, Unternehmen, Läden
request for information	Bitte um Auskunft
confidential	vertraulich
reciprocate	einen Gegendienst erweisen, sich revanchieren
business circles	Geschäftskreise
flexibly managed	flexibel geführt
meet one's obligations	seinen Verpflichtungen nachkommen
in all respects	in jeder Hinsicht
bring an action against	eine Klage anstrengen gegen, ein Gerichtsverfahren einleiten
recovery of sums due	Einziehung fälliger Beträge

provide information	Auskunftei erteilen
on the enclosed slip	auf beigefügtem Zettel
solvency	Zahlungsfähigkeit
payment practices	Zahlungspraktiken
creditworthiness	Kreditwürdigkeit
justifiable	vertretbar, berechtigt
reliable	zuverlässig
take discount	Rabatt in Anspruch nehmen
the firm in question is safe/good for £ . . .	die betreffende Firma ist kreditwürdig in der Höhe von £ . . .
trustworthy	vertrauenswürdig
recommend caution	zur Vorsicht raten
utmost discretion [dis'kreʃn]	äußerste Diskretion, Verschwiegenheit
requested	erbeten
it is not customary in our line of business	es ist in unserer Branche nicht üblich
advise caution	zur Vorsicht raten
long-term credit	langfristiger Kredit
amount	Ausmaß, Höhe
justify	rechtfertigen
reliable	verläßlich, zuverlässig

5.1.1 Talkin' 'bout a Revolution

whisper	Flüstern, flüstern
welfare	Wohlfahrt
unemployment	Arbeitslosigkeit
promotion	Beförderung, sozialer Aufstieg
share	Anteil
the tables are starting to turn	das Blatt beginnt sich zu wenden

5.1.2 Mountains O'Things

I guess	ich nehme an
grave	Grab
a life of ease	ein angenehmes Leben
drag	ziehen
fur	Pelz
maid	Hausangestellte
envy	Neid
greed	Gier
revel [revl]	laut feiern
lazy	faul, bequem
champagne [ʃəm'pein]	Champagner
deserve	zu Recht verdienen
sole	einzig
exploit	ausbeuten
pauper	Armer, Unterstützungsempfänger
sadness	Traurigkeit

5.1.3 Why

starve	verhungern
feed	ernähren
missile ['misail; AE -səl]	Rakete
be aimed	abgeschossen werden
hate	Haß
contradiction	Widerspruch
blinder (AE)	Scheuklappe
reproach	vorwerfen
bilateral	beiderseitig, gegenseitig

5.1.4 Streets of London

kick	treten, stoßen
pride	Stolz
change one's mind	sich etwas anders überlegen
rags	Lumpen
carrier bag	Tragetaschen, -tüten
fade	schwächer werden
pity	Mitleid
poverty	Armut

5.1.5 I've Been Looking For Freedom

search	Suche
head	losgehen
baggage	Gepäck
peace of mind	Seelenfrieden
I pad a lotta dues	ich bezahlte eine Menge Lehrgeld
handsome	gut aussehend (Mann)
obviously	offensichtlich
convincing	überzeugend

5.2.1 Hard to Believe

bench	Parkbank
matching tie	passende Krawatte
wipe one's damp forehead	sich die feuchte Stirn wischen
handkerchief	Taschentuch
spend a week	eine Woche verbringen
commitment	Verpflichtung, Termin
he was forced	er war gezwungen
vacant	leer, unbesetzt
pensioner	Rentner
doze	dösen
stuff s.th. down	etwas hinunterdrükken
shuffle away	wegschlurfen
scarcely	kaum, gerade
uncombed	ungekämmt
curly	lockig
fling o.s. onto a seat	sich auf einen Platz werfen
worn-out	abgetragen
"What's on?"	Programmheft für Ereignisse in London
burst out	herausplatzen
I'm in a terrible mess.	Ich bin in einer schlimmen Lage.
defensively	abwehrend
improve one's education	sich weiterbilden
ferry	Fähre
exhausted	erschöpft
relatives	Verwandte
for a couple of days	für ein paar Tage
dead-beat (fam.)	todmüde
crowded	überfüllt
chemist's	Drogerie
in vain	vergeblich
strange	fremd, unbekannt
wallet	Brieftasche
misfortune	Unglück, Pech
lad	Bursche
abuse	ausnutzen
pensive	gedankenvoll, nachdenklich
flaw	hier: schwacher Punkt
fumble	fummeln
downcast	niedergeschlagen
the missing proof	der fehlende Beweis
strain	Anstrengung
occupant	Platzinhaber
poke	herumstochern
short-sighted	kurzsichtig
grunt	brummen
relate	erzählen
persuade	überreden
outward appearance	äußere Erscheinung

5.2.2 The Man who Saved Pumpelsdrop

agricultural area	landwirtschaftliches Gebiet
prosperous	wohlhabend, zufrieden
succession	Abfolge
poor harvest	schlechte Ernte
proprietor	Inhaber
estate	Grundbesitz
merchant	Kaufmann
cautiously	vorsichtig
require	verlangen
after his departure	nachdem er gegangen war
rush	eilen
excitement	Aufregung
handsome	hübsch
a piece of jewellery	ein Schmuckstück
necklace	Halskette
bracelet	Armband
cunning	schlau
be a bargain	eine günstige Gelegenheit sein
seduce	verführen
overjoyed at	außer sich vor Freude über
fur coat	Pelzmantel
mink	Nerz
purchase	Einkauf, Kauf
wardrobe	Garderobe
bring into harmony with	passend machen
enjoyment	Vergnügen, Freude
it was not long before	es dauerte nicht lange, bis
the state of affairs	der Stand der Dinge
affect	beeinflussen
entire	gesamt
gay	fröhlich
arise, arose, arisen	aufstehen
be on display	ausgestellt werden
barbed wire	Stacheldraht

Lunatic Asylum	Irrenanstalt
glitter	glitzern, glänzen
propose	hier: auf etwas trinken

5.2.3 Old Man at the Bridge

steel rimmed spectacles	Brille mit Stahlrahmen
dusty	staubig, schmutzig
pontoon bridge	Pontonbrücke
cart	Karren
truck	Lastwagen
mule-drawn	von Maultieren gezogen
stagger	schwanken, wanken
spokes of the wheels	Radspeichen
peasant	Bauer
plod along	schwerfällig laufen
ankle deep dust	knöcheltiefer Staub
explore the bridgehead	den Brückenkopf erforschen
enemy	Feind
advance	vorrücken
shepherd	Schafhirte
various	verschiedenartig
mysterious [mis'tiəriəs]	geheimnisvoll
goat	Ziege
pigeon	Taube
slope of the bank	Uferböschung
the road forks	die Straße gabelt sich
blank	leer
share one's worry with s.o.	seine Sorge mit jdm. teilen
be unquiet about	sich sorgen wegen
come through	durchkommen
the far bank	das gegenüberliegende Ufer
dove cage	Taubenkäfig
unlocked	unverschlossen
sway	schwanken
overcast	bedeckt
low ceiling	niedrige Wolken
deeper significance	tiefere Bedeutung
reveal	zeigen, verdeutlichen
fate	Schicksal

5.2.4 The Computer Widow

widow	Witwe
I dropped over to see	ich ging ... besuchen
the other night	neulich abends
library	Bücherei
to be into s.th. (AE, sl)	sich für etwas begeistern
household budget	Haushaltsetat
fiscal	steuerlich, Steuer-
Star Wars	Krieg der Sterne
centerfold	Aufklappseite
expand	erweitern
six-color screen resolution	sechsfarbige Bildschirmauflösung
compete with	konkurrieren mit
be at one's wits' end	nicht mehr weiter wissen
hold off	hinausschieben
variable	veränderliche Größe
plug into	einstöpseln
interface with s.o.	hier: mit jdm. in Verbindung treten
terminal	Datenendstation
hunched	hockend, kauernd
keyboard	Tastatur
squint at s.o.	jdm. einen Seitenblick zuwerfen
straighten s.th. out	etwas in Ordnung bringen
button	Knopf, Taste
floppy disk	Diskette
retrieval system	Rettungssystem
ridiculous	lächerlich
store	speichern
index data	Stichwortdaten
forecast	vorhersagen
insert a disk	eine Diskette einlegen
hit the keyboard	die Tastatur bedienen
take seriously	ernst nehmen

Part 3 Aspects of Economy and Society

Part 4 Communication in Business (II)

Part 5 Songs and Stories

Part 1

Harmonization

1.1 A Visit to Britain

1.1.1 Twinning

After the end of the war in 1945, people all over the world, and particularly in Europe, determined that such a situation should never arise again. They said that, if it lay in their power, they would play their part in making international friendship possible: in making friends with people of other nations, in taking members of other nationalities into their families; in learning each other's languages, customs, cultures and way of life.

Preston

Recklinghausen

Thus Preston, a town in Lancashire, established a link with Recklinghausen in 1956, after the Foreign Office in London had arranged the first contacts. Both towns had a similarly long historical background, both were industrial towns, both had about the same number of inhabitants, and both had similar cultural and social backgrounds. Civic exchanges began, and a good relationship was soon established. The twinning movement has, however, not been confined to civic exchanges: a large cross section of the population – school-children, students, youth groups, sporting clubs, cultural organizations, and individuals – have all established links.

In this respect, a students' exchange is more than a mere class trip, and careful preparations are most essential. Consequently, a programme has to be arranged, hosts have to be found to accomodate their foreign guests who are mostly about the same age and have similar interests. Apart from the organizational side, adequate information about the country to be visited is necessary. The students taking part in an exchange should know about the economic and political situation as well as about topical problems of the host country.

Exercises

1 What are the deeper reasons for twinning?

2 Find out about twinning in your native or neighbouring town. Which groups are involved? What might they be particularly interested in?

3 What preparations are necessary to make a class trip to a twin town a success with regard to international understanding?

1.1.2 On the Way to England

On order to find out what travelling to England may be like, follow 18-year-old student Günther. His knowledge of English is fairly good, so he made up his mind to take part in the exchange.

One afternoon, the party leave for Belgium by coach. They have planned to take the Zeebrugge-Felixstowe route in order to avoid the M 2 from Dover to London which is rather congested at most times.

They cross the German-Dutch and Dutch-Belgian borders without having to show their passports. The coach driver just has to produce the list of participants – and on they go! Quite a practical aspect of the EC regulations, Günther thinks. And after 1992, things might be even easier.

On board the P+O. ferry, the students are warned not to do anything contrary to Customs regulations. As the officers from HM Customs and Excise have almost unlimited powers, they can deny you your duty-free concessions, confiscate your property – even your car! – and take it and you apart without having to pay for the damages. And even if you try to look as harmless as possible, there is still the officers' professional secret of how to pick out a suspected person from among the passengers filing past them.

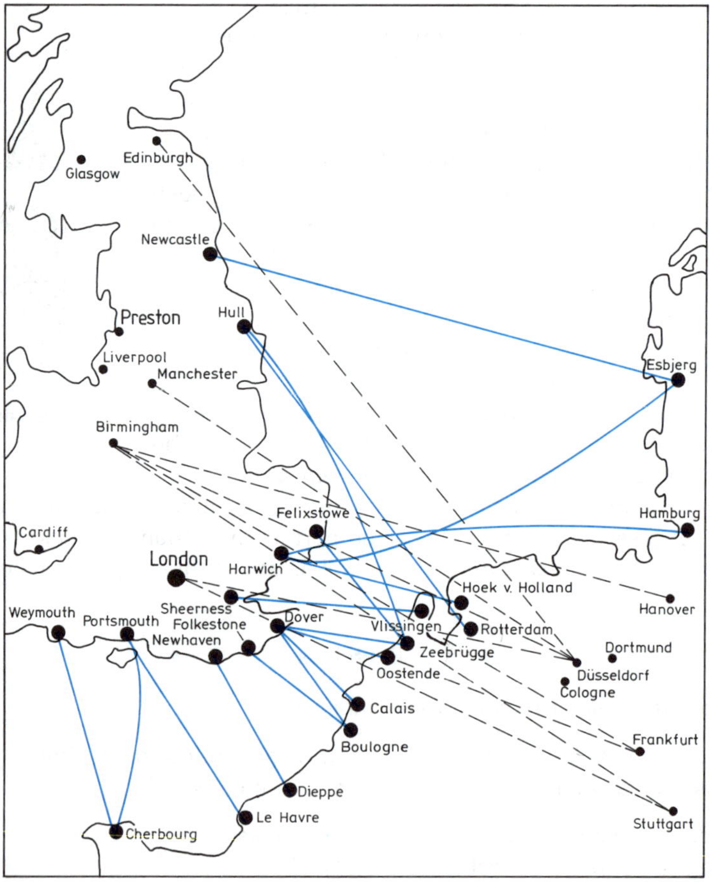

At 07.00 a.m. – local time – the ferry arrives at Felixstowe harbour. All the passengers have to walk through the Customs, one by one they have to come forward to show their identity card or passport. Sometimes the officer asks questions about what a person is going to do in England, or how long he is going to stay. Günther soon realizes the enormous difference between the English spoken in class and that in real life. It is not so much the dialect, but all the idioms that make English appear quite a different language. And a little later he has this experience again when he is asked "Anything to declare?" Although he answers in the negative, he has got to open his suitcase – the Customs officers always make random checks.

Later on the motorway, the students experience the strange feeling of the coach being on the apparently "wrong" side of the road – hardly any of them has thought of left-hand traffic in Britain. But the driver manages very well, and an hour later they arrive in Cambridge. This town is very famous for its university founded in 1209. The visitors are shown round and also see some of the well-known colleges: Christ's, King's, Trinity College.

On their way to the North, the countryside is very much like that which Günther knows from home: rather flat parts alternate with hilly regions, agricultural areas with industrial zones. In the Birmingham area, traffic is rather bad, despite three lanes in each direction. Günther is eagerly looking out for exit 32 allowing direct access into Fulwood, Preston, and to Preston College which the partnership has been established with.

Hosts, parents and teachers are there to welcome their guests. The German names are called out, and each student is introduced to his or her host. Most of the students have already exchanged letters, so it is quite easy to match guests and hosts. Günther easily recognizes Stephen because the two have already sent each other photos of the families. Although Günther is a little nervous – he does not know yet what life in an English family will be like – he is looking forward to having a good time with Stephen.

Günther's host lives in Ingol, another part of Preston, in one of the pleasant terraced houses: 15 Greenfield Way. At home, they are met by Bevanie, Stephen's younger sister, who now does precisely what Günther has been waiting for. She asks "Would you like a cup of tea?" and "Do you take sugar in your tea or do you prefer sweeteners?". Günther knows that drinking tea with a guest is a very friendly ceremony which every host enjoys. "Take a seat, Günther", says Stephen's father, "and make yourself at home. Dinner will be ready in a few minutes. You will be having a good, typically English meal. I am pretty sure you will enjoy it. We always do, you know." But Günther is not quite sure whether he is going to enjoy it. He does not really know what "typically English" means. Anyhow, he thinks, the best way to find out is to try.

Exercises

1 With the help of the map (p. 8) describe the way from Germany to England, following the route Günther's group is taking. What could be an alternative route?

2 Why didn't the group take the Calais-Dover route?

3 Which consequence may result from disregarding British Customs regulations?

4 What is meant by "duty-free" concessions?

5 Describe in your own words what checking in at British Customs is like.

6 Which information does "Exit 32" give the coach driver?

7 Where exactly does Günther's host live?

8 What do we know about the family members?

9 Why had Günther expected to be offered a cup of tea?

10 What kind of present would you choose for your host? Give reasons for your decision.

1.1.3 How it All Started

Early in the year, Günther and the other students who wanted to take part in the exchange had to give their personal data such as date of birth, address and hobbies. Some time later a list from Preston College arrived showing similar details and stating the names of the German students' hosts. The Preston teachers had done their best to match the students as well as possible.

A few days later, Günther received this letter of welcome from Stephen Cotton:

15 Greenfield Way.
Ingol
Preston
Lancashire
PR2 4LH

21st March 19..

Dear Günther,

Today we were given the names and addresses of our guests. So you will be staying in our house during the exchange visit. As you know, I am 18 years old and very keen on riding my mountain bike and playing games and doing some serious work with my computer. Furthermore I like pop music very much.

My father is an engineer with British Aerospace, Central Lancashire's biggest employer. My mother has got a part-time job as a bilingual secretary with the Preston Chamber of Trade. I have got a sister, Bevanie, who is 15. You can see her in the photo which I enclose to give you an idea of my family. We normally get on very well with each other, but sometimes girls can be a great nuisance as you certainly know.

When you are here we can do quite a few things apart from the programme we are planning at present. My friend Geoffrey will lend you his mountain bike so we can make a tour of the country around Preston. Of course we will go to Blackpool which you will definitely like. Anyway, we will find out as soon as you are here.

We are all looking forward to having you with us.

Cheers for now.

Yours,
Stephen

Exercises

1 Explain in your own words how the teachers prepared the students' stay in Preston.

2 What information on the family does Stephen's letter provide?

3 What do we learn about Stephen's hobbies?

Günther was quite happy when he read Stephen's letter because he liked the informal style. In order not to keep him waiting, Günther answered only one day later.

D - 4350 Recklinghausen
27 March 19..

Dear Stephen,
Thank you very much for your letter, I was quite pleased to see that you are also interested in computers. It is really great fun. At school we have got a training office where I do the more serious work with the computer. I haven't got a mountain bike of my own, so I am looking forward to going on a tour with you.
My father is an assistant manager with a savings bank in our town, and my mother used to work as a part-time nurse in one of the big hospitals. She stopped working when my little sister was born seven years ago. You are absolutely right: young girls can really be a nuisance - sometimes at least. She always wants me to play with her and her dolls. Blackpool must be great fun, I have heard quite a lot about the Pleasure Beach. Hopefully, the weather will be good.
I am enclosing some photos, so you will recognize me.
See you on 29 April, Stephen.
'Bye for now.

Yours,

Günther

Exercises

1 Summarize the contents of Günther's letter.

2 Why is Günther pleased to read about Stephen's hobbies?

3 Why can we conclude that the two boys will get on well with each other?

1.1.4 The Private Letter

Your envelope should look like this:

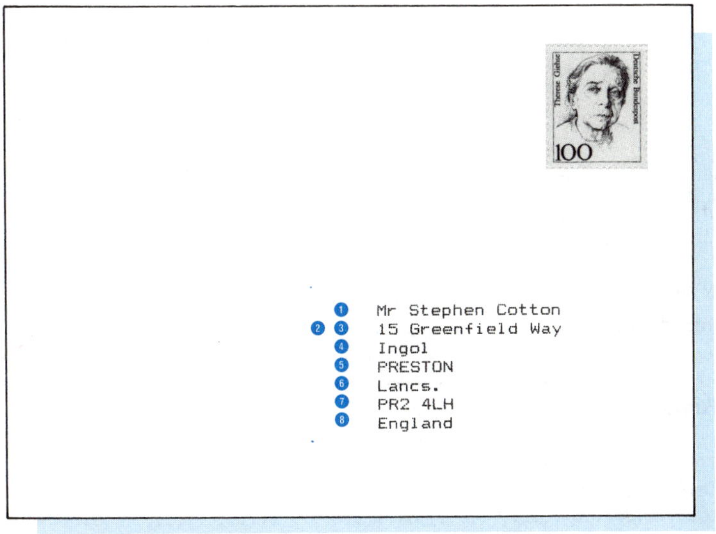

1. Name and/or title
2. Number of house or building
3. Street or road name
4. District. Include the name of the village if it is not a Post Town in itself.
5. Post Town. In **block capitals** only.
6. County. When applicable write in full, unless there is an official abbreviation.
7. Postcode. To be written in **capitals** as the last line of the address.
8. Country, if posted abroad.

If Günther's parents write to him, they must use c/o (care of) as follows:

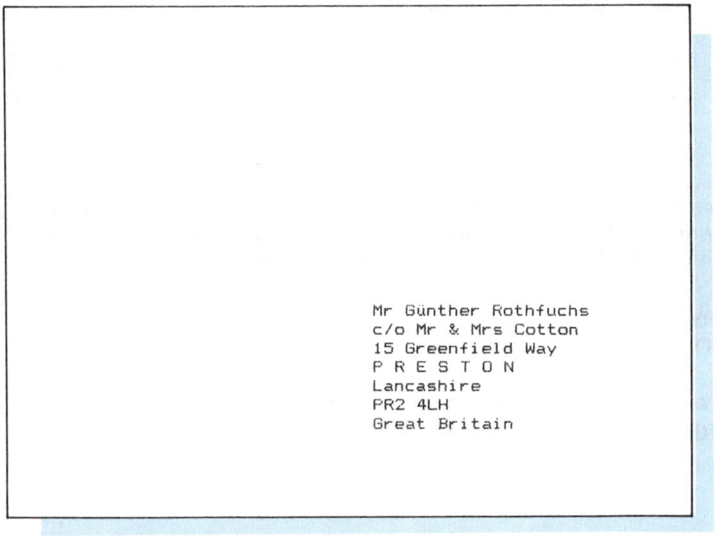

The **layout** of a letter is how it is arranged on paper. You should write your private letter according to the following plan:

Sender's address
. . . .
. . . .
. . . .

Date
. . . .

Salutation
. . . . ,

Body of the letter

a) Introduction . . . .
. . . .
. . . .

b) Purpose . . . .
. . . .
. . . .

c) Conclusion . . . .
. . . .
. . . .

Complimentary close
. . . . ,

Signature
. . . .

Usually the sender's address is given without the name; this is shown by the signature.

Although there are several ways of writing the **date** correctly, you should keep one or two of the list below in mind:

5 May 19 . .	5th May 19 . .
5 May, 19 . .	5th May, 19 . .
May 5th, 19 . .	May 5, 19 . .

Such forms as 11/6/90 or 11. 6. 90 can be found in printed forms, but should be **avoided** in letters written in English because in Britain 11. 6. 90 means 11 June 1990, whereas in the U.S.A. it is quite different: here it means 6 November 1990.

You may see abbreviations for the following months of the year: Jan., Feb., Aug., Sept., Oct., Nov., Dec.; in diaries you may also find Mar., Apr., Jun., Jul.

If you write to good friends, you should begin with one of the following **salutations:**

Dear Stephen,
Dear Margaret,
Dear Mother,
Dear Uncle Jim,
My dear Peter,

When writing to persons you do not call by their Christian names, you should address them as:

> Dear Mr Cotton,
> Dear Mrs Brown,
> Dear Miss Short,

The salutation is mostly followed by a comma. However, if you use a comma after the salutation, you should also use one after the complimentary close.
The **body of the letter** always begins with a capital letter.

The **complimentary close** depends on how well you know the person you are writing to. So for friends and relatives use:

> Yours,
> Yours ever,
> Love,
> Love from ...

For someone who is personally known to you, but not a close friend, use:

> Yours sincerely,

The complimentary closes begin with a capital letter. Your signature is placed below the complimentary close.

Useful Phrases

1 Introduction of the Letter

Thank you for your last letter ...
Thank you for your letter of 21st February ...
Your letter arrived this morning and I was very happy to hear ...
Thank you so much for answering my letter so quickly ...
I was so pleased to receive your letter ...
I am sorry that it has taken me so long to answer ...
I thought you would be interested to hear ...
I simply must tell you about ...
It's some time since I wrote ...
Just a line to ...
Just a short note to ...
You see I haven't forgotten my promise ...

2 Conclusion of the Letter

I hope to see you soon.
I am looking forward to seeing you ...
I am looking forward to hearing from you soon.
See you on Friday.
Please give my regards to ...
Please give my best wishes to ...
Please let me know soon whether
'Bye for now.
That's all for now.
With best wishes,
Very best wishes,
All the best,

Exercises

1 Write a letter to an English friend, inviting him/her to visit you in Germany.

2 Write a letter to a friend in one of the English-speaking countries, describing your last holiday.

3 Write your first letter to a pen-friend in the U.S.A.

4 Reply to a letter of welcome/invitation, giving details of your life at home.

Brush up your English

Questions

1 Ask appropriate questions taking the words underlined as the answers. Sometimes it will be necessary to ask more than one question.

a) Departure for Cologne is at 07.20 hrs.
b) We were pleased to receive your letter.
c) They will arrive at Heathrow Airport.
d) The first group will arrive at Dover on 14th July.
e) In a case of emergency you should dial 999.
f) Mr. Bailey's advice helped us a lot.
g) He wants to speak to Mr. Robinson.
h) Mr Robinson gave Mr Hammond's letter to the sales manager.
i) We couldn't take the plane because of a strike.
j) We had been waiting for two hours when the flight was cancelled.
k) Some of them haven't done their homework.
l) The new secretary looks nice.

Useful Phrases

1 Asking for information and interviewing somebody

Excuse me. Can (Could) you tell me ...?
Can you help me ...?
How long will it take to ...?
How can I get to ...?
Which is the best way to ...?
Perhaps you can tell me where ...? how ...? what ...? when ...?
May I have a ..., please?
Have you got ...?
How much is it?
How much does/do ... cost?
What's the rate for ...?
When's the next train to ...?
When does the next plane/train/bus leave (from ...)? arrive (at ...)?
What's the time of arrival (departure) in ...?
Which platform does the train leave from?
May I ask you to ...?
I'd like to know ...?
I'd like to get some information about ...?
What's your opinion about ...?

2 How to start answering in such a situation

With pleasure ...
All right, ...
I hope I can ...
Sure ...
I'm not sure. I think ...
Well, you know ...
No, I'm afraid ...

I'm awfully sorry.
You see, it's not so easy ...
That's a difficult (good) question ...
It's difficult to say.
Let me see ...
I dare say ...

2 Staying for the first time in Britain means lots of questions. Ask about / ask for:

- the underground to Carnaby Street
- the station to get off at for 'Harrods'
- the departure of the train to Preston
- a lift to Cambridge
- the rate to hire a 'Mini'
- the closing time of a pub
- coins needed to call from a phone box
- a single room for two nights
- the party in power
- bus rovers
- places of interest
- a place to stay for one night
- the number of inhabitants in London
- the check-in for Düsseldorf
- the shortest way to the Tourist Information Centre

Question Tags

Add question tags to these sentences.

Example: *It looks like rain, doesn't it?*

a) He usually wears blue jeans, ...?
b) She doesn't understand me, ...?
c) We came early yesterday, ...?
d) They hadn't done their homework, ...?
e) She can cook very well, ...?
f) I'm good at French, ...?
g) Go on reading, ...?
h) They never leave their car outside, ...?
i) Let's go to the cinema, ...?
j) They haven't come in time, ...?
k) We normally have breakfast at 7.30, ...?
l) You'll hear a lot of questions, ...?
m) John must stay in bed, ...?
n) Chris and Petra are kind, ...?
o) She doesn't like cricket, ...?
p) We shall be late for school, ...?
q) We didn't go for a walk yesterday, ...?
r) Take a seat, ...? (three possibilities given)
s) They wouldn't ask me that, ...?
t) You think you are good at English, ...?
u) They were not able to repair the car, ...?

Auxiliaries and their Substitutes

1 Transform the sentences using the tense given.

Example: I must try it again. /future   I'll have to try it again.

a) He can bring his girlfriend with him. /perfect
b) I mustn't pay them a visit every day. /future
c) You must convince him at once. /past
d) What shall we do with him? /past
e) They can solve the problem on the spot. /future
f) They can't take the early train. /past
g) You could have done your work more thoroughly. /present
h) Pamela mustn't do that in writing. /past
i) You may take his bike. /future
j) He will have to phone me from the airport. /present

2 Make negative sentences in the tense given in brackets. Use all possible alternative forms according to the pattern.

müssen	**nicht müssen/nicht brauchen**		
	present	*past*	*future*
must to have to to have got to	needn't don't need to don't have to haven't got to	 didn't need to didn't have to hadn't got to	 won't need to won't have to

a) You must go to the information desk. (present)
b) Fortunately I had to leave at once. (past)
c) You must finish your work by 7 o'clock. (future)
d) We must return after we have finished. (present)
e) I must drop him a line immediately. (future)
f) He has got to learn it by heart. (present)
g) You must accompany her to the bus stop. (past)
h) They had to wait until night. (present)
i) Caroline must have done it before leaving. (present)
j) She'll have to convince him on our return. (present)

3 Translate.

a) Letztes Jahr durften wir die Dusche benutzen.
b) Könnte ich vielleicht etwas Zucker bekommen?
c) Wir sollten den Kuchen in 8 gleiche Teile aufteilen.
d) Werde ich mit ihr sprechen dürfen?
e) Da der Verkehr sonnabends sehr stark ist, fahren Sie wohl besser mit dem Zug.
f) Ihr müßt nicht kommen, aber wenn ihr wollt, dürft ihr.
g) Er wird das Problem vielleicht bis heute abend gelöst haben.
h) Zuerst sollen wir von einem Herrn Moneymaker – oder so ähnlich – begrüßt werden, und später sollen wir einen kleinen Imbiß bekommen.
i) Ich meine, Sie sollten morgens früher aufstehen.
j) Gestern könnten sie uns gesehen haben; deshalb nehmen wir heute besser die Hintertür.

k) Er hätte uns das sagen müssen.
l) Darf ich Sie um diesen Tanz bitten?
m) Das sollte wohl ein Witz sein!
n) Der Präsident soll nichts davon gewußt haben.
o) Der Bus müßte längst hier sein.
p) Er will, daß du nach Hause kommst.
q) Du solltest doch eigentlich um acht zu Hause sein!
r) Sie wird ihren Freund wohl nicht mit nach Hause bringen dürfen.
s) Sag mal, mußte das sein?
t) Darf ich hier rauchen? – Nein. – Darf ich singen? – Ja.

Idioms

Use the following idioms in sentences of your own:

to raise money for	Geld aufbringen für
to use in turns	abwechselnd benutzen
to lie in one's power	in jemandes Macht liegen
to give (much) thought to	etwas (gut) überlegen
it is more than a mere ...	es ist mehr als ein bloßer/...
the people concerned	die betreffenden/betroffenen Leute
to make up one's mind	sich entschließen
to pick out from among	aus ... herausgreifen
to make chance controls	Stichproben durchführen
to be introduced to someone	jemand vorgestellt werden
to make oneself at home	es sich bequem machen
I'm pretty sure (coll.)	ich bin ganz sicher
to be keen on doing something	etwas sehr gerne tun
to work with a firm	bei einer Firma arbeiten
to get on well with	mit jemand gut zurechtkommen
to keep someone waiting	jemand warten lassen
to call someone by his name	jemand bei seinem Namen nennen

Tourist: Excuse me, which bus can I take to Liverpool Street Station?
Londoner: Well, none of them, I'm afraid. They're all too heavy!

1.2 Life in a British Family

1.2.1 Typically English

According to the dictionary, the word prejudice refers to an "opinion, like or dislike, formed before one has adequate knowledge or experience".

In this respect, Günther knows only by hearsay that the English have no climate, but only weather – which means mainly rain and fog. Left-hand driving, which he had already experienced on the coach, had been described to him as absurd, because all over the world right-hand driving is normal. All English buses are red, and most men in England wear a bowler hat. The English drink tea whenever there is an opportunity! When you come to England, Günther had been told, you will certainly not like the food because the English never season it, and eat fish and chips with vinegar ...

Remembering all these prejudices, Günther decides to find out for himself what life in England is really like – because there is nothing better or worse – it is just different! Thus at least some of the well-known prejudices have already proved wrong. Thinking of the terraced houses, however, Günther has got some difficulty in finding their individual features. But there is, in fact, a great variety of fences, hedges, front doors, and the like. Seeing all these protections against neighbours and unwanted persons, he is strongly reminded of the saying "My home is my castle".

In the following night, Günther has a strange dream:

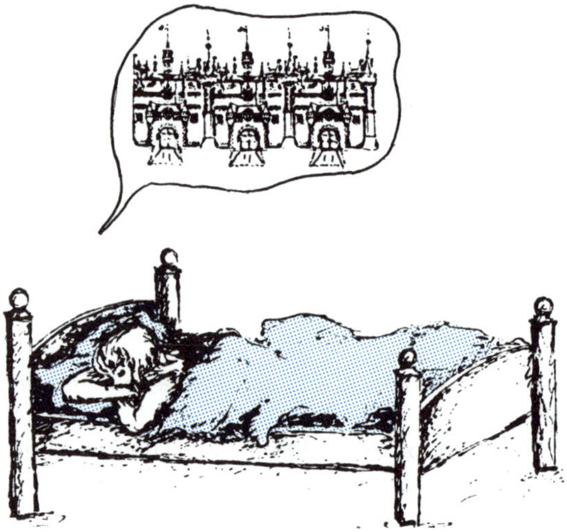

Exercises

1 Paraphrase the idiom "knowing by hearsay" and give examples of what is considered to be typically English.

2 In how far can prejudice be dangerous for the relationship between people of different nationalities?

3 Germans are characterized as hard-working, Americans as money-making, Spaniards as proud, and Italians as passionate. Do you share these opinions?

1.2.2 A 4-Person Middle-Class Household

After a good night's rest, Günther wakes up wondering what the weather is like. To his surprise the sun is shining. The night before, he enjoyed the meal and did not mind the different taste of the vegetables, he just put some salt and pepper on them. Now he is looking forward to having a good English breakfast.

In the dining-room he meets his hosts. They are having orange juice, buttered toast, bacon and egg, home-made marmalade and – surprise, surprise – coffee, which, of course, is rare in an English household in the morning.

During breakfast, Günther finds out about the Cottons' everyday life. Mr Cotton, an engineer with British Aerospace, normally takes the 8.20 bus to the Aerodrome. He is mainly concerned with aircraft research and works until 4.30 p.m. He has been with his firm for 15 years now.

Mrs Cotton, a part-time secretary, explains to Günther the function of the Chamber of Trade, where she works from 9.30 a.m. till 1.30 p.m. This organization represents business and professional interests within the community and, in association with the National Chamber of Trade, at national level also. Its main function is to protect and advance the interests of industry, commerce and the community – including town planning, traffic control, public administration, and local expenditure. Mrs Cotton mainly has to do with consumer affairs. Her part-time job leaves her sufficient time for household and leisure.

Stephen is a student at Preston College, Faculty of Humanities, Division of Business Studies, which mainly deals with vocational courses in the areas of business, commerce, public administration, secretarial work and office skills. Günther realizes that this is nearly what he does himself. However, there are some differences in the educational systems. Anyway, he thinks, Stephen's school day is much longer than mine, perhaps he must work harder than I have to. On the other hand, although I spend less time at school, my homework seems to be more time-consuming than Stephen's.

Stephen's sister Bevanie attends the Fulwood County High School and will soon leave and go to Preston College for the GCSE qualification. School normally starts at 9.30 a.m., lessons last until 4.30 p.m. with a break for lunch at about noon.

Life is not all work, you know, Günther is told. We all have got our hobbies, Mr Cotton informs him: both the parents like doing a bit of gardening, especially over the weekend. We are real greenfingers, explains Mr Cotton.

Stephen and Bevanie do not think very much of gardening although they like their garden – for parties, barbecues ... Apart from his mountain bike and his computer, Stephen likes playing football and watching First Division matches. He is a keen supporter of the Manchester United team, he explains, but he does not support violence in any form at football grounds and anywhere else. Bevanie, on the other hand, is fond of music. Being given piano lessons, she volunteers to play some tunes for the family in the evening, which, however, is "gently" declined by Stephen. Like some members of the Royal Family, she adds, I am very fond of riding horses. But it will take some time before I can have a horse of my own, she complains. – And it will take you even longer before you find a prince, Stephen teases her.

1 Why does Günther wonder what the weather is like when he gets up?
2 What is an English breakfast like, and what do you have as a starter for the day at home?
3 In how far can the hosts be considered to be a middle-class family?
4 Explain the functions of the Chamber of Trade by giving examples.
5 Describe your schoolday in comparison to Stephen's.
6 How do the Cottons spend their leisure time?
7 Describe your hobbies and explain why you like them.

1.2.3 Going Shopping

Going shopping in England is very much like going shopping in any other country: if you want to buy goods, you have got to spend money either at a market, in a shop, in a department store, or in one of the huge cash-and-carry markets – supermarkets and D.I.Y. markets – which can be found nearly everywhere now. No matter where you decide to buy, you always want to have the best bargain. Günther found out that the English are offered as good a choice as the Germans. Although the products offered vary slightly, people buy more or less the same things because they all have the same needs. The only difference is the individual taste which is provided for as largely as possible.

Thus Günther discovered a good choice of mutton and lamb as well as high quality roast beef and steak. As no place in England is more than 80 miles away from the sea, the supply of fresh fish is excellent. Not being used to doing the shopping at home, it was somehow difficult for him to compare the prices for foodstuffs with those at home. But, from what he knew about prices, he concluded that at least from this point of view the cost of living was about the same as in Germany.

To find out more, Günther accompanied his hosts on their shopping expedition. Customers in most towns like shopping centres because various kinds of shops are often united in one large place or huge building. Thus a multi-storey car park can often be found quite near these centres. Stephen first suggested some shops in the shopping arcade at ground floor level. Later on, they looked around the outside retail market which had been roofed over to facilitate shopping. They saw numerous stalls offering all sorts of smaller consumer goods.

In a supermarket, the three youngsters bought all the necessary ingredients for a typically English dish.

Here is their shopping list:

1 bottle sherry
1 packet raspberry jelly
raspberries
1 tin custard powder
2 cartons double cream
1 bar Cadbury's chocolate

And here is the recipe:

Trifle

Ingredients:

sherry
some plain cake
1 packet of jelly
fruit (strawberries, raspberries, etc.)
1 pint of custard
cream
nuts or chocolate

Method:

Break up the cake into pieces and place them in the bottom of a large dish. Soak the cake in the sherry and leave for some hours. Put the fruit on top and pour over enough liquid jelly to cover the fruit. Allow the jelly to set. Make up the custard, and when it is almost cooked, pour it over the fruit and jelly. Before eating, decorate with cream and nuts or chocolate.

Now – how about trying this recipe yourself?!

Exercises

1 Give a short description of what a department store, a market, a supermarket is like.

2 As people in Europe have nearly the same needs and often a comparable standard of living, they are generally offered the same choice of goods. But there are some national specialties. Find examples.

3 Why do people like doing their shopping in shopping centres?

4 Draft a shopping list for a birthday party for 12.

5 Collect from the labels of some foodstuffs the ingredients they are made of.

6 Find out and explain the proverb behind the following caricature.

1.2.4 Telephoning in Britain

In Britain, British Telecom is the company that runs phone services and produces the Phone Book, which contains local information as well as instructions and codes for national and international dialling. The cheapest and most common way of making calls is to dial the number yourself – operator calls are more expensive and you have to pay for at least three minutes.
Before you can make a call, you will need to know the phone number and, in some cases, the code to dial. You will find all this in the Phone Book. In some cases, direct dialling is not possible. You will then have to dial the Operator Service number. In Section 3 of the Phone Book, you will also find information about international time differences. The time difference for each country is shown as a number of hours earlier or later than Greenwich Mean Time (GMT).
It is useful to know the meaning of the different tones that you will hear on British phones, because they may be different from the tones used in other countries.

sound	name	means
∿∿∿∿∿∿∿∿∿	dialling tone	you can begin dialling
ww ww ww	ringing tone	the other phone is ringing
– – – – – –	engaged tone	the other phone is busy
———————	number unobtainable tone	something is wrong with the other phone, or the number is not in use
. . . .	pay tone (pay pips)	put money in now

Apart from the old telephone boxes (or booths), you find public payphones in the streets in call-boxes and also in public buildings such as large stores. Pictures and instructions near the phone help you.
There are two main kinds of payphones: coin-operated and card-operated ones. Some coin-operated payphones take 2 p, 10 p, and 50 p coins only; others take 5 p, 20 p, and £ 1 coins, too. To use these payphones you pick the receiver up, put some money in, and then dial the number. These payphones will return coins that are not used at all, but they also have a "continuation button" which you can press to make another call using the remaining money.

coin-operated payphone

cardphone

The other kind of phones, cardphones, takes special cards instead of money. These cards are sold at post offices and in many shops. You will have to look for the green Phonecard sign. Some cardphones even accept credit cards.

To find out how much it will cost to make a call to a particular place in Britain you can ring the operator. The cost of any call in Britain depends on the distance and the time of day. For international calls the time of day is important because for most countries there is a period when you can make calls at a cheaper rate.

Distance		
most expensive	national calls	
↓	calls to places less than 35 miles away	
cheapest	local calls	
Time of day		
most expensive	peak rate	09.00–13.00 Mon.–Fri.
↓	standard rate	08.00–09.00 Mon.–Fri. 13.00–18.00 Mon.–Fri.
cheapest	cheap rate	all other times

You should bear in mind that telephone subscribers in England do not give their names when being rung, they just give their number!

Telephone Services

Emergency services

Dial 999. The operator will connect the caller to the service which is required (e.g. police, fire, ambulance).

Information services

These can be very valuable, particularly the weather reports. The 'speaking clock' service is one of the most widely used services in the country. Further information on shows, sporting events, cookery recipes, etc. is also available.

Alarm calls

They can be arranged to wake you up in the morning and should be booked before 10.30 p.m. the previous evening.

Transferred (or reversed) charge calls (U.S.: collect calls)

Here, people you want to speak to agree to pay for your call to them.

Person-to-person calls

The caller tells the operator the name of the person he wishes to speak to. The caller will not be connected if that person cannot be found.

ADC calls

After your call is finished, the operator will ring you back and tell you how long it lasted and how much it cost. It is particularly useful if you want to pay someone, e.g. your hosts, the right amount for an expensive call you have made on their phone. Begin by saying to the operator: I would like to make an ADC call to ...

Useful Phrases on the Telephone

Who's calling, please?
This is Charlotte Brown.
Where are you calling from?
I'm ringing from Cologne / a phone box in Dover.
Can I speak to Mr Brown, please? I'd like to speak to ...
Could you please put me through to ...?
I'll just see if he's in.
Brown speaking / This is Richard Brown speaking.
What's your number?
My number is 510623 (five, one, o, six, two, three).
Hold on a moment / Hold the line please.
One moment, please.
The line is busy (engaged).
Can I take a message? Would you like to leave a message?
Would you tell him (her) I rang?
Would you ask him (her) to call back?
Is there anything else I can do for you?
No thanks, that's all for now / for the time being.
Thank you ever so much. Goodbye.

Exercises

A Comprehension and Transfer Exercise

1 Explain the meaning of the different tones on the telephone.

2 Describe how the telephone charges vary.

3 ADC stands for Advice of Duration Calls. What does that mean?

4 There is a car accident. Someone is hurt. Which number should you dial and what should you say on the phone?

5 Explain some further telephone services.

6 What must Günther do to get in touch with the Cottons when he wants to phone from London?

B Further Practice

1 Thomas and Chris are in London talking about telephones. Thomas's part of the conversation is given below. Fill in what Chris says.

Thomas: I want to make a phone call. There's a phone box over there. But I haven't got the telephone number of my host in Preston.

Chris: ...

Thomas: I see. That's not very difficult. But now I can hear a repeated single tone. What shall I do?

Chris: ...

Thomas: All right. Now it seems to work ... Hello, Tony, this is Thomas speaking. Oh bother! I can only hear rapid pips. Chris, can you help me?

Chris: ...

(After ringing off Thomas has got some more questions.)

Thomas: How can I arrange an alarm call? My train for Manchester is due to leave at 7 a.m. tomorrow. You know I always oversleep.

Chris: ...

Thomas: Fine. That's a good help. Well, I think I should phone my parents in Germany this afternoon. They're on holiday but I've got the number of the friends they're staying with. But what if they are out when I phone? It could cost me a lot of money and I don't want to keep phoning the whole day long.

Chris: ...

Thomas: That's a good idea. Thank you so much, Chris.

2 Explain the use of the telephone in Germany to a group of English visitors newly-arrived in your native town.

3 A Mock Phone Call.
One student takes the part of Thomas (Petra) who is spending his (her) holidays with a London family. Another student takes the part of Andrew (Alice) who is a friend of the host family. He (She) rings Thomas (Petra) up and wants to make a date with him (her). He (She) invites him (her) to:

a) spend the next night with friends in a disco,
b) spend the next week-end with the family at the seaside,
c) go to a first division football match on Saturday,
d) go with them to a popular show/play in a West End theatre,
e) join him (her) at a party in the neighbourhood.

Try to invent further details when making the phone call.

Brush up your English

Present Tense, Present Perfect (Simple and Continuous)

1 Describe the aspects used in the following sentences. – Oral work.

a) I think he is still sleeping.
b) They have already arrived.
c) He often visits his parents.
d) I've never seen such a village.
e) She always writes her letters in pencil.
f) Thank you, we have had breakfast.
g) Listen, what are they singing?
h) He has been asking for that for hours.
i) I've never been to an open-air festival before.
j) I'm sure he has just finished.

2 Form sentences using the correct form of the present. – Use the right aspect.

a) I know the story of that film. (I/see/it)
b) We don't know what the weather is like at the seaside. (We/not listen to/weather forecast)
c) I don't want to disturb him. (He/still/sleep)
d) He is going to get engaged to Susan. (They/know each other/for three years now)
e) Here they are! (They/just/arrive/from Switzerland)
f) Sorry, but I can't tell you where she is. (I/look for/her/ as well)
g) Does he attend the English courses regularly? (Yes/he/learn English/for four years)
h) They are from Wokingham. (They/live/there/since 1984)
i) He seems to earn a lot of money. (He/work/at Reynolds Ltd.)
j) My father only needs a few hours sleep. (He/normally/get up/ at 6 a.m.)
k) We can't tell you anything about his future plans. (He/not yet/talked about it)
l) That part of the country is rather dry. (They/not have/any rainfalls/for the last three months)
m) He has got a valuable stamp collection. (He/collect stamps/ since his first year at school)
n) We'll see you in a minute. (We/already/have lunch)
o) They are our neighbours. (They/live/next door)

3 Form sentences from the substitution table according to the pattern. Note the favourite position of the adverbs and adverbial phrases.

a)

Chris	often	**plays** football	in the afternoon.
His friends Arthur My mother-in-law Mr Croft The boys next door His Dad Mrs Dawson Dorothy and Ellen Her boyfriend Eric Our neighbour	usually sometimes never always normally occasionally seldom generally	to visit us to go to bed to have breakfast to go shopping to attend courses to go for a walk to have a party to go window-shopping to smoke cigars to read the newspaper	on Saturdays. once a year. at 11.30. every week. twice a month. at weekends. in autumn. every two months. just before midnight. every fortnight.

b)

At the moment	he	**is doing** his homework.
At the moment Now At present Today This week/month/year	he she they	to spend the weekend in Brighton. to be on a business trip to the Far East. to suffer from flu. to work hard for exams. to wait for the final results. to watch a football match on TV. to have tea with the Johnsons. to listen to the latest LPs. to repair the car. to wash up the dishes.

4 Form sentences in the present perfect using the following prompts. Note the different use of "since" and "for".

*Example: They have known him **since** 19 . .*
*He has been ill **for** nearly a fortnight.*

(Beachte: „seit" heißt dann "for", wenn man die nachfolgende Zeitangabe im Deutschen auch mit „. . . lang" ausdrücken könnte, zum Beispiel "for three days" – „3 Tage lang". Dieses entspricht immer einem Zeitraum.)

a) I/read not/a book/. . . half a year.
b) Our neighbours/spend/all their holidays/. . . years/in Austria.
c) They/not visit/us/. . . 19. . .
d) I/understand/him/. . . I first met him.
e) Lesley/not write/me/. . . she left home.
f) He/not do/any tennis training/. . . a quarter of a year.
g) She/drink/nothing but non-alcoholic drinks/. . . her severe accident.
h) . . . last August/we/not be/to the cinema.
i) We/not meet/. . . quite a long time.
j) Dad/do the shopping/. . . Mum broke her leg.
k) He/be out of work/. . . two months, I think.
l) They/try/it/ever. . . (seit jeher).
m) The manager/phone/now/. . . more than ten minutes.
n) I/wait/to see the boss/. . . 9.30.
o) Patrick/work/at Walker Bros./. . . early March.

5 Translate. – Be careful about the aspect.

a) Unsere Nachbarn passen oft auf meine kleine Schwester auf.
b) Er verkauft Zeitungen, Zeitschriften, Tabak, Zigaretten und Zigarren seit ungefähr zwei Jahren.
c) Wartet bitte, wir haben noch nicht gefrühstückt.
d) Jedes Mal, wenn ich dusche, läutet das Telefon.
e) Wir wohnen hier seit dem 3. Februar 19. .
f) In diesem Jahr war ich noch nicht im Theater.
g) Seitdem er von zu Hause fortging, bewohnt er ein möbliertes Zimmer in der Innenstadt.
h) Wir haben ihn seither nicht gesehen.
i) Ihre Mutter ist seit Wochen krank.
j) Kennst du ihn schon seit dem Urlaub?

Past Tense, Past Perfect (Simple and Continuous) – Present Perfect and Past Tense contrasted

1 Describe the aspects used in the following sentences. – Oral exercise.

a) When I entered the garage, the mechanic was checking the battery.
b) Before they came home, they had been working for more than ten hours.
c) I saw that film during my summer holiday.
d) I was born before World War II.
e) While I was still lying on the beach, rain started pouring from the sky.

f) I was having a bath when little Jane cut her finger with a sharp knife.
g) It's a long time ago that we met.
h) My brother finished school six years ago.
i) We left the youth hostel shortly after we had arrived.
j) He said good-bye to his wife, rushed to the office and was half an hour late, a fact he had dreamt of for years.

2 Form sentences from the subsitution table. – Be careful about possible differences in tense and aspect. Translate.

His eldest brother	to buy a second-hand 'Mini'	two weeks ago
Their grandpa	to apply for a job as a bank clerk	for many years
Uncle Ian	to collect rock LPs of the 60s	three months ago
His father-in-law	to win on the football pool	for quite a long time
Their daugther Caroline	not to visit them	in 1988
Our Danish friends	to be very keen on learning details about it	from 1980 to 1989
His wife Mary	to attend a college of further education	since early May
Her fiancé Jack	to travel on the Continent	last Easter holiday
The people next door	to live with us	twice this year
My aunt	not to spend a penny on fashion goods	a fortnight ago
The Baileys	to keep us company	before they moved to Cardiff
Their neighbour	to look forward to the event	up to now
Miss Greenwood	not to want to return	six times last year
Most people	to spend a weekend at home	on 12th February, 1990

3 Form as many sentences as possible according to the example. They should refer to Roger's life story. Use different aspects of the past and present.

Example:

He has been living in York since 1986.
He has been living in York for more than one year.
He came to York in 1986.
etc.

Roger's personal background:

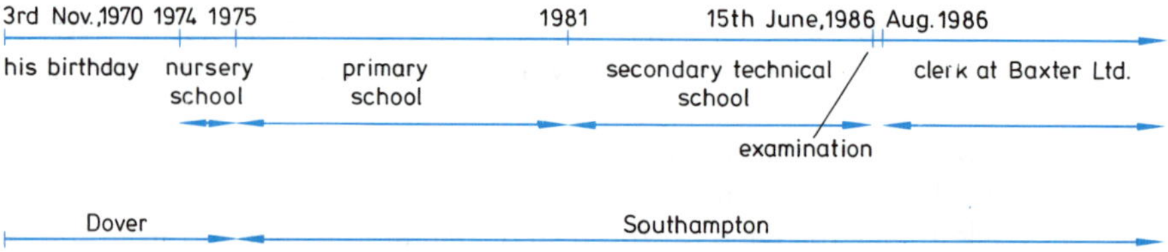

4 Translate. – Be careful of the differences in aspects in German and English.

a) Im vergangenen Jahr haben wir unseren Urlaub in Frankreich verbracht.
b) In dieser Woche waren wir noch nicht spazieren.
c) Wo hast du ihn gesehen?
d) Als ich hereinkam, stritten sie sich gerade darüber, wohin sie gehen sollten.
e) Hast du ihn gestern vor dem Kino getroffen?
f) Sie hatte schon stundenlang mit Eric getanzt, als sie mich plötzlich bemerkte.
g) Warst du schon einmal bei einem Pop-Festival, das draußen stattfand? – Wann war das? – Hat es dir gefallen?
h) Er sagt, daß er den Brief vor 14 Tagen geschrieben habe.
i) Meine Eltern sind vor zwei Tagen mit dem Wagen nach Berlin gefahren.
j) Worüber sprachen sie, als du ihnen einen Besuch abstattetest?
k) Die Beatles sind immer noch bekannt, obwohl die Gruppe schon lange nicht mehr existiert.
l) Das ist der brutalste Film, den ich je gesehen habe.
m) Der Prinz hat sie um ihre Hand gebeten, und 1981 haben sie dann geheiratet.
n) Ich habe dich gestern gesehen. Du hast auf dem Marktplatz gesessen und Bier getrunken.
o) Wir haben in diesem Sommer noch nicht einen einzigen regenfreien Tag gehabt.

Comparisons of Adjectives and Adverbs

1 -er/-est or more/most?

a) Cigarettes and spirits are (dear, expensive) in England than in Germany.
b) John, you must work (carefully).
c) This was definitely the (beautiful) day of the year.
d) Is this street (noisy) at night? – No, I don't think so. It is much (quiet) at that time.
e) I feel much (happy) at home. – But I felt much (independent) abroad.
f) The sight of a lake is (pleasant) than that of a mountain.
g) This is the (terrible) item of news I have ever heard.
h) Hurricanes (frequently) occur in the South of the U.S. than in the North.
i) You could do this job (easily) if you took an axe.
j) Nessie is one of the (unknown) and, at the same time, one of the (famous) monsters mankind has ever spoken about.
k) It was an awkward situation, far (awkward) than he had thought.
l) Land's End is the (remote) place in the South West of Britain.
m) A good computer is (useful) than a cassette recorder.
n) This is the (extraordinary) person I have ever spoken to.
o) King John is said to have been the (cruel) king in England.

2 Exceptional Forms

a) His illness was (bad) than he had thought at first.
b) Jack is (little) than his brother Jack, although he is (old).
c) Jack is the (old) child of his family.
d) Geoffrey was (little) afraid than he had expected.
e) This is the (little) he could do for his old parents.
f) Having fallen from his bike, Fred was taken to the (near) hospital.
g) The (near) street on the right was anything but the (near) way to the castle.
h) Phyllis is well dressed, she always picks up the (last/latest) fashion.
i) The train arrived (late) than usual.
j) The poet died, leaving his (last/latest) work unfinished.
k) Margaret Thatcher and Queen Elizabeth are women in leading positions, the (later/latter) having no political function.
l) Here is the (last/latest) news.
m) We live at the end of the street, so our house is the (last/latest).
n) I slept very badly, even (badly) than the nights before.
o) Land's End is at the (far) end in the South West. You won't be able to go any (far).

3 Translation

a) Heute sieht man immer weniger Pferde in den Straßen.
b) Dein Aufsatz liest sich gegen Ende immer schlechter.
c) Sie hat ihn für immer verlassen, weniger wegen seines Geldes als wegen seiner Liebe zu teuren Autos.
d) Er war krank, hatte keine Arbeit und wurde immer ärmer.
e) Hast du die neueste Ausgabe der *TIMES* schon gelesen?
f) Nein, ich habe die der letzten Woche auch noch nicht gelesen.
g) Seine Englischkenntnisse sind ebenso gut wie seine Spanischkenntnisse.
h) Du glaubst es nicht, aber mein Mountain bike ist schneller als dein neues.
i) Der Weg nach Schottland ist nicht so weit, wie ich dachte.
j) Kaum hatten wir den Pub verlassen, als es zu regnen begann.
k) Mutter ist nicht so alt wie Vater.
l) Wann führt der nächste Zug?
m) Wie weit ist es bis zum nächsten Postamt?
n) Peter ist älter als Henry, er ist das älteste Kind der Familie.
o) Zu Beginn waren wir ein wenig verwirrt; aber jetzt, am Ende der Übung, sind wir noch verwirrter – aber auf höherem Niveau!

Idioms

Use the following idioms in sentences of your own:

according to	entsprechend, gemäß, laut Aussage von
to refer to	sich beziehen auf
to know by hearsay	vom Hörensagen wissen
to season one's food	Essen würzen
to have difficulty in doing something	Schwierigkeiten haben, etwas zu tun
to be reminded of something	an etwas erinnert werden
to have a good night's rest	sich ausschlafen
to be concerned with	befaßt, beauftragt sein mit
to be with a firm	bei einer Firma beschäftigt sein
to advance someone's interests	jemandes Interessen fördern
to be keen on doing something	etwas sehr gerne tun
to be a greenfinger	ein Gartenfreund sein
to have a horse of one's own	ein eigenes Pferd haben
to have the best bargain	am billigsten einkaufen
as largely as possible	so weitgehend wie möglich
from this point of view	unter diesem Gesichtspunkt

What is red with pips?

traditional phonebox

1.3 Touring in Britain

1.3.1 Holiday Making

Although Great Britain is a comparatively small island, she has a very long coastline, no place in the country being more than three hours' journey by car from the sea. Thus the coast offers the tourists the most popular holiday resorts with hotels and numerous boarding-houses providing "Bed & Breakfast" and sometimes even full board. Besides these, you will also find the more continental type of holiday residences: holiday camps – which, however, have nothing to do with camping. They are, in fact, little villages consisting of small, but comfortable houses like the "chalets" in Switzerland or France, with shops, dance and dining halls, and swimming pools within reach. As the birthplace of camping, Britain offers a large number of camping sites admitting both tents and caravans. For the young, with only limited pocket money, youth hostels provide accomodation at reasonable prices.

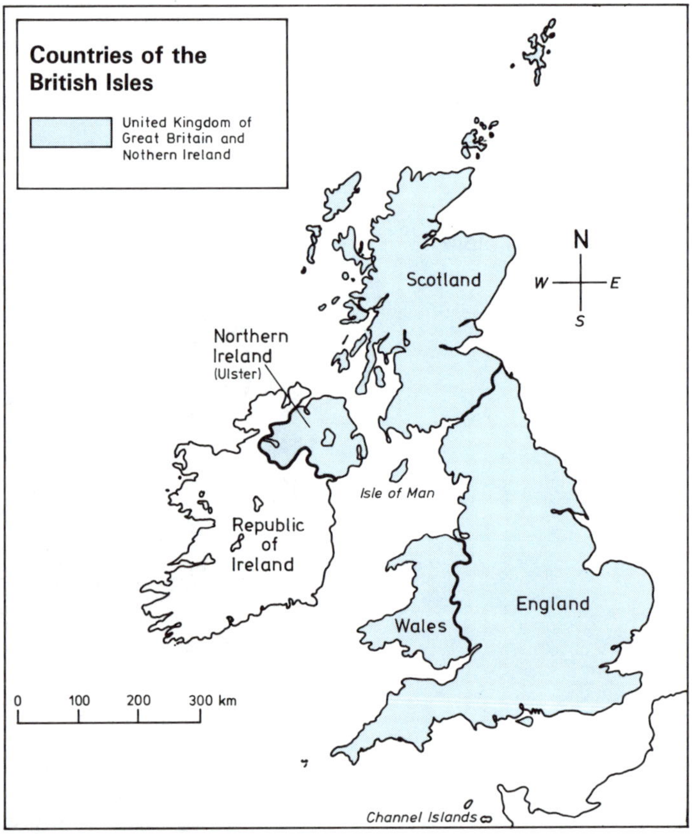

In view of the numerous big and small waterways in Britain, boating holidays offering a pleasant time on board boats, cruisers, yachts and houseboats enjoy high popularity.

If you consult a travel agent, he will certainly recommend you a tour of Britain or at least – depending on the time you want to spend – a tour of a part of the country:

ROYAL BRITAIN with the different castles all over the country, including London, Windsor, Hampton Court, Balmoral and Edinburgh;
trips around SOUTH ENGLAND, MIDDLE and NORTH ENGLAND, SCOTLAND, WALES, NORTHERN IRELAND,
THE ISLE OF MAN and the CHANNEL ISLANDS – each of the tours leading you to the most interesting parts and confronting you with history as well as with achievements of modern times.

Exercises

1. As a tourist you'll find various kinds of accomodation. Which do you prefer and why?

2. What do you expect from a trip announced by the title "Royal Britain"?

3. Together with some of your fellow-students prepare a one-week trip to a part of Britain of your choice; decide which route and means of transport to take, where to stay and what to visit and why. A relevant map and information material from travel agencies will be helpful. Useful material is also provided by the BTA in Frankfurt.

1.3.2 Welcome to London – a Sightseeing Tour

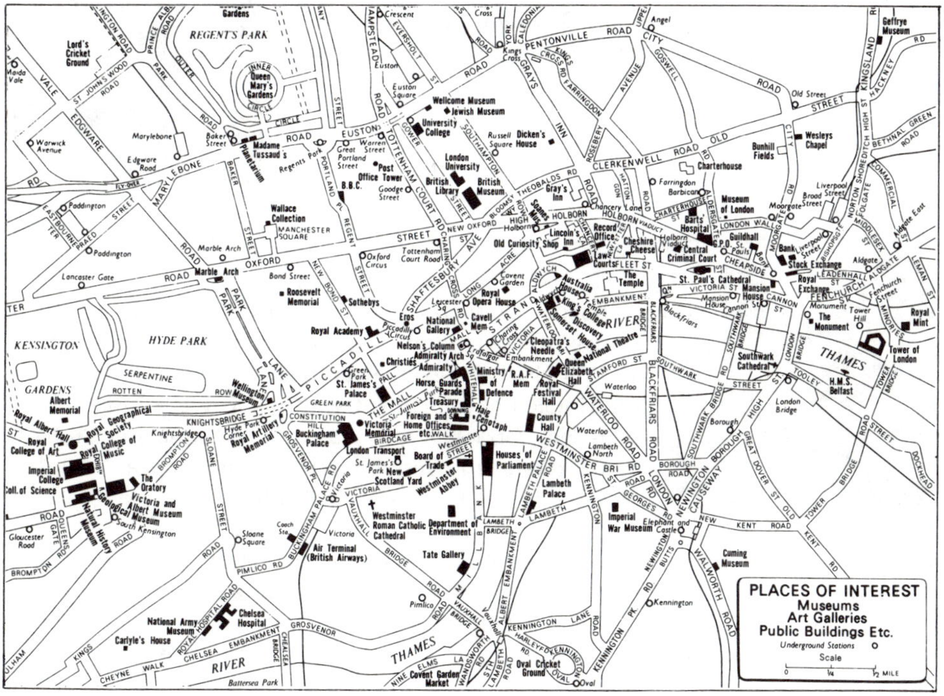

"Ladies and Gentlemen, welcome on board the London Transport open-air bus. We will be leaving **Piccadilly Circus** in a few seconds. Come along, there are still empty seats at the top."

When the bus was full up, it left the stop and slowly moved through the early afternoon rush-hour traffic.
"We are now passing through **Haymarket** with its well-known theatre. In **Trafalgar Square,** now in front of you, there's **Nelson's Column** which was erected to celebrate Lord Nelson, who beat the Spanish Armada in the Battle of Trafalgar. – The large building at the far end of the Square is the **National Gallery** with one of the world's greatest art collections ...

We are now leaving Trafalgar Square, entering **Whitehall** which leads us straight into the government section. On your right, you see the **Horse Guards,** dating back to 1750.

A bit further down, you will see **Downing Street.** You all know, of course, that **No 10 Downing Street** is the official residence of the **Prime Minister.**

Opposite Downing Street, you can see **Banqueting House,** the only remaining building of the ancient Palace of Whitehall. Parliament actually resides and works in the **Houses of Parliament** with the **Tower of Big Ben** at one end. Opposite you can see **Westminster Abbey,** which has seen every coronation since it was founded by Edward the Confessor in 1065."

At **Parliament Square,** with the **statue of Sir Winston Churchill,** the bus turned into **Victoria Embankment** where the tourists could see **Cleopatra's Needle,** a 3,500 year-old obelisk which has a twin in Central Park, New York. They continued along the Embankment and Queen Victoria Street, and soon arrived at the **Tower of London.**
"Ladies and Gentlemen, this is the City's ancient fortress built by **William the Conqueror.** For centuries, it was a place of state intrigue and royal murder. As you will certainly know, it now houses the **Crown Jewels.** Opposite the Tower, on the

Thames, you can see **H. M. S. Belfast,** the largest cruiser ever built for the Royal Navy, now a permanent Naval museum. You will have a beautiful view of both the Tower and the ship when we cross the famous **Tower Bridge.**" And it was a magnificent sight indeed ...

"On your right, this is London's biggest redevelopment since the Great Fire in 1666. By the end of the century it will be transformed into a new water-front city. The dockland airport, called STOLPORT (**S**hort **T**ake-**o**ff and **L**anding air**port**) was already opened in 1987, with aeroplanes operating from a runway built on a disused wharf. The **Docklands** Light Railway has been running for quite a time already, and a monorail is being built to cope with commuters and visitors. Numerous firms have moved their offices and plants to places in the former dockland. The new city will have a mix of housing, high-tech industry, offices, shopping and leisure. What a change!"

They turned left into Tower Hill and Eastcheap. "Ladies and Gentlemen, we are now passing **Mansion House,** the official home of the **Lord Mayor of London.** On the other side you see the **Royal Exchange** facing the **Bank of England.** As you know, only very few people really live in the City, just about 3,500; but in the daytime, hundreds of thousands of people work in this territory of just over 1 square mile."

"**St. Paul's Cathedral,** the masterpiece of **Sir Christopher Wren,** was begun in 1675, after the Great Fire had destroyed old St. Paul's, and was completed in 1710. Many famous men, among them Nelson, Wellington and Wren, are buried here."

Then the bus went along **Fleet Street,** which used to be famous as the "street of ink", the hub of Britain's newspaper world which has been transferred to the new industrial areas in the former dockland. The last editorial office left in 1989.

Waterloo Bridge, the **National Theatre, County Hall,** and **Lambeth Palace,** the London residence of the **Archbishop of Canterbury** could be seen as other points of interest. They crossed the Thames again, this time via **Lambeth Bridge.**

After a while, they approached **Hyde Park.** On their left, they saw **Royal Albert Hall,** London's largest concert hall. The last item on the long list of sights was **Marble Arch,** intended as the main gateway to **Buckingham Palace.** Quite close to it, there is **Speaker's Corner.** On Sundays, from early afternoon until dusk, crowds gather here to listen to people airing their views on endless topics. And you may really say anything in this place – as long as you do not insult the Queen.

"Ladies and Gentlemen, this is the end of our tour. Of course, we have only been able to give you a glimpse of what London is really like. So take my advice, walk around and see for yourselves, and you will always find something after your own heart."

1 Ask the guide some questions on further details concerning one or other of the sights. Start as follows: "Sorry, Sir/Madam, would you allow a question?"

2 Describe some places of interest you would like to visit in London.

3 Take the part of a guide for a group of English visitors in your or a neighbouring town respectively, and outline what you would say.

1.3.3 Booking an Accomodation

After a day trip to the Lake District, Günther was quite enthusiastic about this beautiful part of Britain. No wonder, when he talked to his parents on the telephone that evening, that they asked him to book a room for them as they had not yet decided where to spend their holidays. So Günther sat down and wrote the following letter:

15 Greenfield Way
Ingol
PRESTON
Lancs.
PR2 4LH

The Manager
The Langdale Estate
GREAT LANGDALE
Nr. Ambleside
Cumbria
LA22 9JB

2 May 19..

Dear Sir,

Vacancies in August

As a German student I am at present staying with an English family in Preston/Lancs. On the occasion of a day trip to the Lake District, I had the opportunity to see your hotel. Intending to spend their holidays in England, my parents have asked me to make enquiries about vacancies for the period Monday 1 to Saturday 14 August 19... They would like me to book a double room with a private bath or shower. As they will probably do some sightseeing, they will prefer English breakfast and evening meal only. I would be grateful if you could send information on the kind of room available and on the cost for 12 nights to my Preston address.

I am looking forward to your early reply.

Yours faithfully,

Günther Rothfuchs

(Günther Rothfuchs)

Only two days later, Günther received the following reply:

LANGDALE
★ ★ ★ ★ HOTEL

SMW/JDW

3rd May, 19..

Mr Günther Rothfuchs
15 Greenfield Way
Ingol
PRESTON
Lancs.
PR2 4LH

Dear Mr Rothfuchs,

Thank you for your letter received today. I have pleasure in enclosing the Brochure and Tariff for the Langdale Hotel. I am also enclosing Price Lists for the Lodges which are available on a weekly basis, we act as agents for the Lodge owners.

If your parents decide they would like to stay at the Langdale Hotel or rent a Timeshare Lodge they could either write and enquire if we have any vacancies for the dates they require or perhaps they could telephone as this is by far the quickest way of making a reservation.

Whilst staying either in a Lodge or at the Hotel your parents would of course be able to make full use of all the leisure facilities of the Pillar Club, and if they have any interests such as riding, golf, climbing, cycling etc. the manager of the Pillar Club would be very happy to book the activities for them.

Do not hesitate to telephone if you have any queries.

Yours sincerely,

Susan Walsh

Susan Walsh
SALES MANAGER.

Great Langdale, Nr Ambleside, Cumbria LA22 9JB Telephone: Langdale (09667) 302 Telex: 65188 LANGDL G Facsimile: (09667) 694
A Division of Langdale Leisure Ltd. Registered in England No. 2060782 Registered Office: 678 Main Street, Kirkby Lonsdale, Garnforth LA6 2AF

Useful Phrases

I would like to book a double room for × nights.	Ich möchte ein Doppelzimmer für × Nächte reservieren lassen.
Please reserve a single room with private bathroom for two weeks.	Bitte reservieren Sie ein Einzelzimmer mit Bad für zwei Wochen.
I need two single rooms with WC and private bath or shower.	Ich benötige zwei Einzelzimmer mit WC und Bad oder Dusche.
I should prefer English breakfast and evening meal only.	Ich hätte gerne lediglich englisches Frühstück und Abendessen.
Please inform me which services are included.	Bitte teilen Sie mir mit, welche Leistungen eingeschlossen sind.
What do you charge for two nights in a double room?	Wie teuer ist die Unterkunft für zwei Nächte in einem Doppelzimmer?
Please send me information on the kind of room available.	Bitte informieren Sie mich über die Art des zur Verfügung stehenden Zimmers.
I am looking forward to your early reply.	Ich sehe Ihrer baldigen Antwort entgegen.

Exercises

1 Write a letter to a hotel inquiring about vacancies for your summer holiday.

2 Draft a dialogue with the receptionist of a hotel in England on accomodation.

1.3.4 Arranging a Business Trip

Herr Hugo Thal is the owner of Hugo Thal Bicycle Production GmbH in Recklinghausen. Following a market report, he intends to travel to England and discuss a sales promotion initiative with some English firms. His secretary, Frau Flinkenflügel, is quite an efficient woman who very well knows the different steps necessary to prepare such a business trip successfully.
Herr Thal has given his secretary the names and addresses of five great English firms he wants to get in touch with. So the first thing she does is to telephone each of these firms individually to find out about the dates and exact times of the appointments. As her office has been modernized recently, she no longer has to dial the country codes and other numbers herself, it is all done automatically – she just has to press a certain button of the electronic directory.

First she rings up Mr Richard Brown, owner of the Fulwood-Super-Bike Centre (FSB) in Preston. While the automatic switchboard is working (0044 for England, 772 for Preston . . .), she quickly checks the days which Herr Thal has marked red on his calender. A few seconds later, the telephone is ringing at the other end of the line.

Secretary: Fulwood Super Bikes. Good morning.

Frau F.: Good morning. This is Hugo Thal GmbH in Germany. I am ringing to check the dates for Herr Thal's trip to England which he announced in his letter two weeks ago.

Secretary: Oh, yes, I remember. Mr Brown is looking forward to seeing him here. When would he like to come?

Frau F.: As a matter of fact, he will be seeing some more firms, so it would be useful if he could be with Mr Brown right at the beginning of his stay in Britain. That will be Friday, 12th May. I have already checked the British Airways timetable. There is a flight from Düsseldorf at 10.40 a.m., arrival at Birmingham at 1.55 p.m. Would that be alright?

Secretary: That would be fine. Mr Brown will be there to pick Herr Thal up at the passengers' meeting point. I will arrange for a meeting with Mr Brown together with his staff for the afternoon.

Frau F.: What about booking a hotel room? Herr Thal usually prefers a single room with shower.

Secretary: Do you want me to book it for you?

Frau F.: That would be very kind, thank you.

Secretary: It will be the Claremont hotel, which is not far off. Has Herr Thal got any plans for the evening?

Frau F.: No, not that I know of.

Secretary: Very good, then he will have dinner with the Preston Cycling Club. Its president is Mr Brown, you know. He will only be too pleased to have him there.

Frau F.: That sounds promising. I am sure Herr Thal will like the idea. Thank you very much.

Secretary: You are welcome. If there is anything else I can do for Herr Thal, please let me know. Thanks for calling.

Frau F.: Thanks for all the trouble you are taking. Good-bye.

Secretary: Good-bye.

The same procedure happens five more times, and after a while all the meetings have been fixed.
The next thing Frau Flinkenflügel has got to do is to call Düsseldorf Airport because Herr Thal has decided to go by plane. She has been in touch with British Airways Booking Office more than once, so this is just a routine job: Düsseldorf to Birmingham on Friday 12 (thank God – it's not Friday 13), non-smoker, seat by the window; London to Düsseldorf on Wednesday 17 late afternoon or early evening. As booking has been computerized, all this happens extremely fast.
At last she gets into touch with British Rail International in Düsseldorf to find out about connecting trains between the different English towns Herr Thal will be visiting. Being a rail enthusiast, he has made up his mind to travel by train in order to enjoy at least some parts of the beautiful English countryside. When Herr Thal enters his office an hour later, his secretary is very proud of being able to present her boss with the complete itinerary of his business trip to England.

Itinerary of a business trip

Friday,	12 May	10.00	check in at Düsseldorf Airport flight BA 937, gate B54
		10.40	departure
		11.15	arr. Birmingham Airport, Mr R. Brown will meet you at passengers` meeting point; afternoon at FSB with R. Brown and staff
		19.00	dinner with Preston Cycling Club (President R. Brown) hotel: Claremont, 516 Blackpool Rd (single room with shower booked)
Saturday,	13 May	10.28	dep. from Preston Station to Carlisle
		11.42	arr. Carlisle; Mr & Mrs Short will meet you outside platform 1 and take you to lunch; afternoon visit to the firm; room booked at Royal Scotsman (near station)
Sunday,	14 May	10.11	dep. from Carlisle to Edinburgh
		12.04	arr. in Edinburgh; room booked at the Walter Scott (single with shower); ask at reception for reserved ticket for Shaw`s "Arms and the Man"
Monday,	15 May	07.35	dep. from Edinburgh to York (Intercity carriage B, seat 48)
		10.09	arr. York station; Mr Lund to meet you at pillar box main entrance; visit to the firm; lunch with Mr & Mrs Lund after business talk;
		13.30	visit to the National Railway Museum (near station)
		16.28	dep. from York (Intercity carriage E, seat 79)
		19.08	arr. in London, King`s Cross Stn; taxi to Cumberland Hotel (single room with shower reserved)
Tuesday,	16 May	08.30	Mr Shann (North London Mountain Bike Association) to meet you for breakfast, discuss introduction of latest accessories into German market; Mr Shann to accompany you on London sightseeing tour (open bus) and then to lunch with him (afternoon left out for shopping)
		19.00	Mr George Chesney to meet you at hotelbar to take you to dine and drink (Beckenham Mountain Bike Club)
Wednesday	17 May	09.30	Mr Chesney to meet you at hotel for visit to his firm to discuss latest turnover of German bikes in his area
		12.30	lunch with Mr Simon Jones (President of the Royal Bicycle Sporting Club) and members of various firms sponsoring the Club; Mr Chesney will take you to Gatwick Airport
		14.45	check in; flight BA 942, gate N
		15.55	departure
		18.05	arr. Düsseldorf; your wife will pick you up

1 Describe the different jobs a secretary has to do in order to plan an itinerary efficiently.

2 What may be the reasons for Herr Thal including sightseeing and theatre in his itinerary?

3 Draft a mock call using the English prompts below booking a flight from England to Germany.

Stewardess: British Airways, London (. . . help you?)
Visitor: Good morning. (. . . price of flight to Düsseldorf) (Saturday)
Stewardess: (. . . economy/first class)
Visitor: (. . . economy)
Stewardess: (. . . £ 62.50)
Visitor: (. . . bus service between railway station and airport)
Stewardess: (. . . yes, fare included in ticket)
Visitor: (. . . what time check in)
Stewardess: (. . . 45 minutes before take-off)
Visitor: (. . . two tickets for himself/friend)
Stewardess: (. . . passengers' names/flight number BAAX 3506)
Visitor: (. . . time of departure)
Stewardess: (. . . 13.00 hrs)
Visitor: (. . . duty-free goods on board)
Stewardess: (. . . yes, list of goods at check-in counter)
Visitor: (. . . where to pick up tickets)
Stewardess: (. . . at check-in, any other inquiries?)
Visitor: No, thank you very much. Good-bye.
Stewardess: You are welcome. Good-bye, Sir.

From	To	Days 1234567	Depart	Arrive	Flight number	Aircraft /Class	Stops
FROM	**LONDON CONTINUED**						
▶	**DUBLIN**						
		123456-	0730①	0840	EI151	73S/CM	0
		123456-	**0815**①	**0925**	**BA814**	B11§/CM	0
		123456-	0915①	1025	EI153	73S/CM	0
		Daily	1010①	1120	EI155	737/CM	0
		Daily	**1025**①	**1135**	**BA818**	73S/CM	0
		Daily	1105①	1215	EI157	73S/CM	0
		Daily	**1215**①	**1325**	**BA820**	B11/CM	0
		Daily	1300①	1410	EI159	73S/CM	0
		----567	1405①	1515	EI163	73S/CM	0
		Daily	1500①	1610	EI165	73S/CM	0
		Daily	**1615**①	**1725**	**BA824**	B11§/CM	0
		Daily	1645①	1755	EI169	73S/CM	0
		Daily	1745①	1855	EI173	73S/CM	0
		Daily	**1845**①	**1955**	**BA828**	B11§/CM	0
		Daily	1915①	2025	EI175	73S/CM	0
		12345-7	**1955**①	**2105**	**BA830**	73S/CM	0
		Daily	2020①	2130	EI179	737/CM	0
		Daily	2130①	2240	EI183	737/CM	0
▶	**DURBAN**						
		----5--	1800①	1125†	SA239	747/FJY	1
		1------	**1900**④	**1045†**	**BA057**	747/FJM	1
▶	**DUSSELDORF**						
		12345--	**0720**①	**0935**	**BA936**	73S/CM	0
		-----6-	**0815**①	**1030**	**BA936**	73S/CM	0
		Daily	**0825**Ⓝ	**1110**	**BAAX3500**	SH6/Y	0
		Daily	1010②	1220	LH1633	727/FCM	0
		-----6-	**1300**Ⓝ	**1545**	**BAAX3506**	SH6/Y	0
		Daily	**1345**①	**1555**	**BA940**	73S/CM	0
		12345--	**1400**Ⓝ	**1645**	**BAAX3504**	SH6/Y	0
		Daily	1500②	1710	LH1635	727/FCM	0
		Daily	**1555**①	**1805**	**BA942**	757§/CM	0
		------7	**1620**Ⓝ	**1905**	**BAAX3508**	SH6/Y	0
		12345-7	**1855**①	**2105**	**BA944**	757/CM	0
		Daily	2015②	2225	LH1637	727/FCM	0

Brush up your English

Forms of the Future Tense

1 Describe the aspects in the following sentences. – Oral work.

a) Their holiday is going to be very expensive.
b) When are you leaving tomorrow?
c) The programme starts in half an hour.
d) We'll have saved enough money by the end of the year.
e) Next month we'll have been living here for one year.
f) The bus for Windsor leaves at 10.45.
g) This year we are spending our summer holiday in Devonshire.
h) Is he going to sell his motorbike?
i) They will be meeting you at the station.
j) Wait a moment, please. – He is going to ask you some questions.

2 Form sentences using the prompts. Use the future. In some cases different ways are correct. If so, discuss the differences between those possibilities.

Example: *We/to watch TV/tonight*
We'll watch TV tonight. We are going to watch TV tonight. We'll be watching TV tonight.

a) I/to drop a line/as soon as possible
b) They/to have guests in/on Saturday
c) The canteen/to close/tomorrow at 2 p.m.
d) By then/I/to do my homework
e) I hope/they/not to take away/his driving licence
f) You/to recognize him/when/to enter/the hall
g) This time next year/we/to apply for a job
h) Before/you/to get back/we/to finish
i) You/not to join us/tonight?
j) Our guests/to leave/for Britain/tomorrow night

3 Notice the different aspects in the following sentences:

ⓐ *Will you be returning this afternoon?*
ⓑ *Will you (please) return this afternoon.*

Beachte: Während der Satz ⓐ (future continuous) eine neutrale Frage über die Zukunft ausdrückt, stellt ⓑ (simple future) eine höfliche Bitte dar. Hierbei wird häufig "please" eingeschoben bzw. ans Ende des Satzes gesetzt.

Change each sentence into ⓐ a neutral question about the future, ⓑ a polite request.

a) You are going to organize the trip.
b) You are going to introduce me to your host.
c) Post this letter for me!
d) Wait for me at the information desk!

e) You are going to bed at nine.
f) Repeat it again!
g) You are going to pay the bill, Dad.
h) Take our luggage to the station before nine!
i) You are going to phone me as soon as you have arrived.
j) You are going to ask her a favour again.

4 Form sentences from the switchboard.

Example: *He hoped/his girlfriend/to marry him*
He hoped (that) his girlfriend was going to marry him.

I was sure He didn't think Her parents had no idea I never realized All his colleagues thought He thinks	Nigel and Eileen Miss Wriggleworth the mechanic they the new apprentices Mr Worthington	to apply for that job to book a flight to Paris to ring me up before 10 o'clock to repair the car by 5.30 p.m. to attend special courses in the evening to propose marriage to her

5 Wishes and intentions. Form sentences from the switchboard.

to want to to intend to to be going to to be about to would like to to be on the point of to have the intention to to be determined to to be willing to to be unwilling to to be reluctant to to refuse to to look forward to	take her with me show you round the place stay at home break the journey attend language courses keep him company make up for the lost time ring you up	next holiday in the year to come before sunset after my return from London this very hour all day long whenever possible from morning to night

6 Translate. – Be careful of the differences in English and German.

a) Morgen fahre ich in die Stadt und kaufe mir die neuesten Platten englischer Rockgruppen.
b) Ich hoffe, daß ich meine Kenntnisse während meines Aufenthaltes in England verbessern kann.
c) Was macht ihr heute nachmittag?
d) Ich will sie nicht wiedersehen.
e) Er kommt nicht vor nächster Woche.
f) Bieten Sie ihr bitte einen Platz an, wenn sie morgen früh kommt.
g) Wir werden uns heute mit der Frage beschäftigen, wie wir es am besten anfangen.
h) Wenn wir ankommen, werden sie sicherlich schon stundenlang auf uns gewartet haben.

i) Ob das Wetter sich noch bessert, ist höchst ungewiß.
j) Ich hoffe, daß es mir gelingt, ihn zu sprechen, bevor sie zurück sein wird.
k) Es gibt bestimmt bald einen Film über den Flug zum Mars.
l) Glaubst du, daß er morgen abfährt?
m) Ich denke, daß sie bald zurück sind.
n) Ich nehme [doch] an, daß du den Preis bekommst.
o) Jungen sind nun einmal Jungen!
p) Dein Teller ist sehr voll! Ißt du das wirklich alles?
q) In 2 Jahren habe ich mein Studium abgeschlossen, dann erst kann ich Geld verdienen.
r) Mach dir keine Sorgen, nach 10 Stunden kann er Auto fahren.
s) Ich bin nicht sicher, ob es diese Vögel noch im kommenden Jahr gibt.
t) Bestimmt gibt es dann ein Mittel gegen diese Krankheit.

Reported Speech

1 Put the following sentences into reported speech.

Example: *"I **want** to speak to Mr Benson", the girl said.*
*The girl said (that) she **wanted** to speak to Mr Benson.*

a) "I know exactly what the wants", the manager answered.
b) "Stephen doesn't know what he is doing", Benny continued.
c) "I can't follow him", she said to me.
d) He answered: "I see no difference between our suggestions."
e) "I'm awfully sorry", Marylin remarked.
f) The shop assistant replied: "This is the best I can recommend."
g) "We are sitting in the same boat", my friend made it clear.
h) "The sound track is by the Stones", he told me.
i) "I haven't seen the film yet", she mentioned.
j) We thought: "There is no other way out."

2 Change the direct speech into reported speech. Use variations like "He told me", "She assured us", "They informed us", etc.

Example: *"I **saw** him on Wednesday."*
*He told me (that) he **had seen** him on Wednesday.*

a) "I left the department store and went to the car-park."
b) "He didn't recognize me, so I introduced myself."
c) "I couldn't remember her name."
d) "They got married and moved to Bavaria."
e) "I couldn't see the number because of the darkness."
f) "I first met him at a concert when I was sitting next to him."

3 Say it in reported speech.

*Example: "More guests **will come** in July", the landlord said.*
*The landlord said that more guests **would come** in July.*

a) "There will be language courses in August", he informed us.
b) "My brother-in-law will take me with him to Italy", Susan announced.
c) "The outing won't take more than half a day", he promised.
d) I said to him: "If you try it again, you'll succeed."
e) His father remarked: "The petrol prices will reach a point you are not prepared to accept."
f) "I hope the rain will have stopped before your departure", he pointed out.

4 Requests and advice. – Form sentences from the substitution table.

Example:

policeman	asked	him	switch off the light

The policeman asked him to switch off the light.

chairman customs officer Dad doctor manager official principal teacher Peter	asked advised told	me him her	unpack the suitcase not drink a drop of alcohol give a short oral summary drive our guests to the airport fill in the form keep the minutes post the parcels show the customer round the office building

5 Being interviewed. – Transform according to the example. Use phrases like "He wanted to know", "He asked me if", "He inquired", etc.

Example: The reporter asked me: "What is your job?"
The reporter wanted to know what my job was.

a) "Where do you live?"
b) "Where did you live before?"
c) ""Where were you born?"
d) "How many brothers and sisters do you have?"
e) "What kind of schools did you attend?"
f) "Can you speak a foreign language?"
g) "Have you ever been to England?"
h) "Would you like to work in an office?"
i) "Will you apply for a job in your town""
j) "Have you already been to the local Labour Exchange?"
k) "Do you know shorthand and typing?"
l) "What are your hobbies?"

6 Suppose you are spending your holidays with the Baileys in Wokingham and you want to tell your hosts about a telephone call you've just had with your parents. Give a report on what they said, asked, wanted to know, etc. and what you told them, answered, etc.

Use the following notes:

What your parents said	What you said
We have been waiting for you call. We are glad you arrived safely. We heard about the strike. We were afraid you could have missed Mr Bailey.	
	The plane was more than 3 hours late. Mr Bailey had been waiting for two hours. Then he drove home again. I had to make my first telephone call in England. It was not very difficult.
Do you have difficulties in understand-ing English? Do the Baileys speak German?	
	Mrs Bailey had learnt German at school. She has forgotten it all. My English is improving daily.
What is the Baileys' telephone num-ber? We will ring you up at the weekend. Give our best wishes to the Baileys.	

7 Put the following sentences into reported speech. Be careful about the fact that it might be sometimes logically necessary to change certain adverbs of place and time.

Note:	**here**	might become	**there**
	today	→	**that day**
	this week	→	**that week**
	yesterday	→	**the day before**
	the day before yesterday	→	**two days before**
	tomorrow	→	**the next/following day**
	last week	→	**the previous week**
	a year ago	→	**a year before**
	etc.		

a) "I'm here to help you", he said.

b) He announced on his arrival, "I'll do it tomorrow!"

c) After she had been welcomed, she said, "I remember that I celebrated my 15th birthday here ten years ago."

d) The inspector started by asking me, "Did you notice anything unusual the day before yesterday?"

e) "This isn't mine", she remarked.

f) "Let's start today, before it is too late", he suggested to the crowd.

g) He promised me, "I'll try to finish this week."

h) I asked her, "Shall we meet here again, or would you like to go to that place where we met last month?"

Idioms

Use the following idioms in sentences of your own:

full board	Vollpension
within reach	leicht zu erreichen, in Reichweite
in view of	im Hinblick auf
on board a ship	an Bord eines Schiffes
depending on the time	je nach der Zeit
all over the country	im ganzen Land
at the top	oben
in front of you	vor Ihnen
on the right/left	rechts/links
at your right/left	rechts/links von Ihnen
to turn right/left	rechts/links abbiegen
opposite the church	gegenüber der Kirche
at the far end of	am hinteren Ende von
quite close to	ganz nahe bei
it leads us straight into/to	es führt uns direkt nach
as you will certainly know	wie Sie sicherlich wissen
to transform something into	etwas in ... umwandeln
for quite a time already	schon eine ganze Zeit lang
it will have a mix of	es wird eine Mischung aus ... sein
mind you	wohlgemerkt
to stand for something	(stellvertretend) für etwas stehen
to air one's view	seiner Meinung Luft machen
something after my own heart	etwas ganz nach meinem Geschmack
to get in touch with someone	mit jemand Kontakt aufnehmen
to mark something red	etwas rot markieren
to pick someone up	jemand abholen
to arrange for something	etwas arrangieren
to take trouble	sich Mühe machen
to make up one's mind	sich entschließen

Call from an employee to her employer:
"I'm very sorry I won't be able to come today.
I've got a terrible head, and I can't get rid of it."

Part 2

Communication in Business (I)

2.1 A Day in an Office

Secretary: Good morning. What can I do for you?
Visitor: Good morning. I want to see Mr Baxter, please.
Secretary: Have you an appointment?
Visitor: Yes, I have. – Sorry, but are you Mrs Appleton I spoke to last Monday?
Secretary: Yes, I am. Sarah Appleton, Mr Baxter's secretary. What's your name, please?
Visitor: McCormick, Ian McCormick from the Scottish Trading Company, Glasgow.
Secretary: Oh, it's you. Now I remember your call last Monday. Did you have a pleasant journey?
Visitor: Not too bad. Do you think Mr Baxter is free?
Secretary: Let me see. Please, take a seat, Mr McCormick.
(She looks at the diary.)

Thursday, 3rd Dec. 19 . .				
Time	Visitor	Visited	in	out
09.00	——	——		
10.00	Mc Cormick Scottish Trading Co.	Baxter		
11.00				
12.00	Frank Hull Litton Ltd.	Baxter		
13.00				
14.00				

Oh, I see. I'm afraid we didn't expect you before 10.00 a.m. It's 9.30 now.
Visitor: That's right. I'm a bit early. The traffic, you know. You never know exactly when to start. Better too early than late, I think. By the way, I don't mind waiting.
Secretary: Well, I know he's busy at the moment, but let me see what I can do for you.
(Dials)
Mr Baxter. Mr McCormick from Glasgow is here. – Yes. – Yes. – At 10.00. – Fine. –
He is free. Would you please come this way. I'll take you to his office.
Visitor: Thank you.

That's routine for a secretary. Visitors, appointments, telephone calls. To be sure, most of you will not start as a sales manager's secretary. It may be that you'll never want to be one, or even can't become one.

One thing can be taken for granted, if you want to know what is going on in office departments: it was found that over 80 per cent of the working day of an executive is taken up by communication, i.e., reading, writing, speaking, listening.

The following "communication day" could probably be matched by thousands of employees in middle management positions and it could stand for your working day in some years ahead.

Reading. You start with a look at your IN-tray. You read eleven letters from customers and suppliers; three memos from colleagues; a directive from your boss, the departmental manager; a report from one of your staff. Later you skim through a couple of magazine articles connected with the firm's product and check the draft of a circular your section is preparing.

Writing. You write (i.e. dictate) replies to letters, and send out half a dozen other letters and memos arising from these replies. You write out by hand the draft of a directive to your staff on an improved method of handling orders; you have to fit in the final version of a report that your boss asked for three days ago, the draft of which has just been typed.

Speaking. You have two appointments in your diary for the morning, three for the afternoon. You spend, perhaps, ten minutes with each person, partly talking, partly listening. From time to time members of your staff put a head round the door to get quick rulings on difficult points. One or other of the two telephones (one internal, one external) seems to be always ringing – it is usually somebody wanting information. When they both stop for a moment, you seize one yourself to ask for information. The last three-quarters of an hour before lunch is taken up by a conference with three of your colleagues, where you have a lot to say.

Listening. You listen to comments, complaints, queries, suggestions, requests, pleas, and your boss giving you his orders, along with his view of the current market situation. Perhaps it is not quite so bad as that every day; but you will see that you have to be a communication all-rounder and you must always be ready to play your part with assurance and competence if you want to do your job properly.

This was the day's work of an executive, but clerks, too, have to spend a considerable part of the working day communicating. The communication element in clerical work is going to become more and more predominant as machines are perfected to perform the clerk's routine mechanical jobs, and computers take over his accounting, filing and statistical tasks.

(Adapted, abridged and slightly altered from "English for the Office", Peter Little, Longman, London)

1 Receiving visitors

a) Make a mock talk using the English prompts given below. Be polite!

Secretary:	Good morning (... help you?)
Visitor:	Good morning (... see the sales manager)
Secretary:	(... appointment?)
Visitor:	(... no)
Secretary:	(... reason of visit?)
Visitor:	(... talk to sales manager about our latest order/introduce myself, Gordon Cassedy from Morgan & Sons, Bristol)
Secretary:	(... take a seat/... wait a minute/... find out when Mr Webster, sales manager/... free)
Visitor:	(... very kind)
	(Secretary leaves room. Returns after a minute.)
Secretary:	(Mr Webster not free ... the next hour/... wait? ... or talk to Mrs McBride/... in charge of Bristol area?)
Visitor:	(... prefer to come back at 16.00 hours/... do some shopping in town/... able to arrange appointment with sales manager at that time?)
Secretary:	(... will be possible)
Visitor:	(By the way .../... nearest way to Town Hall?)
Secretary:	(When leaving here through main exit/... see tower of St Mary's/Town Hall lies opposite/...straight on ... second left after the traffic lights)
Visitor:	Thank you, good-bye.
Secretary:	Good-bye, Mr Cassedy.

b) Draft a conversation in English using the German prompts. Imagine that both roles could be acted by you one day either being a visitor to a firm in Britain or receiving a British businesswoman or businessman in Germany.

Visitor:	(Guten Tag/... möchte Public Relation Manager sprechen)
Clerk:	(Gruß/... Termin mit unserem PR Manager, Herrn ...?)
Visitor:	(... ja/... erwartet mich um 11.15)
Clerk:	(... Platz anbieten/Hinweis, ... erst 11.00/... sehen, ob Herr ... frei ist/... Ihr Name?)
Visitor:	(Name .../Firma ...)
	(Clerk dials and PR Manager's secretary tells he is out but will be back in about 10 minutes.)
Clerk:	(Berichtet der Besucherin/dem Besucher, was Sekretärin gesagt hat)
Visitor:	(... in Ordnung/... macht nichts aus, ein paar Minuten zu warten)
Clerk:	(... Zeitung von heute anbieten)
Visitor:	(... Dank)

2 The picture below shows you the complex communicative situation in a firm. Work out a pattern as shown below and collect as many communicative phrases as you can imagine. The text on the "communication day" will help you.

(Pattern)

international communication		**external communication**
vertical	*horizontal*	
		*(**example:** to read letters from customers)*

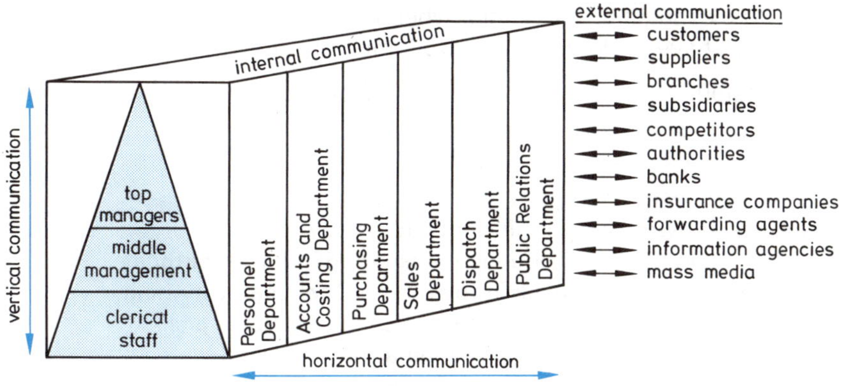

Brush up your English

Passive Voice

1 Construct new sentences in the passive voice using the adverbial phrase given.

Note: The tense has to be changed.

a) New machines were invented (within the next five years).
b) His old record-player will be repaired (last week).
c) Various tests were made (up to now).
d) His new CD will be released (a fortnight ago).
e) The singer was welcomed by a big audience (one year before).
f) The motor of the tape-recorder was improved (by early September when the International Radio Exhibition opens).
g) Why will he be asked to do that (last night)?
h) Why are the instructions not being followed (by now)?
i) The news will be broadcast at 8 o'clock (last night).
j) Have you been invited to stay with them (in your last holidays)?

2 Transform the sentences into the passive.

Note: The passive is preferred when the person who did something is unimportant; 'by' is only used if the doer is of interest.

a) He took me to Heathrow Airport.
b) They welcomed him in front of the town-hall.
c) He will pick her up at the hotel reception.
d) The neighbour watched the man leaving the house.
e) Nobody follows our instructions.
f) They'll look after our little Debby.
g) Chris Rea wrote the song.
h) You must try it again.
i) The young lady asked the policeman about the way.
j) When I came to the garage they were just checking the battery.
k) They should have told him when to go.
l) You have to do your homework more carefully.

3 Transform the following sentences according to the example.

Example: They offered me a cup of tea.
I was offered a cup of tea.

a) They gave me a ticket for the concert.
b) We showed him all the sights in our town.
c) Her parents sent her a nice present on her 18th birthday.
d) As soon as he is back in town he will tell me everything.
e) Her parents are going to allow her to visit Spain again.
f) The customs officer passed me a form to fill in.
g) They had given him the advice not to return late at night.
h) He handed us the latest LP by Tracy Chapman.
i) The mail-order house will send us the new catalogue in autumn.
j) We must offer them another chance.

4 Translate.

Note: The passive voice often appears in technical descriptions or instructions and in newspaper reports. In some cases it stands for the German "man".

a) Computers can be built to take over almost any job.
b) The barbecue must always be placed in the open air.
c) It should be examined on receipt as it may have been damaged during transport.
d) This set has been designed to be operated on AC.
e) It is said that the Chinese delegation will visit our country in the near future.
f) The set is switched on and off by means of the green switch.
g) Man sagt, daß der Abgeordnete sein Haus um 7 Uhr verließ.
h) Man kann den Schalter zum Ein- und Ausschalten benutzen.
i) Die Rückkehr des Ministers wird nicht vor Donnerstag erwartet.
j) Man sollte die Gebrauchsanweisung sorgfältig lesen, bevor man das Gerät in Gang setzt.
k) Dieses Spiel kann von 3 bis 6 Personen gespielt werden.
l) Der Propeller wird von einem kleinen Elektromotor angetrieben, der auf Wechselstrom läuft.

5 Form sentences from the prompts using passive constructions. Take care that the preposition belongs to the verb.

Example: *our dog/take care of/neighbours*
Our dog is taken care of by our neighbours.

a) such questions/deal with/for a fortnight
b) hair-dryer/can/easily/make use of/on holidays
c) we need/a young man/rely on
d) success/John/never/dream of
e) something/think about/before doing it
f) their two-year-old daughter/look after/next Saturday/babysitter
g) he/politician/not/take notice of/in the past
h) event/speak of/all over the country

2.2 Forms of Business Organization

The Sole Proprietorship

The one-man firm or sole proprietorship is the simplest form of business organization. The entrepreneur as sole trader owns and controls his capital with almost complete freedom. He is his own boss. If his enterprise is successful, he may gain profits which he needn't share with anyone. If it fails, he may lose not only the assets of the business, but also his private capital, his house and all his savings.

Partnerships

As the financial resources of a sole proprietorship generally are limited, partnerships were developed. They are forms of business organization which consist of two or more individuals who agree to own and operate a business enterprise. Usually the partners do not only pool their financial resources but also their business know-how. Hence greater specialization in management is possible. As they share their responsibilities they also share the risks and the profits or losses. In some cases partners take no share in the management. They are called **sleeping partners** but they are also liable for the firm's debts in such an **ordinary partnership.**

To restrict liability to the amount of capital paid in **limited partnerships** were created. Under such an agreement a limited partner may only lose the capital that he has invested in the business. But he is not allowed to take an active part in the management. However, in a limited partnership there must be at least one ordinary or general partner with unlimited liability.

Joint-Stock Companies

Today the joint-stock company is the most important form of business organization. The joint-stock company is a "legal person" consisting of an association of people who contribute capital by shares. These individual members are known as shareholders. From their point of view the joint-stock company enjoys the advantage over the partnership that their liability is limited to the value of their shares.

Joint-stock companies may be of two main kinds, the private limited company and the public limited company. The name of a private limited company ends with the word "Limited" or the letters **Ltd.**; a public limited company is indicated by the letters **PLC** after its name.

A **private limited company** has not more than fifty members. It is not allowed to invite the public to subscribe for shares. Private companies are often owned by families who hold the shares among its members. The right to transfer these shares is restricted. A transfer is only possible with the approval of the directors of the company.

In contrast to private limited companies a **public limited company** has to appeal to the public to take up shares. They are placed on an open market and freely transferred at the Stock Exchange. Public limited companies must have at least 7 members but there are often many thousands of shareholders who invest a large amount of capital. This enables the public company to expand and to satisfy the need for further investments. The issuing of shares is subject to strict regulations in order to protect the public from fraud.

Forms of Business Organization			
Britain	Sole Proprietorship	Partnership: ordinary / limited abbr.: & Co./Sons	Joint-Stock Company: private limited / public limited abbr.: Ltd / PLC
United States	Sole Proprietorship	Partnership (unincorporated firm): general / limited abbr.: & Co./Sons	Corporation: closed / open abbr.: Inc. (= incorporated)
Federal Republic of Germany	Einzel-unternehmung	Personengesellschaft: ~ OHG / ~ KG	Kapitalgesellschaft: ~ GmbH / ~ AG

Exercises

1 Vocabulary

a) Explain the following words as they are used in the text:
profit, resources, liability, investment, be subject to.

b) Find synonyms for:
enterprise, individuals, agreement, limited, indicate.

c) Find nouns to (no -ing forms):
financial, restrict, lose, transfer, expand, satisfy.

2 Correct the following statements where necessary:

a) In a partnership all partners have to work in the management.
b) In a limited partnership there may be a lot of ordinary partners.
c) In a joint-stock company shareholders cannot lose their private capital.
d) A public limited company has no right to issue shares in order to protect the public from fraud.

3 Questions/Tasks on the text

a) What are the advantages of a one-man firm from the owner's viewpoint?
b) Describe the disadvantages.
c) What do you suppose the business organization of the following firm is like? Barcley & Sons.
d) What are the main characteristics of a private limited company?
e) What is a public limited company like?

4 Invent the history of a big firm which started as one-man business.

Use the following guide words:
George Spencer – grocer – need for further capital – John Moody – Moody & Spencer – specialization in management – increasing profits – supermarket – big chances – supermarket chain.

5 Discuss the following statements:

a) Big business is essential for achieving efficient production.
b) Big firms achieve considerable monopoly power, which may be dangerous for society.

Brush up your English

Conditional Clauses

> If you drive a car, I'll tax the street,
> If you try to sit, I'll tax your seat,
> If you get too cold, I'll tax the heat,
> If you take a walk, I'll tax your feet.
> *(Taken from the Beatles' song: 'Taxman')*

1 Say that you will do the following things only on the conditions given in brackets. Use if-clauses.

Example: I'll visit you (I/be/back/on time).
I'll visit you if I'm back on time.

a) I'll try it again (I/asked for/by him).
b) I'll not go to the disco (there/be/something interesting/on TV).
c) I'll go by bus (moped/not repaired/by 5 o'clock).
d) I will buy a newspaper (I/arrive/at the station/on time).
e) I shall lend her the new CD (she/guarantee/careful treatment).

2 Say that you **would do** the things mentioned if you **were** a rich man (woman).

If I were (was) rich,	spend a six-week holiday on the Bahamas celebrate a party with all my friends save all the money and live on the interest spend lots of money on the latest fashion start collecting records let poor people have a part of my fortune not let anyone know buy all the luxury I have been dreaming of, like ...

3 Say what you **would have done** if something **had been.**

Example: *I/stay/at home – Betty/be invited*
I would have stayed at home if Betty had been invited.

a) I/not/ask/him – you/tell/me/before
b) I/switch on/the radio – I/know about/this event
c) I/get up/more quickly – it/not/be/so late/last night
d) I/go to/open-air festival – it/be/summer
e) I/participate in/game – she/not/make/objections

4 Make a similar statement using an if-clause.

Example: *In his place I would accept the invitation.*
If I were in his place, I would accept the invitation.

a) By catching the 7.30 train we'll not be late.
b) It would be a good idea to spend the evening together.
c) We would have managed it without her help.
d) The announcement that I was going to leave home would have made my parents angry.
e) Had she taken my advice, she would be happy today.
f) The promise to stay with him will be a great help.
g) We'll come with them on condition that they can change their table reservation.
h) He'll try to be back by 9 o'clock. In that case he'll ring you up.
i) She wanted to accept his invitation. But when he asked her it was too late.
j) He won't be able to pick her up because he doesn't have a car.

5 Is a condition given, but the result is only possible and not sure, "will" ("would") is replaced by "may" ("might")

Example: *If he takes a taxi, he may (will) be on time.*
If he took a taxi, he might (would) be on time.
If he had taken a taxi, he might (would) have been on time.

Transform the sentences accordingly.

a) If I weren't so tired, I would start reading a book.
b) If you had tried to book the room in advance, we would have had less trouble.
c) If Eric comes back to town, he'll ring you up.
d) He would have helped us if we had asked him.
e) If Caroline gets enough information, she'll be able to manage it.
f) I would have visited the Baileys if I had remembered their address.

6 Say it in English.

a) Wenn du jetzt startest, wirst du bis 18 Uhr dort sein.
b) Er hätte uns helfen können, wenn er es versucht hätte.
c) Du könntest es schaffen, wenn du hart arbeiten würdest.
d) Wenn ich Sie wäre, würde ich das Angebot akzeptieren.
e) Es wäre vielleicht ein wenig billiger gewesen, wenn wir es im Supermarkt gekauft hätten.
f) Ich werde da sein, falls du mich brauchst.
g) Benötigte sie Geld, würde sie es von ihrem Vater bekommen.
h) Wäre er nicht krank gewesen, wäre er einer der Besten.
i) Ich verspreche es ihm nicht, wenn du mir nicht hilfst.
j) Wir könnten vielleicht erfolgreich sein, wenn die Bedingungen sich änderten.
k) Wenn das Wetter schön gewesen wäre, wären wir vielleicht mit dem Fahrrad gefahren.
l) Er würde den Zug rechtzeitig erreichen, wenn er sich beeilte.

7 A condition can also be expressed by starting the conditional sentence with "provided (that)", "unless", "suppose", "supposing".

Translate and use the variations as suggested in brackets.

a) Sie brauchen den Artikel nicht zu lesen, es sei denn, Sie interessieren sich für Politik (unless).
b) Ich gehe, wenn er nicht sofort aufhört, so zu reden (unless).
c) Nehmen wir einmal an, du wirst gefragt; was wirst du ihnen sagen (suppose)?
d) Sie dürfen hier rauchen, wenn Sie 18 Jahre alt sind (provided).
e) Wir werden es schaffen, vorausgesetzt, das Wetter bleibt trocken (provided).
f) Was würdest du machen, wenn es dir passierte (supposing)?

2.3 The Business Letter

1 Heading

EURO ELECTRIC LIMITED EEL

38 Silverdale Road
Liverpool
L 1 4EA

Telephone: 051 623 7850
Telex: 584 962
Fax: 051 344 8203

2 Reference initials

3 Date

Our ref: FT/JG Your ref: JDH/SW Date: 15th May, 19..

4 Inside address

Messrs Gordon & Anderson
19 High Street
LEICESTER
LE1 3TD

5 Attention line

For the attention of Mr. J. D. Harris

6 Salutation

Dear Sirs,

7 Subject line

Electrical Household Appliances

8 Body of the letter

Thank you for your inquiry of 15th May.

As an international company we have been successfully supplying electrical appliances throughout the country for some consider-able time.

With this in mind I would like to draw your attention to the enclosed price list together with the appropriate discounts and the relevant literature.

We are interested in your business and would like to help you in any way possible.

Should you require further or more detailed information, please do not hesitate to contact me.

9 Complimentary close

Yours faithfully,
EURO ELECTRIC LIMITED

10 Signature

Frank Thompson

Frank Thompson
Local Sales Manager

11 Enclosure

Enclosures

When comparing a private letter (see 1.1.4, p. 14) with a business letter you will notice that they have a lot in common but that there are also some differences.

Here are the essential parts of an English business letter:

1 Heading or letterhead

The heading of the business letter generally includes the sender's name, address, P.O. Box number, telephone number, telex, telefax etc.

2 Reference initials (Bezugszeichen)

These initials indicate who dictated and who typed the letter. The dictator's initials are always placed first.

3 Date

The date may be written in different ways (see 1.1.4, p. 14).

4 Inside address

The name and address of the person or firm you are writing to should be exactly the same as the one which appears on the person's or firm's letterhead. In letters to individual persons titles of courtesy like Mr, Mrs and Miss are used. If it is unknown whether a woman is married or if she does not want to show it, Ms is used instead of Mrs or Miss. There is a growing tendency to use Ms exclusively.

Special titles like Doctor (Dr.), Professor (Prof.) or Colonel are used instead of Mr, Mrs, Miss or Ms.

Messrs (abbr. of Messieurs) may be used in letters to a partnership like

Messrs Warner & Hodges.

Messrs should not be used when addressing partnerships or companies whose names are preceded by **The** or followed by **Ltd.**

The Midland Engineering Co.
or Gordon White & Sons Ltd.

If a person is not addressed by his proper name but by his position the address runs as follows:

The Manager
Riverside Hotel
or The Principal
Bracknell College.

5 Attention Line

The attention line, which may be omitted, is placed between the address and the salutation. The expression "For the attention of" (zu Händen von) is used to send the letter to a certain person or department of a business firm.

6 Salutation

If the person you are writing to is known to you you may start with

Dear Mr White,
Dear Mrs Hamilton, etc.

In all other cases you should begin with

Dear Sir,
Dear Sirs,
Dear Madam,
Gentlemen:

The British put a comma after the salutation. This comma is usual but not necessary. The salutation starts with a capital letter. In American business letters you begin with **Gentlemen** followed by a colon.

7 Subject line or "re" line (Betreff)

In contrast to German business letters the subject line is usually placed below the salutation. The subject line should be underlined.

8 Body of the letter

The first paragraph starts with a capital letter and generally refers to a letter you have written or received before, an advertisement you have seen etc.
The second paragraph often provides necessary information and states facts, whereas further paragraphs may refer to measures in the future or suggestions on how to solve a problem.
Some polite remarks follow at the end of the business letter.

9 Complimentary close

The complimentary close for letters beginning with **Dear Sir(s), Dear Madam** is **Yours faithfully.**
Letters starting with **Dear Mr Brown, Dear Mrs Bradley, Dear Miss Baxter, Dear Ms Gordon** are closed with **Yours sincerely.**
In American business letters complimentary closes like **Very truly yours** or **Sincerely yours** are most commonly used.
All these complimentary closes begin with a capital letter and usually end with a comma which may also be omitted.

10 Signature

Usually the signature on business letters consists of the name of the firm, the handwritten signature, the typewritten name of the signatory and his title or position.

11 Enclosure

Enclosures (Encl.) are indicated at the left-hand margin below the signature.

2.4 Preparing a Contract of Sale

Many business transactions begin with an inquiry (also spelt enquiry) which can be made by a business letter, a telephone call, by telefax or by telex. Inquiries are usually sent by businessmen who want to get some information about certain goods, their prices, terms of delivery and payment. Potential buyers may refer to advertisements of suppliers in order to find out which firm offers the best quality and the most favourable prices and conditions. An inquiry is without legal obligation for the buyer.
When receiving an inquiry the seller will make an offer if he has the goods in stock which the customer has asked for. To show the customer the quality of the goods samples are very often sent. An offer containing the price is called a quotation. Sometimes an offer is made subject to certain conditions of acceptance, e.g. subject to acceptance within 10 days. Other conditions attached to quoted prices may be COD or FOB (cf. Terms of Payment, p. 72, and Terms of Delivery, p. 72).

2.4.1 Inquiry

Conversation

Mr Black is the manager of John Lewis Ltd., a London import firm. He and his assistant Mr Hale are talking about an advertisement by NOVOLUX GmbH, West Germany.

Hale: Good morning, George.
Black: Good morning, Peter. How are you?
Hale: Fine, thank you.
Black: Anything special this morning, Peter?
Hale: Well. I think so. Here is an advertisement by Novolux, a German firm. Their goods haven't been introduced into the British market as far as I know.
Black: Let me see. Ah, it's in the "Electrical Review".

> **NOVOLUX GmbH**
> Manufacturers of lighting fittings
>
> Gartenstr. 5
> 4800 Bielefeld
> W. Germany
>
> We offer modern lighting fittings for special lighting purposes.
>
> Ask for our catalogues
> ILLUMINATION AT WORK
> and
> ILLUMINATION FOR LIVING ROOMS
>
> We solve your lighting problems

Black: Yes, it's quite interesting. We're one of the wellknown importers of lighting fittings and we should know what they produce.
Hale: It's possible that some of their products might fit into our line.
Black: All right. Let's find out. Would you please write an inquiry to the sales manager of Novolux.

Guided letter writing

Write an inquiry referring to the previous conversation and use alternative phrases from the pattern below. Remember the layout of the business letter.

We see from We have learnt from	your advertisement	in the current issue in the latest issue in the last week's issue

of Electrical Review	that you are	manufacturers producers	of lighting fittings.

As we are interested in your goods/line/range As we have been importers of electrical articles for a number of years As we are a large dealer in electrical articles As we have not previously done business together As there seems to be a promising market in our area for your articles

please send us we would like you to send us	your illustrated catalogue. your current price list. relevant sales literature.

We shall be glad We should appreciate	to hear from you soon. to receive your early reply.

Yours faithfully, Yours sincerely,

Additional Useful Phrases

1 Openings

We refer to your advertisement ...	Wir beziehen uns auf Ihre Anzeige ...
Your address has been mentioned to us by ...	Ihre Adresse wurde uns von ... genannt.
We have learnt from Messrs Brown & Co. that you have put ... on the market.	Wir haben von der Firma Brown & Co. erfahren, daß Sie ... auf den Markt gebracht haben.
We understand that you are a manufacturer of / dealer in ...	Wie wir hören, sind Sie Hersteller von / Händler für ...
At last year's Fashion Fair in your town we saw your stand with great interest.	Bei der letztjährigen Modemesse in Ihrer Stadt betrachteten wir Ihren Stand mit großem Interesse.
For a number of years we have imported ...	Seit mehreren Jahren haben wir ... importiert.
We are in the market for ...	Wir haben Bedarf an / Wir benötigen ...
As our stock is nearly exhausted / is running low ...	Da unser Lagervorrat zur Neige geht, ...

2 Request for particulars

We should appreciate further information about ...	Wir wären Ihnen für weitere Informationen über ... dankbar.
We should welcome details on ...	Wir würden gerne Einzelheiten über ... erfahren.
Please send us samples/patterns	Senden Sie uns bitte Muster ...
May we ask you to submit an offer according to our requirements.	Dürfen wir Sie bitten, uns ein Angebot entsprechend unseren Anforderungen zu machen?
Please state your earliest date of delivery.	Nennen Sie uns bitte Ihren frühesten Liefertermin.
We should be obliged if you could arrange a visit from your local representative.	Wir wären Ihnen sehr verbunden, wenn Sie einen Besuch Ihres örtlichen Vertreters veranlassen könnten.

3 Endings

If your products meet our requirements / expectations, ...	Wenn Ihre Erzeugnisse unseren Anforderungen / Erwartungen entsprechen, ...
If quality and price come up to our customers' expectations, ...	Wenn Qualität und Preis den Erwartungen unserer Kunden entsprechen, ...
If your terms and conditions are competitive, ...	Wenn Ihre Zahlungs- und Lieferungsbedingungen konkurrenzfähig sind, ...
If you can guarantee delivery by the end of this month, ...	Wenn Sie die Lieferung bis (spätestens) zum Ende dieses Monats garantieren können, ...
... we may place regular orders for large quantities.	... können wir regelmäßige Aufträge über größere Mengen erteilen.
... substantial repeat orders may follow.	... können beträchtliche Wiederholungsaufträge folgen.
For information about our firm please contact ...	Um Auskünfte über unsere Firma zu erhalten, wenden Sie sich bitte an ...
Should you wish for any detailed information about our company, we refer you to ...	Sollten Sie genaue Auskünfte über unsere Firma wünschen, verweisen wir Sie an ...
We look forward to hearing from you soon.	Wir freuen uns, bald von Ihnen zu hören.
We await your information with interest as soon as possible.	Mit Interesse erwarten wir Ihre Auskunft so bald wie möglich.

A Gap Letter Exercise

Fill in the missing words:

a) We ... to your advertisement in the current ... of the **Trade Journal.** There seems to be a promising ... in our area for your ... May we ask you to ... a prompt offer as our ... is running low. If your terms and conditions are ..., we may ... regular ... with you.
We ... forward to ... from you soon.

b) We have seen your ... in the **Daily News** regarding electrical appliances. We should ... further information about your ... As we are in the ... for these articles we would be pleased if you could send us your ... catalogue and ... price list. We await your ... as soon as possible.

B Further Exercises

Write letters from the following particulars using a salutation, subject line, complimentary close and today's date:

1 Write to an English firm whose advertisement regarding children's coats appeared in the latest issue of the **Fashion Review.** You got the impression that the style and colour of the coats will meet the expectations of your customers if prices are competitive. You could buy 200 coats. Ask for a favourable offer. State the address of a supplier of yours who may give some information about your creditworthiness.

2 You plan to equip your new office with office furniture. You are very interested in the "Executive Programme" which a big firm had on display at the London Fair last week. Write a letter asking for catalogues, price list and patterns of colours. Find out whether a representative could arrange for consultations.

3 You have got the address of the firm you are writing to from a business friend of yours, Paxton Ltd., Edinburgh. You have been told that the firm you are writing to is putting a new type of transistor radio on the market before the end of the year. You have been selling such products for more than 20 years and could promise a ready sale under certain conditions. Ask for details.

4 You are going to extend your stationery shop within the next few months by adding gifts and all sorts of fancy goods. You saw the stand of the firm in question at last month's Frankfurt Fair. State your urgent interest and mention the most favourable site of the shop in the city opposite the main station. Ask for latest catalogue and price list.

5 You are employed in the office of the leading household appliance dealers in the city with four branches in the area. You have learnt from a commercial spot on TV in England about a special pocket calculator for housewives which has not yet been introduced into the German market. Ask for detailed information and a sample. A ready market can be expected.

6 You would like to spend your three weeks' holidays in Cornwall. A friend of yours who stayed at The Seaside Hotel last year has recommended it to you. Ask whether there are any vacancies during July. Say that you would like a single room with or without private bath and that you would have all your meals at the hotel (full board). Ask for information about the kind of room available and how much it will cost.

7 Schreiben Sie nach folgenden Angaben eine Anfrage in korrekter Briefform.

Die Firma Burmester & Co., Eisenbahnstr. 8, 2000 Hamburg 61, importiert Beleuchtungskörper (lighting fittings).
Burmester & Co. haben mit Mr Peabody, dem Vertreter des englischen Lampenherstellers EURO ELECTRIC Ltd., 38 Silverdale Road, Liverpool L1 4EA, auf der letzten Hannovermesse Kontakt aufgenommen. Schreiben Sie für Burmester an die englische Firma zu Händen von Mr Peabody, und beziehen Sie sich auf das in Hannover geführte Gespräch. Bitten Sie um genauere Informationen über Wohnzimmerbeleuchtung (living room lighting fittings). Falls EURO ELECTRIC zu günstigen Zahlungs- und Lieferungsbedingungen Angebote unterbreiten werden, kann es zu regelmäßigen Geschäften (regular business) kommen.

8 Die Firma Gerhardsen & Co., Export/Import, Walsroder Weg 34, 2800 Bremen, wendet sich an Chesney & Co., 54 Allen Road, Beckenham/Kent. Sie hat vom Vertreter Chesneys erfahren, daß die Modellbaukästen (model kits) sehr beliebt sind und daher auch für den deutschen Markt von Interesse sind. Gerhardsen äußert den Wunsch, möglichst bald Musterstücke und Preisangebote zu bekommen. Detaillierte Information hinsichtlich Verpackung und Mengen ist erwünscht.
Zur eigenen Firma weist Gerhardsen darauf hin, daß sie zu den führenden Importeuren von Spielzeug im Lande gehört. Wenn die Bedingungen wettbewerbsfähig sind, könnten Aufträge von Zeit zu Zeit für größere Mengen erteilt werden.

9 Fulwood Super Bikes, 203 Garstang Road, Fulwood, Preston/Lancs., PR2 4JQ, ist von Boosey & Hawkes, London, auf die gute Qualität der Fahrräder der Hugo Thal GmbH, Im Kuniberg 79, 4350 Recklinghausen, aufmerksam gemacht worden. In einem Schreiben an die deutsche Firma werden folgende Punkte erwähnt:

- seit Jahren keine deutschen Fahrräder mehr importiert
- Interesse an Qualitätsfahrrädern
- größerer Bedarf für die kommende Saison
- erwünscht sind: detaillierte Beschreibungen, Farbkarten, Exportpreisliste, Lieferbedingungen, Lieferfristen

Sollten Qualität und Preise zusagen, könnten größere Bestellungen folgen. Schnelle Information wird begrüßt.

10 Übersetzen Sie folgenden Brief:

Sehr geehrter Herr Benson,
als uns vor zwei Monaten Ihr Vertreter, Herr Moody, besuchte und das breite Sortiment (range) Ihres Hauses vorstellte, sagten wir ihm, daß wir sicherlich später einmal an diesen Artikeln interessiert sein würden.

In der Zwischenzeit haben wir uns entschlossen, unser Geschäft zu erweitern und neue Marken in unser Verkaufsprogramm aufzunehmen.
Dürfen wir Sie bitten, uns ein besonderes Einführungsangebot (introductory quotation) zu unterbreiten, das unseren Bedürfnissen entspricht. Wir würden es begrüßen, wenn einer Ihrer Vertreter uns noch einmal einen Besuch abstatten könnte.
Wenn Sie weitere Auskunft über uns einholen möchten, verweisen wir Sie an die Firma

John Nickles
288 Bradford Terrace
MANCHESTER
M60 2HB,

deren Kunde wir seit mehr als 5 Jahren sind.
Wir hoffen, bald von Ihnen zu hören.

Hochachtungsvoll

2.4.2 Offer

Conversation

In the office of EURO ELECTRIC LTD in Liverpool Frank Thompson, the sales manager, and his secretary, Anne Hatton, are discussing an inquiry.

Thompson: Anne, I've just read this inquiry. It's from Milligan & Sons of Cardiff.

Anne: Oh yes, I remember that letter, it arrived yesterday. They inquired about electric toothbrushes, didn't they?

Thompson: That's right. We should answer it immediately. We haven't done business with Milligan & Sons up to now, but it seems to me they might be prospective customers.

Anne: Shall I send them our catalogues and price lists together with a standard reply?

Thompson: Well, in this case we should be more specific because they are really interested in our toothbrushes. I think we should draw their special interest to our new models "VITADENT" and "VITADENT L" which are selling so well.

Anne: What about the prices?

Thompson: Take price list B 7 with the usual discounts. But offer them a special introductory reduction of 15% for orders placed by the 15th of next month.

Anne: Is that all, Frank?

Thompson: I think so, Anne. Well, take the letter. I wrote some notes which will help you to answer it. Most of the points we've just talked about.

Anne: Shall I start at once?

Thompson: Well, have your tea-break first, but finish the letter in time for the afternoon mail, won't you?

Anne: All right.

John Milligan and Sons

25 Williams Street
Cardiff CF1 1UH

Tel. 0222 578 304

Our ref: JM/SP   Your ref: --   Date: 18th May, 19..

EURO ELECTRIC LTD
38 Silverdale Road
LIVERPOOL
L1 4EA

immediate answer!

Dear Sirs,

Your advertisement in the Electrical Review

We have learnt from your advertisement in the Electrical Review that you have been supplying electrical appliances throughout the country with great success.

We are one of the important local dealers in electrical articels and are interested in your goods.

prospective customer

As there seems to be a promising market in our area for electric toothbrushes please send us your current price list and relevant sales literature. If your prices and articles suit us, we could place a trial order.

We look forward to hearing from you soon.

Yours faithfully,

John Milligan

"vitadent"
"vitadent L"

- price list B 7
- discounts as usual
- introductory reduction
- immediate delivery after receipt of order

Guided letter writing

Write an offer referring to the conversation above and use alternative phrases from the pattern below.

We refer to Thank you for We are pleased to have We were pleased to receive	your letter your inquiry	of dated	18th May

regarding concerning	....

We enclose We are sending Enclosed please find	sales literature descriptive literature our catalogue	and our price list.

There has been	a ready market an active demand	for our	articles models

during the last months.

On orders	for more than 30 pieces/units of £ 500 in value exceeding £ 400 in value amounting to £ 450 in value	we grant we allow	a 10% discount.

To facilitate the	launching introduction	of our	articles models

into your market	we offer we are making you	a special introductory

reduction of 15%	for orders placed by the 15th of next month. subject to our receiving your order not later than the 15th of next month.

Delivery Despatch	will be	executed effected carried out	immediately after receipt

of order.

We would suggest that you give us a trial order.

Yours faithfully,

Encl.

Additional Useful Phrases

1 Openings

We are pleased to make you an offer regarding ...	Wir freuen uns, Ihnen ein Angebot bezüglich ... machen zu können.
We thank you for your inquiry of ... for ...	Wir danken Ihnen für Ihre Anfrage vom ... nach ...
We have received your letter of ...	Wir haben Ihren Brief vom ... erhalten.
We are pleased to offer the following goods.	Wir freuen uns, Ihnen die folgenden Artikel anbieten zu können.
We have pleasure in sending you the following quotation.	Gerne senden wir Ihnen das folgende Preisangebot.
We have pleasure in submitting our offer as follows.	Wir freuen uns, Ihnen unser Angebot wie folgt zu unterbreiten.

2 Statements of particulars

Our prices are quoted FOB Hamburg.	Unsere Preise verstehen sich FOB Hamburg.
Our prices are quoted net, without discount, due on receipt of goods.	Unsere Preise verstehen sich netto, ohne Rabatt, fällig bei Erhalt der Waren.
On these prices we grant/allow you a ... % discount.	Auf diese Preise räumen wir Ihnen ... % Rabatt ein.
We grant you a special discount of ... % on our list prices.	Wir gewähren Ihnen einen Sonderrabatt von ... % auf unsere Listenpreise.
Your initial order is subject to a special discount of 4%.	Auf Ihre Erstbestellung erhalten Sie einen Sonderrabatt von 4%.
Our prices stated are net cash one month after delivery.	Unsere angegebenen Preise verstehen sich netto Kasse einen Monat nach Lieferung.
For payment within ten days after receipt of goods a 2% discount may be deducted.	Bei Zahlung innerhalb von zehn Tagen nach Erhalt der Waren können 2% Skonto abgezogen werden.
Our terms of payment are documents against acceptance.	Unsere Zahlungsbedingungen lauten Dokumente gegen Akzept.
This offer is firm for 15 days only.	Dieses Angebot ist nur für 15 Tage verbindlich.
This offer is firm, subject to acceptance by ...	Dieses Angebot ist fest bei Annahme bis zum ...
The offer is without engagement.	Das Angebot ist freibleibend.
Subject to prior sale./Subject to being unsold.	Zwischenverkauf vorbehalten.

3 Endings

We should appreciate an early reply.	Für eine baldige Antwort wären wir Ihnen sehr verbunden.
We look forward to hearing from you again.	Wir freuen uns, von Ihnen wieder zu hören.
We hope that our offer meets your requirements.	Wir hoffen, daß unser Angebot Ihrem Bedarf entspricht.
We are confident that the articles we can offer you will fully meet with your approval.	Wir sind davon überzeugt, daß die Artikel, die wir Ihnen anbieten können, Ihre volle Zustimmung finden werden.
Any orders you will place with us will have our prompt and careful attention.	Alle Aufträge, die Sie uns erteilen, werden unsere sofortige und sorgfältige Aufmerksamkeit finden.
We assure you that your order will be executed promptly and carefully.	Wir versichern Ihnen, daß Ihr Auftrag sofort und sorgfältig ausgeführt wird.

Terms of Payment

cash (payment) in advance	Vorauskasse (Vorauszahlung)
cash with order (CWO)	Kasse bei Auftragserteilung
cash on delivery (COD)	gegen Nachnahme
payment by transfer/cheque/bill of exchange	Zahlung durch Überweisung/Scheck/Wechsel
cash against documents (documents against payment) D/P	Kasse gegen Dokumente
documents against acceptance D/A	Dokumente gegen Akzept
payment by irrevocable letter of credit	Zahlung durch unwiderrufliches Akkreditiv
net cash on receipt of goods	netto Kasse bei Erhalt der Waren
2% discount for payment within 10 days from date of invoice	2% Skonto bei Zahlung innerhalb von 10 Tagen nach Rechnungsdatum
3 months' credit	3 Monate Ziel
payment by instalments	Ratenzahlung

Terms of Delivery

franco border	frei Grenze
franco domicile	frei Haus
ex works/ex factory	ab Werk/ab Fabrik
free alongside ship = FAS	frei Längsseite Schiff
free on board = FOB	frei an Bord
free on rail = FOR	frei Waggon
cost and freight = C & F	Kosten und Fracht
cost, insurance, freight = CIF	Kosten, Versicherung, Fracht

Exercises

A Gap Letter Exercise

Fill in the missing words:

Thank you for your letter ... 5th January ... electrical appliances. ... please find our ... catalogue stating all necessary details. We have been ... electrical applicances for some considerable time and are ... to offer you our products. Your ... order is subject to a discount of 6%. Our prices quoted are ... cash 30 days after delivery or ... 10 days with 2% ...
We are sure that our articles will meet with your ... Any orders you ... with us will have our careful ...

B Further Exercises

1 Franco border means that the seller has to bear all costs and risks until the goods have reached the border. The buyer has to bear all costs and risks from the border to his address.
Study the scheme below and try to describe who has to bear costs and risks under the following terms of delivery.

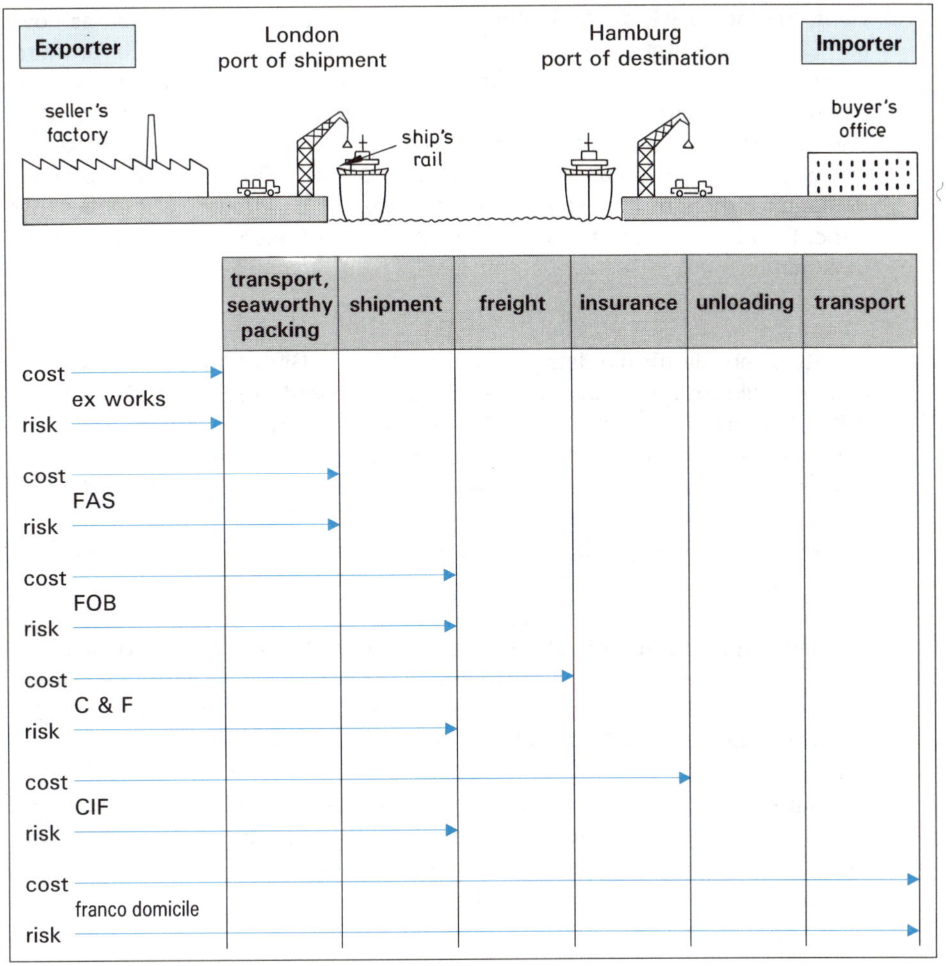

2 Draft letters from the following particulars:

a) Milligan and Sons have written to EURO ELECTRIC LTD inquiring about portable battery cassette recorders. Milligan and Sons have become regular customers of EURO ELECTRIC LTD.
Answer the inquiry for EURO ELECTRIC LTD stating that you would recommend the models "Music Fan" at £ 30 and "Professional" at £ 40. Technical descriptions and operating instructions can be found in the enclosed sales literature. 2% discount for payment within 10 days after receipt of goods or net cash within 30 days.

b) Answer the inquiry letter from exercise No. 1, page 66. Offer 200 coats at £ 35 each. As this is the first business contact you could grant an additional discount of 3%. This price is firm, subject to receiving an order not later than the 25th of this month. Delivery possible immediately after receipt of order. Payment: COD.

c) Gebr. Bäumer OHG, Kastanienweg 5, 4000 Düsseldorf, thank Thomas Fowler, 120 Continental Lane, LONDON WC 1, for his inquiry for office furniture. The enclosed catalogues give a full description of the different programmes, colours and designs. The prices quoted in the attached price list are to be understood CIF London, seaworthy packing included. A special discount of 5% will be offered on all orders exceeding DM 10,000. As there is a heavy demand for most of the programmes delivery can be effected not earlier than 2 months after receipt of order. The usual terms of payment are cash against documents.

d) Beantworten Sie für die deutsche Firma Novolux GmbH, Gartenstr. 5, 4800 Bielefeld, die Anfrage von John Lewis Ltd., 135 Park Street, LONDON EC 4P 432[1]. Bedanken Sie sich für die Anfrage vom ... Fügen Sie dem Schreiben die neuesten Kataloge und Preislisten bei. Bieten Sie einen besonderen Einführungsrabatt von 25% auf die Listenpreise an, um die Einführung der Waren auf dem britischen Markt zu erleichtern. Die Preise verstehen sich CIF London. Sorgfältige und prompte Auftragserledigung wird zugesichert.

e) Der deutsche Fahrradhersteller Becker & Reuter, Bergstr. 18, 4800 Bielefeld, bietet seinem englischen Kunden Frank Anderson, 22 Sherwood Street, LONDON W1, die neuesten Fahrradmodelle an. Bei den deutschen Kunden haben die im beigefügten Katalog aufgeführten Modelle große Zustimmung gefunden.
Für Aufträge über 40 Stück wird der übliche Rabatt von 15% auf die angegebenen Listenpreise gewährt. Wegen der bisherigen guten Geschäftsbeziehungen kann für die neuen Modelle ein Zahlungsziel von 3 Monaten nach Rechnungsdatum eingeräumt werden.

f) Chesney & Co, 54 Allen Road, Beckenham/Kent, bestätigt Eingang der Anfrage nach Modellbaukästen der Firma Gerhardsen & Co., Walsroder Weg 34, 2800 Bremen.
Folgendes Angebot wird unterbreitet:
- 10 verschiedene Modellbaukästen für einfache bis schwierige Modelle
- je ein Musterstück als gesondertes Paket
- Musterstücke können im Falle der Auftragserteilung behalten werden
- Preise in den Listen netto, ohne Abzug, für neue Kunden CWO
- für Erstauftrag Sonderrabatt von 10% auf alle Listenpreise
- Angebot 3 Wochen gültig, Zwischenverkauf vorbehalten

Anbieter hofft, daß die angebotenen Modellbaukästen Zustimmung des Kunden finden. Zusicherung, daß alle Aufträge schnell und sorgfältig erledigt werden.

---

[1] (siehe S. 63/64)

g) Hugo Thal GmbH, Im Kuniberg 79, 4350 Recklinghausen, an Fulwood Super Bikes, 203 Garstang Road, Fulwood, Preston/Lancs., PR2 4JQ:

- Dank für die Anfrage nach deutschen Fahrrädern
- Entschluß zum Import von deutschen Fahrrädern wird begrüßt
- Hinweise auf hohe Qualität und Zuverlässigkeit (reliability)
- zur Zeit können noch größere Mengen geliefert werden
- in der Anlage: Farbkarte, Exportpreisliste, Lieferbedingungen und Fristen
- zur weiteren Information über Qualitätsfahrräder: VHS-Videokassette
- Einführungsrabatt von 10% auf alle Listenpreise
- Angebot 14 Tage gültig
- Hoffnung, daß Auftrag bald erteilt wird
- alle Aufträge werden prompt und zuverlässig ausgeführt

h) Übersetzen Sie folgenden Brief:

Sehr geehrte Herren,
vielen Dank für Ihre Anfrage vom 10. September 19.. nach Gefrierschränken (freezers).
Wir möchten Ihnen gerne 2 Geräte anbieten, die auf der letzten Messe bei vielen ausländischen Kunden Zustimmung gefunden haben:

UF 20 Automatik 200 Liter Gefrierschrank zu 630,00 DM
UF 30 Automatik 300 Liter Gefrierschrank zu 850,00 DM

Beide Geräte verfügen über eine automatische Temperaturregelung (automatic temperature control) und ein Schnellgefrierfach (fast freeze compartment). Weitere Angaben über technische Einzelheiten entnehmen Sie bitte dem beigefügten Prospekt.
Die Preise verstehen sich CIF Rotterdam, seemäßige Verpackung eingeschlossen. Auf alle Aufträge, die einen Wert von 15.000,00 DM übersteigen, gewähren wir einen Nachlaß von 8%. Da unsere Preise günstig sind, hat Zahlung innerhalb von 30 Tagen nach Lieferungsdatum netto Kasse zu erfolgen.
Wir sichern Ihnen zu, daß alle Aufträge mit größter Sorgfalt durchgeführt werden.
Hochachtungsvoll

Anlage

3 Explain how a contract of sale was prepared between Novolux GmbH and John Lewis Ltd. (Study the introductory text, conversation and corresponding letters.)

Brush up your English

Infinitive Constructions

1 Infinitive with or without to?

Note: In some cases passive constructions are necessary.

Example: *We saw him (to enter) the restaurant.*
We saw him enter the restaurant.
I'd like that parcel (to unpack).
I'd like that parcel to be unpacked.

a) Can you (to speak) English?
b) I don't like (to write) letters.
c) I want this letter (to translate) at once.
d) I would rather (to stay) at home tonight.
e) He made strenuous efforts (to pass) his exam.
f) The traffic warden made me (to insert) another coin into the parking meter.
g) It remains (to see) whether you are right.
h) The police asked him (to answer) the questions.
i) He asked for the questions (to repeat).
j) We had better (to pay) our debts.
k) Let him (to explain) his ideas.
l) She was seen (to leave) the theatre.

2 Form sentences according to the following example.

Example: *I give up smoking – the doctor advised.*
The doctor advised me to give up smoking.

a) We listen carefully – the teacher asked
b) He apologizes for his attack – they expect
c) We help to wash the dishes – mother wants
d) He bought a new car – his friend advised
e) The secretary made tea for the visitors – he asked
f) She should become a teacher – her father would like
g) Their husbands are on strike – many housewives hate
h) I shall type the letters without a mistake – my boss wants
i) The management should pay higher wages – the workers told
j) The prices will rise again – the employers expect

3 Replace the relative clauses in the following sentences by an infinitive construction.

Example: *Everybody needs someone he/she can talk to (to whom he/she can talk).*
*Everybody needs someone **to talk** to.*
He was always the last one who arrived.
*He was always the last **to arrive.***

a) She only wants a man she can rely on.
b) We need someone who can help us.
c) He was always the last one who left the parties.
d) They hired a taxi which should take them to the disco.
e) He was not the man who would work hard.
f) She was always the first one who finished her work.
g) I wish we had someone who could show us the way.
h) These are the problems you should deal with.
i) He was the first witness who was called.
j) There is nothing you can do here but eat and sleep.

4 Translate the following sentences according to the pattern given below.

Example: *Ich weiß nicht, wie ich das Problem lösen soll (wie man das Problem löst).*
I don't know how to solve the problem.

a) Ich habe vergessen, wie man ein Wörterbuch benutzt.
b) Ich weiß nicht, was ich lernen soll.
c) Sie fragte uns, wie man Bridge spielt.
d) Sag mir, was ich tun soll.
e) Die Frage war, wo man das Auto parken sollte.
f) Wir müssen entscheiden, welchen Kassettenrecorder wir kaufen sollen.
g) Ich kann mich nicht erinnern, wann wir am Bahnhof sein sollten.
h) Ich hatte keine Ahnung, wo ich übernachten sollte.
i) Ich weiß sehr wohl, wie man die Information erhält.
j) Sie hatten vergessen, welche Übungen sie machen sollten.

Gerund (-ing form)

1 Form sentences with the gerund.

Example: *He started to write a letter.*
*He started **writing** a letter.*
It could be difficult to read this book.
***Reading** this book could be difficult.*

a) I hate to talk about my former life.
b) It is possible to choose another subject.
c) We like to visit them once a month.
d) It doesn't pay to argue with him.
e) He started to search his pockets for the missing keys.
f) We prefer to stay at home.
g) It is interesting to study foreign languages.
h) I regret that I have informed her.
i) He continued to work in the garden after lunch.
j) It is not easy to win the first prize.

2 Use the gerund when forming sentences with the following aids.

insist on	miss the train
apologize for	pass the test
dream of	smuggle gold
be interested in	hear from you soon
concentrate on	eat a lot
succeed in	get up early
look forward to	**go to the seaside**
be used to	be a film star
be afraid of	be late
be accused of	get the job
be accustomed to	work hard

Example: *She insisted on going to the seaside.*

3 Use an -ing form and write one sentence instead of two sentences.

Example: *Peter smokes a lot of cigarettes. His girl-friend doesn't agree with this.*
Peter's girl-friend doesn't agree with ***him (his) smoking*** *a lot of cigarettes.*
The children come here so often. We like it.
We like ***the children coming*** *here so often.*

a) Bob works overtime each day. His wife is angry about this.
b) Steve spends a lot of money on his sports car. His girl-friend is upset about this.
c) Anne visits a disco every night. I don't like it.
d) Mr Bailey drives fast. Susan is not afraid of it.
e) Judy is going to work in Australia. Her parents aren't looking forward to it.
f) Peter might join the army when he leaves school. His parents don't like the idea of this.
g) Mrs Adams is coming out of hospital soon. Her husband is looking forward to it.
h) He is going to become a teacher. We can't imagine it.
i) Our neighbours are looking after the baby tomorrow. We can rely on it.
j) The reporter asks us for an interview. We do not object to it.

4 Supply the correct form of the verb (infinitive or gerund).

a) We hope (leave) soon.
b) Let him (come) again next week.
c) Would you mind (open) the door for me?
d) When will you give up (smoke)?
e) I cannot help (blame) him for his behaviour.
f) I couldn't stop (laugh) all the time.
g) We enjoy (swim) in the sea.
h) The old lady decided (stay) at home.
i) Peter suggested (get) a holiday job but I dislike (work) in my holidays.
j) We look forward to (hear) from you soon.
k) I would rather (take) this dress.
l) It's no use (pretend) to be ill.
m) She would like (go) by car.
n) I can't imagine (marry) a boy like him.

o) You had better (accept) his apologies.
p) Would you mind (give) me that CD?
q) Avoid (drink) too much alcohol.
r) John wants (fly) to New York.
s) He would never consider (work) without pay.
t) They enjoyed (watch) the game.
u) I can't afford (buy) a sports car.
v) How did she manage (pass) her exams?
w) Please go on (read).
x) It is not worth (see) the performance.
y) I wish (inform) the management about this event.
z) You must not miss (see) that wonderful show.

Participle Constructions

1 Shorten the following sentences by using participle constructions.

Example: *As he felt ill, he could not go to school.*
__Feeling__ ill, he could not go to school.
He often consulted the dictionary when he solved crossword puzzles.
(When) __solving__ crossword puzzles, he often consulted a dictionary.

a) As he arrived late, he took a taxi.
b) When he was walking along the street, he suddenly saw his boss.
c) As we had no money, we couldn't buy the ticket.
d) He was always careful when he crossed the street.
e) As he didn't know what to do, he went to sleep.
f) While he was reading the newspaper, he listened to the radio.
g) He drank a lot of beer while he was watching the football match.
h) You should buy a street map before you go to London.
i) When I looked at my watch, I realized that it was too late.
j) He met his friend when he went to the office.

2 Form sentences according to the following pattern:

Example: *The girl – she sits next to him – is his daughter.*
The girl __sitting__ next to him is his daughter.
The hotel – it was recommended by our friends – had an excellent service.
The hotel __recommended__ by our friends had an excellent service.

a) The young man – he spoke to you – was not the one I talked about.
b) The money – it was stolen last year – was finally discovered.
c) The customs officer – he looked at my passport – didn't understand German.
d) The companies – they advertise on television – have to pay high charges.
e) The ministers – they were involved in the scandal – have resigned.
f) The accident – it was caused by the pedestrian – happened in Victoria Street.
g) Tourists – they write to a hotel – should state their requirements clearly.
h) The man – the police stopped him – tried to escape.
i) The offer – they made it – was not favourable.
j) The reporters – they accompanied the Prime Minister – were surprised.

3 Replace a participial clause by a clause of reason or time.

Example: *Being very tired, he didn't speak to anybody.*
As he was very tired, *he didn't speak to anybody.*
Having finished his homework, he went to the swimming-pool.
After he had finished his homework, *he went to the swimming-pool.*

a) Taking a taxi, he managed to get to his appointment in time.
b) Crossing the English Channel, many tourists became seasick.
c) Having ordered his meal, he read his newspaper.
d) Having enjoyed reading "Love Story", she decided to see the film.
e) Not wanting to hurt her feelings, I agreed that she had made a good choice.
f) Having been a soldier for most of his life, he knew how to handle a gun.
g) Having informed the police, they asked the witnesses to stay.
h) Walking along the beach, he discovered a lost paddle.
i) Having been offered some drinks, they waited in the lounge.
j) Having sold one record with great success, the group decided to produce another one.

4 Connect the following pairs of sentences as in the examples.

Example: *He feared to miss the last train. He didn't leave the platform.*
Fearing *to miss the last train, he didn't leave the platform.*
We had finished our meal. We left the restaurant.
Having finished *our meal, we left the restaurant.*
She never wanted to see him again. She was hurt by his words.
Hurt *by his words, she never wanted to see him again.*

a) He left the room without saying a word. He was disappointed by the news.
b) He was not in a hurry. He walked all the way home.
c) I entered the room suddenly. I was astonished at what I saw.
d) He had heard the evening news. He went to bed.
e) The teacher didn't continue. He was annoyed by the interruptions.
f) They had left Wembley Stadium. They couldn't find the car.
g) He addressed his guests. He said he was glad to see that everybody had been able to come.
h) He had introduced the two men to each other. He welcomed some other visitors.
i) She was delighted by his good manners. She invited him to come again.
j) He stole the money. He looked for a place to hide it.
k) He didn't want to go to England. He was aware that his knowledge of English was poor.
l) The politician made a statement. He was surrounded by pressmen.

Part 3

Aspects of Economy and Society

3.1 The Household as a Mirror of Basic Economic Problems

Let us suppose that Mrs Collins, a housewife, is willing to allow us to ask her some questions regarding the spending of her housekeeping money. She might tell us how much she has and how she spends it. An interview would probably go something like this:

Interviewer: Do you think that you get enough money?

Mrs Collins: Certainly not. I would like to be able to buy a lot of other things as well.

Interviewer: How do you manage on insufficient housekeeping money?

Mrs Collins: I only spend the money on what I consider to be the most important things like food, rent, clothing and other essentials according to priority.

Interviewer: Do you mean that you avoid wasting money?

Mrs Collins: Sure, I try to spend it as economically as possible.

Interviewer: Could I ask you exactly what you mean by spending money "as economically as possible"? For instance, would you go without fires in winter?

Mrs Collins: Certainly not. That would be absolutely ridiculous because we might catch cold and you know the trouble that causes. What I really mean is that I try to obtain the best possible value from every penny that I spend.

Interviewer: This sounds sensible. But can you give me an example?

Mrs Collins: Well, when new potatoes come on the market at 20 p per lb. I do not buy them immediately because the old potatoes are still only 10 p per lb. However, as the price of the new potatoes falls, I consider carefully how much nicer they would be and how little waste there is. When the price is about 14 p per lb. I think new potatoes are better value than the old ones at 10 p per lb. So I start buying the new potatoes.

Interviewer: Thank you very much. I understand now what you mean.

We could go on questioning other people and obtain similar replies. From all our investigations, two important points would emerge:

1. Everyone's income is insufficient to buy all the things that are needed.
2. Because their income is insufficient, people have to spend it on the more important things first and in such a way that they get the best possible value from it, or, in other words, so that it "goes as far as possible".

Money stands for goods and is nothing but a means to help us carry out our exchanges of goods more easily. But our world is short of goods, whereas our wants are unlimited. Both give us the economic problem, the problem produced, in a word, by scarcity.
It is the task of economics to deal with the scarcity of resources, the problem of choice, the need to economize.

(Abridged, altered and adapted from: J. Harvey, Elementary Economics, MacMillan And Company Limited, London WC2)

Exercises

A Comprehension Practice

1 What is most of the housekeeping money normally spent on?

2 At what price and why is Mrs Collins willing to buy new potatoes?

3 What has to be considered if you want to spend your money most economically?

4 What is the basic economic problem? – Give examples.

B Vocabulary Work

1 Fill in the blanks with the correct terms from the list.
Note: There are 15 terms but only 10 possibilities.

> choice, economy, emerge, exchanges of goods, food, importance, increase, insufficient, priority, resources, scarcity, task, value, wants, waste

a) Most people try to obtain the best possible ... for every penny they spend.
b) Many people consider ..., rent and clothing to be the most important things to spend their money on.
c) We all know that our income is ... to buy all the things we would like to have.
d) If we want to satisfy more of our ... we must have more money.
e) We can ... our income by doing overtime.
f) Don't ... money on useless things.
g) The wants must be placed in some order of .... .
h) Be careful in your ... when you spend money.
i) We are faced with limited ... whereas our wants are unlimited.
j) The final reason for all economic problems is .... .

2 Fill in "economical", "economy", "economic", "economics", "economist", "economize".

a) The ... studies how man tries to live within the limits of his income.
b) The task of ... is to provide methods to solve the problem of scarcity.
c) We hope that the ... and financial policy of the government will be successful.

d) Mrs Collins seems to be a very ... housewife.
e) The German ... is largely based on the success of exports.
f) Most of the foreign workers left their country for sound ... reasons.
g) The need to ... determines all our lives.
h) The ... power of a country depends on its material and human resources.
i) ... is a relatively young social science.
j) You may save a lot of money if you fly ... class.

3 Fill in the blanks, with either a verb, noun or adjective that has the same root as the word given in brackets. The words in brackets are taken from the text.

Example: He was said to be a ... (wealth) man. – wealthy

a) To spend more than half of the housekeeping money on foodstuffs doesn't seem to be ... (reason).
b) The ... (scarce) of resources will force us to change our accustomed way of life.
c) Driving downtown to shop ... (consumption) a lot of time.
d) The dictionary ... (definition) "economy class" as meaning "cheapest class of travel".
e) ... (scientific) and technology could provide us with means to improve people's well-being and safety.
f) It is a question of price and income to spend money on highly ... (value) and ... (fashion) goods.

C Conversation Exercise

1 Suppose that your fellow students are willing to answer some questions regarding the spending of their pocket-money. Prepare an interview.

2 Nearly everybody is short of money. Lots of desirable things are beyond our means. Where do you get your money from and how can the amount available be increased?

D Additional Practice

1 Find the correct form of the verbs in brackets.

a) If he (want) to be better off, he will have to work hard.
b) If he (get) more pocket-money, he would have been able to save a bit more.
c) If the resources (be) unlimited, we wouldn't need economists.
d) If the economy provided enough goods, there (remain) the problem of what to do with our time.
e) We do not know what the result (be) if we had tried it again.
f) She (have) more money at her disposal if she had a part-time job.
g) If Mrs Collins (not answer) our questions, somebody else would have done so.
h) If the resources of the world (be used) more economically, our future would be safer.
i) No matter how basic some needs are they (remain) wishes unless they are backed by purchasing power.
j) If the interviewer asked other individuals, he (obtain) similar replies.

Teacher:	"Johnny, what is an average?"
Johnny:	"That is what chickens lay eggs on."
Teacher:	"What do you mean?"
Johnny:	"I read in a newspaper that chickens lay three eggs a week on an average."

2 The following table shows you what statistics say about the average consumers' expenditure in Britain.

Consumers' Expenditure in 1977 and 1987

	1977	*1987*	
	per cent	per cent	£ million
Food (household expenditure)	18.5	13.0	33,643
Alcoholic drink	7.5	6.7	17,309
Tobacco	4.2	3.0	7,653
Clothing and footwear	7.6	6.9	17,788
Housing	13.3	15.0	38,862
Fuel and power	4.9	4.3	11,082
Household goods and services	7.3	6.5	16,763
Transport and communications	14.6	16.8	43,377
Recreation, entertainment and education	9.3	9.2	23,682
Other goods and services	12.5	16.2	41,837
Other items	0.3	2.5	6,435
Total	100.0	100.0	258,431

Differences between totals and the sums of their component parts are due to rounding.

(Taken from: Britain 1989: An Official Handbook)

Form similar sentences to the examples given below.

Examples: *In 1977 the expenditure on . . . amounted to . . .*
In 1987 it totalled . . .
That is a decrease/an increase of . . . %
(That is . . . % less/more than in . . .)

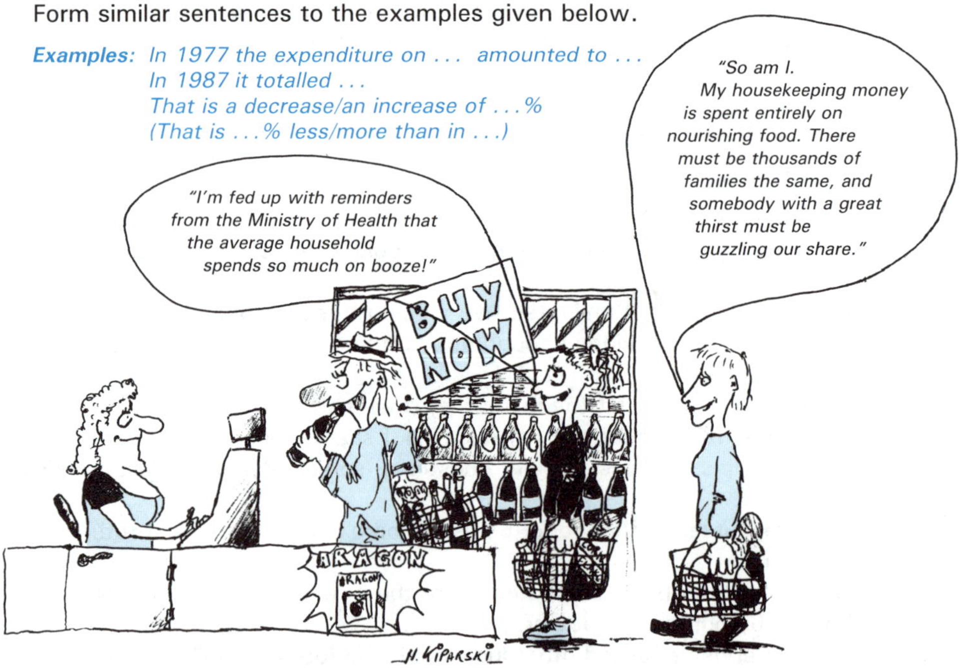

3.2 The Principle of Mass Production

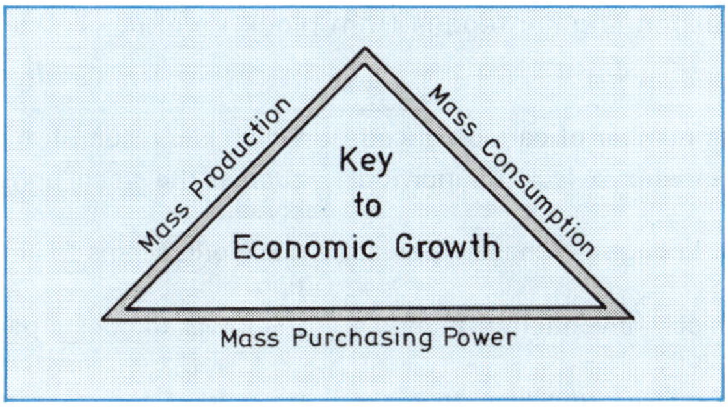

Mass production has become a dominant feature of what we call the industrialized world. The reasons are both economic and technical. The more goods you produce, the less it costs to produce them. The standing or overhead expenses are spread over a larger number of units with the result that the cost of producing each is correspondingly reduced.

The use of power-driven machines favoured the trend to large-scale production, and the invention of the assembly line which was first used in car production just before World War I by Ford became one of the main pillars of mass production.

Closely combined with mass production is the symptom of increased consumption. The fact that about 83% of the West German population possessed one or two cars in 1989, more than ever before, is evidence enough that most people seem to be able to afford such a "luxury item". Marketing experts try their utmost to convince and persuade us that we can do so and even must do it. A regular and relatively high income is a prerequisite of keeping the system going.

There is a logic in modern industrialism: where there is not enough purchasing power there is no market for mass produced goods. If sales decrease and profits fall, machines cannot be run at full capacity and the production method will not pay.

The high standard of living in industrialized countries seems to be a positive result of the system of mass production with most of the factors which previously separated society into classes having been abolished.

But there has also been criticism, e.g. that mass produced goods lack individuality, and that the people who make and use them also tend to become very much alike. Furthermore, the discussions in recent years on environmental issues and on the aspect of "quality of life" have achieved a new willingness to question our accustomed way of life.

A Comprehension Practice

1 Join the corresponding sentences from block I and II.

I	II
The larger the number of cars produced	which is a result of mass production.
Although it creates a lack of individuality	such as the steam engine and the assembly line.
If there is not enough purchasing power	our world seems to accept mass production.
Some technical inventions favoured mass production	the lower the costs per unit.
Businessmen will be unwilling to make investments	no market for mass production will be kept alive.
Many industrialized countries enjoy a high standard of living	if the profits are decreasing.

2 Form sentences using both prompts in a reasonable context.

Example: *mass production/technical inventions*
Mass production was favoured by technical inventions.

a) assembly line/ car production
b) regular income/ to afford some luxury
c) number of units produced/ costs of production
d) low profits/ to make investments
e) machines not running at full capacity/ profit
f) evidence enough/ standard of living
g) prerequisite/ rising purchasing power
h) criticism/ mass produced goods
i) decreasing value of money/ to pay more
j) social classes/ mass consumption

B Discussion and Comment

1 Automation and robots have caused great changes in manufacturing. Consider it from

a) the bosses' viewpoint,
b) the workers' viewpoint.

The following mixed up aspects may help you to show that the effects are of different relevance to both sides involved:

- monotony
- larger output
- replacement of workers by machines
- lower production costs
- prescribed speed of work
- competitiveness
- increased risk of losing one's job
- guaranteed quality
- reduced working time
- limited job satisfaction
- inflexibility in periods of economic recession
- weekend labour

2 Discuss the pros and cons of mass production from the consumers' point of view; the prompts below may help you:
- standardized quality of goods
- high standard of living
- low prices
- "throw-away" mentality
- surplus supply
- lack of individuality
- large amount of package material
- advertising

C Additional Practice

1 Use the following pattern as Mr Anderson does. Remember to use the passive voice after the short answers.

Example: *Questioner: Do we spend more and more money on things like cars, TV sets, etc.?*
Mr Anderson: Yes, we do. More and more money is spent on things like cars, TV sets etc. ...

a) Did the invention of the assembly line favour the trend to large-scale production?
b) Was it Henry Ford who used this production method first?
c) Is it true that decreasing sales influence the profits?
d) Do we spend an increasing amount of our income on luxury goods?
e) Have mass produced goods helped to abolish social differences?
f) Is it probable that a growing number of people will buy goods they don't need?
g) Does the assembly line prescribe the speed of work?
h) Have we achieved a high grade of computerization in industry?
i) Does industry tell us that we should use a car as long as possible?
j) Are we producing more and more cars?
k) Do you think that more than 25 per cent of German families will own two or even more cars by the end of our century?
l) Has the use of robots promoted sales in world trade for British manufacturing products?

2 The list below shows you some branches of industry. Form similar sentences mentioning as many products as you know.

Example: *Latest reports by the **car industry** show that prices will rise/decline by ... per cent for the following vehicles (goods/products/articles): passenger cars, vans, lorries.*

a) textile industry
b) toy industry
c) engineering industry
d) footwear industry
e) plastics industry
f) metal-working industry
g) woodworking industry
h) appliance industry
i) food, beverages and tobacco industry
j) stationery industry

3 The following bits of information are taken from a market analysis about young people's share in the mass purchasing power.
Structure and use them

a) to write a short paragraph for an English school magazine;
b) to draft a Sunday breakfast dialogue in a 4-person family (parents, 13-year-old and 17-year-old kids).

You are welcome to add your personal experience and opinion.

- youngsters influence consumption habits and decisions of their parents
- 15- to 20-year-olds primarily spend the money on: beverages, cosmetics (after shaves/perfumes), clothing, tobacco, hobbies, maintenance of a vehicle, entertainment electronics (hi-fi products, walkmen, portable stereo equipment, computer games), personal computers
- the young generation has a clear sense of which brands are "in " or "out"
- the money at their disposal covers pocket money and financial gifts (allowances), earnings
- most of them stick with those products they preferred as youngsters even as adults
- the purchasing power of children and adolescents in our country puts the national budget of many Third World countries in the shade
- 6- to 14-year-olds prefer: chocolate, ice-cream, snacks, toys, reading material
- whether or not the youngsters will one day develop into critical consumers is an open question
- differences concerning the amounts available between those having a job, being still on a training programme, going to school, being unemployed
- as they grow older their spending on certain products changes
- they never have enough money at their disposal
- they endlessly reel off lists of expensive items they would like

3.3 Industrialism and Environment

It is not long ago that so-called experts predicted a rosy future for the western world. Their predictions were based on economic terms with an expected standard of living that would have been doubled by the end of our century and with everybody being able to afford twice as many consumer goods and services.

Meanwhile a growing number of people doubt the desirability of trying to achieve an increase in our standard of living at considerable cost to our environment.

Ecological balance has been maintained despite man's intervention for thousands of years. But the scale of our intervention has begun to grow rapidly according to industrialization.

Though the environmental issues are primarily located in industrialized countries it has become more and more obvious in recent years that they ignore any national borders. Ecology is of international concern.

Take the **"acid rain":** Rural Norway and Sweden are suffering most in western Europe from it. It goes wherever the wind blows it and kills off plants and animals in all parts of the world. The pollutants are belched out from smokestacks, and not to forget the exhaust fumes from cars.

Consider the effects of the **nuclear disaster** of Chernobyl in 1986. The radioactive substances fell in several European countries and contaminated various foodstuffs. A long-term damage to health – especially cancer – is expected. Although industry still considers it under the aspect of competitiveness, more and more politicians emphasize the need for reliable alternative sources of energy.

Another example is the **North Sea.** For many years it has served as a handy rubbish dump for those countries bordering on it. Oil, chemicals, sewage and industrial waste have polluted it to such an extent that environmentalists paint a dismal picture of its future.

There is the same problem with our **rivers.** Think of the river Rhine and remember the disastrous accident in that Swiss chemical firm, when hundreds of tons of deadly chemical residues flowed into the river. Though the population in all bordering countries by and large got away with a fright, the river died for over a hundred kilometres downstream, and drinking water plants taking their water from the river had to be shut down. One of the results was that the public started paying closer attention to the chemical industry and its toxic substances.

> "The river Rhine it is well known,
> Doth wash your city of Cologne;
> But tell me, Nymphs, what power divine
> Shall henceforth wash the river Rhine?"
>
> Samuel Taylor Coleridge 1772–1834

Mankind has become careless about the future of our planet. On the other hand it has made itself dependent on highly complex technologies that apparently can never be 100 per cent under control.

Based on these facts it seems to become more and more accepted that everyone and especially industry has to be aware of the threats and has to minimize the risks and to develop alternatives.

Exercises

A Comprehension Practice

1 What is the general topic in the text?

2 What is the critical view on our standard of living based on?

3 What has changed with regard to the balance of nature in the course of time?

4 Which are the two disastrous events the text refers to when talking about pollution?

5 In how far are Scandinavian forests dying though there is much less industry than in other countries?

6 There are several reasons for water pollution mentioned in the text. Find them out.

7 Analyse the verse written by an English poet on occasion of his visit to Cologne 200 years ago!

B Vocabulary Work

1 Word family **environment**

environmental issues
environmentalist, conservationist

ecology
ecological balance, balance of nature, nature's equilibrium, ecosystem

mankind, man
planet

protect
preserve
prevent
reduce

minimize risks, be under control
develop alternatives
recycle
improve

be threatened by/threat
suffer from

damage
pollute/pollutant/polluter/pollution
contaminate
destroy
extinct

disease, illness,
shortened life expectancy
cancer, cancer-causing rays

chemicals
plastics
insecticide
poison/poisonous
toxic substances
deadly chemical residues
chlorofluorcarbon (CFC) = FCKW

litter
throwaway packaging
spray cans
rubbish
garbage
industrial waste
sewage

ozone layer
greenhouse effect

dispose of something/disposal of waste,
get rid of something
rubbish dump, refuse dump
waste-to-energy facilities

acid rain
smog
smokestack
belch out, emit/emissions
exhaust fumes
pollution-reduced cars
unleaded petrol
catalytic converter

noise
expose one's ears to
be deaf
eardrums
decibels

sources of energy
nuclear energy
nuclear power station
radioactive substances
wind farm
drinking water plant

complex technologies

predict/prediction
bleak outlook, dismal picture
catastrophe, disaster/disastrous
rosy future
turning point

Collect additional words belonging to the same word family, e.g. find nouns to the verbs where not yet given.

2 Which of the words given above would make sense when placed in the blanks?

a) The ... have become a political group that has to be considered when planning ...
b) The chemical industry produces ... that are to kill insects which carry dangerous illnesses, but they have turned out to be a serious ... to the ... of nature.
c) Millions of youngsters ... their ears to extremely loud music and ignore the dangers of becoming ...
d) Especially big towns like Los Angeles, London or Berlin ... a kind of air pollution that is called ...

e) Would you please collect all the ... before you leave this nice camping site.
f) One of the ... problems in highly industrialized countries is how to ... of all the waste.
g) Air, water, landscape, wild life – the whole planet is ... by man's activities.
h) More and more people are becoming aware of the importance of a clean and healthy ...
i) ... is getting out of order by man's careless interventions.
j) Cars with ... are an important step to ... our forests from dying.
k) A ... will happen if people continue ignoring ... issues.
l) Chemical industry produces a lot of ... that must be disposed of.
m) Some material in our daily ... like bottles, paper or tins can be ... and used again in production.
n) The ... in industrial areas ... black fumes that ... our environment and make our historical monuments and buildings darker and darker.
o) Industry should develop ... and government should support investments that are likely to ... the risks and pollution.
p) The more ... air we breathe in, the shorter our ...

3 The following list of words helps you to find the missing ones in the exercise. Note that there are only words of the same word family, not the exact words needed.

Example: *dangerous – The dangers of pollution are growing.*

alter – densely – dispose – emission – forget – harm – industrialize – poisonous – reduce – variety

a) ... waste should be recycled for further use in industry.
b) There is a high ... of population in industrial areas.
c) DDT and other insecticides are serious ... that have been ignored for many years.
d) The ... of out-of-use refrigerators, tyres and any other kind of refuse in forests or anywhere else outside official dumps will be prosecuted.
e) A ... in the number of harmful chemicals in use could preserve the balance of nature.
f) Spending a sunny weekend in the country is very often an ... experience for people coming from the densely populated areas.
g) There are ... illnesses that have been caused by pollution.
h) Nuclear power stations aren't as ... as politicians have made us believe for many years.
i) An ... in our way of life could increase our life expectancy.
j) The black fumes ... by the smokestacks contain various poisonous substances.

4 Form verbs from the adjectives and nouns underlined by adding the suffix -en (-n) and transform the sentences. The meaning involved is "become", "grow", "make", or "be".

Example: *The trees and bushes grow sick.*
The trees and bushes sicken.

a) Some diseases make the bones soft.
b) A great number of chemicals are a threat to our lives.
c) Constant smokestack emissions make our historical buildings black.
d) The defect at the nuclear power station was a fright for everyone in the neighbouring towns.
e) The quality of the water grew worse.
f) The colourful paintings on the concrete blocks made the place bright.
g) The police force was brought up to strength in order to protect the building site.
h) Industrial fumes are making our historical buildings and monuments darker and darker.
i) Doctors have sounded the alarm: if we continue to turn up the volume of our walkman recorders too much, the noise will make us deaf.

C Discussion and Comment

Useful Phrases for Putting forward Arguments

I would say
I'm sure
I'm of the opinion
I hold the view that
You should remember
We must keep in mind
We mustn't forget
We must take into account
We must take into consideration
It can be taken for granted
It's worth discussing

I want to specify my opinion
I want to justify my viewpoint
I want to support my point of view by a quotation from
As proof of ... I'm going to give some examples

We must examine the pros and cons
Let me state some advantages and disadvantages
You should weigh up the pros and cons
There are arguments for and against

The reason for/why
The cause of
The consequence of
The result is
I conclude from
I draw the conclusion
You will come to the conclusion
In comparison with
When compared with
I'm in favour of
I must support

I can't agree to your arguments/with you
I must contradict you
I doubt whether
I'm absolutely against your view
I'm in opposition to
That is not comparable to
Your proof is not convincing
I must question these results
I condemn such methods
We should try to compromise

1 Advertising makes us believe that the more cars we possess the higher our standard of living is. In how far do you agree/disagree? – Make suggestions for an alternative consumer behaviour as far as the environmental aspect is concerned.

2 Non-smokers versus smokers: state your opinion.

3 "A most serious point today is the trend to allow public groups and law courts to interfere with, respectively to decide on major projects of environmental concern like refuse dumps, motorways, nuclear power stations etc. The public have neither the expert knowledge nor the time to weigh up the pros and cons." – Collect arguments for and against and state your opinion.

D Additional Practice

1 During his latest visit to our twin town in England one of our councillors was interviewed on recycling. Put the interview into reported speech; use variations like "wanted to know", "asked", "continued", "added", "replied", etc.

Interviewer (I), Councillor (C)

I: I remember my first stay in your country – some time ago – when I got the impression that people didn't care much about waste material. Yesterday's newspaper, for example, was not collected for recycling; it went into the dustbin with the left-overs of the last meal. Has people's attitude changed meanwhile?

C: You're right as far as the situation 5–10 years ago is concerned. Nowadays the general public have become more recycling-conscious, and we are supporting this trend wherever we can.

I: What made the private household accept to alter its throwaway attitude?

C: Environmental issues have become a constant topic in mass media and wherever people come together. One result is that a growing number feels responsible.

I: Can you give an example from your town?

C: Let's take the waste-glass. It may be estimated that it accounts for about 10 per cent of the total household waste. We've set up large green-painted containers into which people can throw their old glass.

I: And do they do so?

C: Yes, the public response has been good and will even increase as the environmetalists make us believe.

I: What happens to the empty bottles that have been thrown into these green containers?

C: A firm collects them for recycling, and after that they are put to use again. This means saving large amounts of scarce raw materials.

I: But what about the energy required to remake these bottles?

C: Well, this is a strong argument against. – If a bottle is reused, much of energy can be saved.

I: That's the point. – It's better to collect the empty bottles and use them again, isn't it?

C: Let's hope the households realize this.

I: Thank you very much and have a pleasant stay.

2 How safe is our food?

Anxiety in the Market

Americans still believe their food is safe, but there are more worries and calls for remedial action.

Fears About Food

38% Are more worried that the food they eat may be contaminated by pesticides or other toxic chemicals

6% Less worried

53% About the same

Buying Habits

Consumers who say they're worried or have cut purchases:

44% Apples

41% Vegetables

23% Eggs and poultry

25% Fish

9% Milk

11% Corn

Confidence in the U.S. Government

52% Feel the government ensures food produced in the United States is safe

44% Feel food imported from foreign countries is safe

Pesticides

73% Think we should use fewer pesticides and chemicals to ensure safer food even if it means higher prices

45% Often or occasionally buy organic foods

47% Never or hardly ever buy organic foods

For this NEWSWEEK Poll, The Gallup Organization interviewed a national sample of 756 adults by telephone March 16–17. The margin of error is plus or minus 4 percentage points. Some "Don't know" and other answer omitted. The NEWSWEEK Poll © 1989 by NEWSWEEK, Inc.

a) Give a short report on the main results of the poll without mentioning the percentage rates.

b) How would you have answered?

Keep eating fruits and
vegetables,
but be careful . . .
and wash your hands!

3 What do the following tables, taken from "OECD Environmental Data, 1989" tell you?

Consumption of pesticides	*1000 tonnes*
Italy	161,697
France	85,922
UK	40,300
Greece	35,124
Germany	31,417

Consumption of fertilisers	*tonnes/sq km**
Italy	46.5
Germany	26.6
France	18.7
UK	14.5

* tonnes per square km

3.4 Production and Distribution

Anyone involved in the provision of goods or services is a producer, even a secretary providing a service in a factory: she is as much part of production as the worker at the assembly line.

In contrast to the producers, consumers are those who use goods and services. The consumer spends part of his money on necessities – such as food, drink, clothing, shelter – and part on luxuries – such as television, cameras and other things which are not essential for survival.

As incomes rise and as new consumer goods are invented, consumers are able – and of course willing – to buy more and more goods and services because human wants are unlimited (see unit 3.1). This, in turn, creates the need for work and production because producers are needed to provide the goods and services to satisfy human wants.

Industry

Industrial workers may roughly be divided into three groups:

- extractive workers who obtain raw material and food from the land and the sea
- manufacturing workers who take the raw materials from the extractive industry and convert them into semi-finished or finished goods
- constructive workers who take the products from the manufacturing industry and build other products.

Commerce

Commerce is concerned with the means by which both raw materials and finished products are distributed to those who want to buy them.

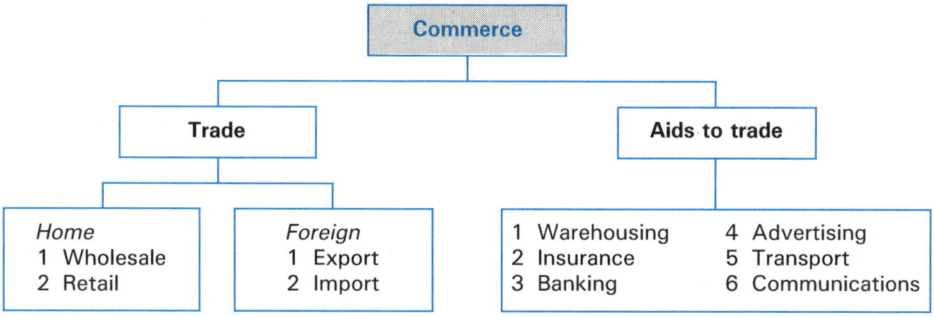

The basic commercial activity is trade, which is the buying and selling of goods. Thus in home trade, wholesalers buy goods from manufacturers and sell them to retailers who, in turn, sell goods to the general public. In foreign trade, goods are sold to and bought from other countries (exports and imports).

3.4.1 Chains of Production

The **chain of production** shows the different stages of the goods on their way to the final consumer. The figure below shows a simplified chain of production for furniture.

Extractive Industry
(the growing of wood etc.)
↓
Manufacturing Industry
(converts raw materials into furniture)
↓
Wholesalers
↓
Retailers
↓
Final Consumers
(the general public)

When the general public buys the furniture it is not for resale, and the chain of production stops at that point. The general public are, therefore, final consumers. Goods bought by final consumers are consumer goods, those bought by firms to make consumer goods are called producer goods. At all stages of production, the four production factors of land, labour, capital and enterprise are needed.

A Comprehension Practice

1 Make a list of as many items as possible which you would consider necessities and luxuries respectively.

2 In how far are producers also consumers?

3 Find as many examples as possible for the products of each of the three groups of workers mentioned under "Industry".

4 Give reasons why the aids to trade at each stage of production are necessary.

5 Why are the four factors essential for production?

B Vocabulary Work

Fill in the blanks with the correct words from the list:

> assembly line, consumer goods, consumption, constructive, extractive, foreign, home, luxuries, manufacturing, necessities, producer goods, production factors, raw materials, services, survival, trade, unlimited

a) People who provide goods or ... are producers.
b) Food, drink, clothing, shelter are ... .
c) Television, cameras and other things which are not essential for ..., are ... .
d) A secretary is as much a producer as a worker at an ... .
e) ... is typical of the production process.
f) ... are bought by the ... industry.
g) ... are bought by the final consumers.
h) Goods which firms need for the production are called ... .
i) Land, labour, capital and enterprise are the four ... needed at all stages of production.
j) The ... industry obtains raw material from the land and sea.
k) The ... industry uses products from other industries to build new products.
l) Consumers buy more and more because their wants are ... .
m) ... is the basic commercial activity.
n) ... trade concerns trade with other countries.
o) In ... trade, manufacturers sell goods to national wholesalers.

C Additional Practice

1 From your knowledge and with the help of relevant maps, brochures or catalogues continue the three groups and add as many items as possible: (see also the map on page 99)

Firms	*Specialization by*	*Area of Production*
	Ford Lloyds ...	cars banking ...
Regions within Countries	The City of London Worcestershire ...	financial services fruit ...
Countries	France Japan ...	wine electronic goods ...

Main industrial areas

2 Join the corresponding sentences (advantages and disadvantages of specialization, also see unit 3.2).

a) Firms can select workers	they may get bored and output may fall.
b) As workers only perform one task	specialized machinery can be used for these tasks.
c) Machines are developed to carry out small tasks	employees become more skilled and output increases.
d) If more machinery is used	an employee will find it easier and quicker to learn a job.
e) If it is a small task	individual craftsmanship is lost.
f) When the production process is divided into a series of small tasks	with aptitudes for specific tasks.
g) By continually performing a single task	which may create unemployment.
h) Firms become more efficient	because employees do not have to switch from job to job.
i) If one group of employees goes on strike	as a result of the division of labour.
j) No time is lost	other parts of the chain of production will be affected.

3.4.2 Channels of Distribution

The different ways in which goods move from producers to consumers are called the **channels of distribution.** The figure below shows that one channel for example is from producer (farmer) to marketing boards to retailer to consumer.

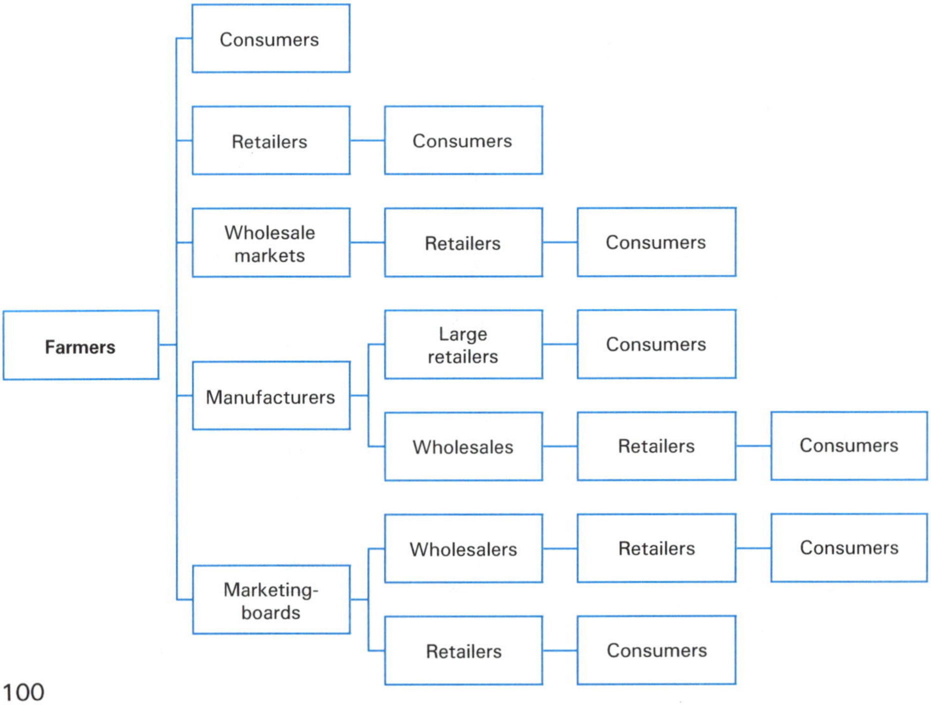

However simple this way may seem, it is obvious that certain steps within each of the channels have to be taken before the goods can reach the consumers. With regard to the example given above, the retailer will have to *buy* the goods before he can *sell* them to the consumer; in order to have sufficient supply of goods, he will need means of *transport* to get them and enough room to *store* them. And, last but not least, in order to inform his customers he will *advertise* for these goods.

Retailing

Retailers are the final link in the chain of production. They are part of trade and sell those goods which the customers want, when they want them and in suitable quantity and quality. Some retailers provide additional services such as delivery and credit.

There are many types of retailing to meet the needs of the different types of customer. Increasingly, the small shops are becoming less popular because customers prefer to buy from larger shops, such as variety and specialist chain stores. Other types of retailing include department stores, mail order, retail cooperative societies, hypermarkets, discount stores, doorstep selling, mobile shops, and automatic vending. In many types of retailing, self-service – where goods, which are clearly priced, are set out on shelves within easy reach of the customers – and self-selection, which employs the same idea as self-service, except that cash points are dotted throughout the store are usual. The latter is mostly used by variety chain stores and department stores.

Wholesaling

Wholesalers can buy raw materials from extractive industries and sell them to manufacturing industries. In the chain of distribution for finished goods, the wholesaler buys these products from the manufacturer and sells them to the retailers. As the small shop has become less important, the role of the wholesaler has been reduced because larger shops are able to buy directly from manufacturers. For some finished goods – e.g. cars and furniture – and for some perishable goods – e.g. bread and ice-cream – the wholesaler has never been important.

In order to regain lost trade, wholesalers have developed cash-and-carry warehouses and voluntary chains. Such operations reduce costs and the wholesaler is able to pass on the benefits of lower prices to the small shop, which is then able to compete more easily with the larger shops.

A Comprehension Practice

1 Explain the different steps a retailer has to take in view of a certain product.

2 Give examples of the different types of retailer and describe their working methods.

3 Describe the twofold role of the wholesaler.

4 Give reasons for the fact that – for some products – the wholesaler has never been important.

5 Which are the services provided by wholesalers
a) to manufacturers,
b) to retailers?
Find as many aspects as possible and discuss them.

6 Describe the methods used by wholesalers to regain trade.

B Vocabulary Work

Make your choice (remember unit 2.2).

a) Small shops are run by *wholesalers – companies – families* operating as sole traders or partnerships.

b) Chain or multiple stores have at least *1 – 5 – 10* branches and are usually owned by *retailers – wholesalers – public limited companies.*

c) An important feature of the organization of a chain store is the control by the head office – this is called *concentration – centralization – concern.*

d) Department stores often occupy very large buildings in *expensive – cheap* city centre sites where they are able to attract *the rich customers – a large number of customers – the less well-to-do customers.*

e) Mail order firms contact the public *by telephone calls – through the post office – by placing advertisements in newspapers and on TV – by sending catalogues to potential customers.*

f) Retail cooperative societies pass the profits on to the customers in the form of *extra free goods – dividend stamps – special offers like sightseeing trips, holidays etc.*

g) Hypermarkets are often situated *in the city centre – on the edge of a town – near large parks – close to main roads and motorways.*

h) Doorstep selling means that you can *sell a product at the door – buy a product at the door.*

i) A local market is usually to be *found near the town hall – consists of a number of stalls and is organized by private firms – is organized by the local authority.* The marked trader rents his *selling area – stand* from the organizer.

j) A feature of the retail trade has been the increasing use of electronic equipment such as electronic check-outs, barcodes (see following exercise), light pens. The effects of this include *fewer mistakes at check-outs – fewer thefts – more goods sold to customers – precise information about what goods are in stock – cheaper goods.*

C Additional Practice

A bar code

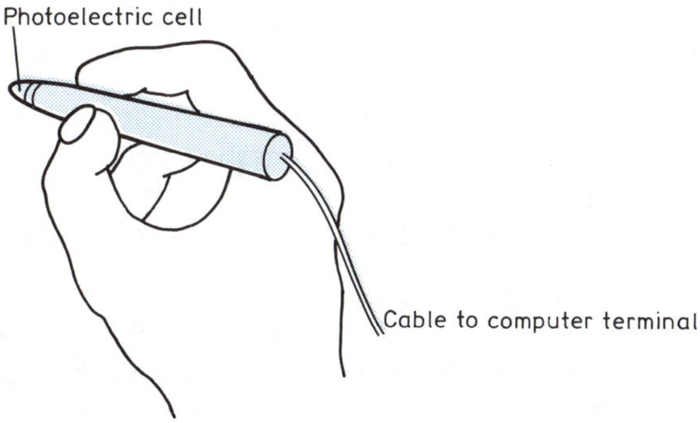

A light pen

Fill in the correct preposition.

a) Bar codes convey information ... an item, such as the manufacturer's name or the brand name ... the product.
b) ... the check-out, these labels can be passed ... a laser beam which reads the information and transmits it ... the electronic cash register.
c) The register then produces ... each customer an accurate and detailed list ... the items bought.
d) ... this type ... cash register the cashier does not have to key ... any information ... the items purchased.
e) Light pens can be used to scan ... the bar codes ... products ... the shelves ... a store.
f) This allows ... the firm to know precisely what goods are ... stock.
g) The sales department is responsible ... dealing ... orders placed ... customers.
h) These orders can be received ... telephone, ... the post, ... the warehouse's own representatives calling ... shops or ... visits ... retailers ... the wholesaler's showrooms.

3.5 Techniques of Advertising

There is an old story told among advertising people which, like many popular stories that go the rounds, seems to sum up a basic point.

A young man had to devise an advertisement for a certain steak house. He proudly came up with the slogan: "Best meals in town." The advertising boss did not think very highly of this slogan, and asked the young man to list the qualities that would persuade the public to choose that restaurant in preference to others.

"The portions are reasonable, the service is brisk, the prices are not high ..." the young man said. – "O.K.", said the boss, "but everyone who keeps a restaurant would say that. What is so special about this one?" – "The steak. It is excellent, hot, juicy – it ... sizzles." – "That's it!" exclaimed the advertiser." And from now on remember, in advertising it's no good trying to sell the steak; what you sell is the 'sizzle'!"

The advertising people run a highly-organised business, always in search of efficient ways to make people believe that they are in need of something. They want us to remember the special name of a brand whenever we need a particular commodity. This belongs to our world of industrial production. Their only concern is to promote sales. It's nothing but fair play to tell the consumer *how it is done* – how they inform, educate, woo, convince, persuade, wheedle and hoodwink the shopping public.

Here are a number of **techniques** as they are used:

Brand names

The manufacturer needs a name for the product. The advertisers know that a brand name can do more than only label a product. There must be a suitable association – it must remind us of something else –; the ideas that the word brings to our mind will help to sell the product. It seems clear which of the two hair sprays would sell better at the same price.

GREASE   Smartset

One of the advertiser's tasks is to select and invent attractive brand names.

Key words

Because words have such associations the advertiser is very careful about the way the product is described. Many advertisements contain certain key words that are intended to be persuasive. The textwriters of the ads try to fit in feelings, associations and attitudes.

Some words seem to have been so successful in selling that they are used almost as if they were magic keys to a certain sale. Think of such words as *new, free, international, young, golden,* etc.

Association of ideas

One thing reminds us of another, especially if we often see them together: young people suggest health and freedom, silver candlesticks suggest wealth, etc.
The advertiser's task is to make us associate products with those things he or she thinks we really want – a good job, nice clothes, a sports car, a beautiful girl-friend, a good-looking strong man, a horse. The image of a product is based on these associations. We drink "Coke" not only for the taste, but also because we would like to be thought of as being as carefree as the teenagers and twens who drink it in the ads.

THE FRAGRANCE
OF THE IMAGINATION

Xi'a Xi'ang.
To travel forward to the past.
To allow what is forbidden.
To obtain that which is elusive.

Scientific touch

In this age of space flight and computerization we are all impressed by science. If an advertiser links the description of a product with a scientific fact or if scientific language is used, there is even the chance of being blinded by science. This approach provides enough possibilities to hoodwink us.

Bad conscience

Another method of persuasion is to produce guilt feelings, for example, to make believe that any mother who really loves her children uses a certain product. If Mrs Grey does not use it, she might think of herself as a bad mother who does not love her family.

"Before-and-after" method

Some products are advertised as having a remarkable and immediate effect. We are shown the situation before using the product and this is contracted with the situation that follows its use.

So-called experts

We are often encouraged to believe nowadays that, because someone has been successful in one field, he should be regarded as an authority in other fields. The advertisers know that there are certain people whom we admire because they are famous sportsmen, actors or pop stars, so-called VIP's, and they believe that if we discover that a certain well-known personality uses a special product, we will want to use it, too. This is why so many advertisements feature famous people.

Repetition

If we hear the name of a product many times a day, we are much more likely to find that this is the name that comes into our mind when the shopkeeper asks "What brand?" We usually like to choose things for ourselves, but if the advertiser plants a name in our head in this way, he has helped to make the choice for us.

Exercises

A Comprehension Practice

1 The story at the beginning of the text shows us a basic point of advertising. What does the story want to tell us?

2 A number of techniques in advertising have been mentioned. Show that you have understood how it's done by explaining briefly each of the following methods:

a) brand names
b) key words
c) association of ideas
d) scientific touch
e) bad conscience
f) 'before-and-after' method
g) so-called experts
h) repetition

B Analysing and Comment

1 Take an English speaking newspaper or magazine and have a look at its adverts. Though there is normally a combination of several methods in one advertisement pick out one of those ads that rely very much on one of the methods mentioned in the text. Say what the advert is about and explain how it's done.

2 Write comments on the following statements. Give reasons why you can agree or must disagree. The arguments mentioned below may be a good help.

a) Stop advertising and you will see the prices of goods can be reduced.
b) Advertising introduces new products and reminds us of those already on the market. The consequence is that the shopper is well informed.
c) Advertising stands for waste – waste of money, waste of scarce resources.
d) Ads should not only make you buy but also entertain.

Arguments for and against

- advertising is the motor of our economy
- adverts inform us about new and complicated goods
- advertisers deceive people to make them think that there is nothing better on the market
- goods could be cheaper without advertising
- ads make people buy things they don't need or can't afford
- advertising makes our surroundings more colourful
- the permanent influence of slogans, eye-catching billboards and commercial spots is a form of brainwashing
- ads and classified advertisements reduce the prices of newspapers and magazines
- advertising cares for a high standard of living
- advertising has a bad influence on people especially on children and youth by creating a constant demand for material things
- mass produced goods need mass consumption
- nobody is forced by the advertising agencies and experts to buy
- it misleads the customer by making claims which are exaggerated
- it endangers our health (alcohol, tobacco, drugs etc.)
- commercial spots on TV belong to the favourites in entertainment, especially for children

3 a) Analyse the following specimen of educational advertising as it is found on paper bags in Britain.

This is a **TREESAVER** bag

which comes to you with our compliments.

It is made from re-cycled paper which is then converted into this carry home bag.
It can be re-used for the hygienic disposal of kitchen and picnic waste etc.

REMEMBER

Save waste paper – Save trees.

Save waste paper – Save pollution.

Save waste paper – Save on the balance of payments.

IT MAKES SENSE
TO PROTECT THE ENVIRONMENT –
FOR EVERYBODY

- What is it about?
- What does it aim at?
- How is it done?
- State your opinion.

b) Analyse the adverts.

Some passengers can get very attached to you.

"The girl was about eight I suppose, the boy just five. It's the youngest we allow on the plane unaccompanied. But then at London, Heathrow there was no one to meet them. The boy just curled up on my lap, and after that he wouldn't let me go.

We contacted the police and they started trying to trace the parents.

Meantime I was going off-duty. So I took the kids round Windsor Castle for the day, then back to my place for tea.

They were sweet, but very quiet. By that time they'd found the mother. It was some kind of domestic problem with her and the father, I never really heard the full story. I still remember the boy though."

At American Express, we're always looking for this kind of dedication. So for standards that carry our special recommendation, book TWA with the American Express® Card.

TWA
For the *best* of America.

THE CITROËN 2CV	YES	NO
WIND UP WINDOWS		X
RETRACTABLE HEADLIGHTS		X
CIGAR LIGHTER		X
HEADLAMP WASHERS		X
ON BOARD COMPUTER		X
ECONOMETER		X
FEMALE VOICE READOUT		X
TURBO CHARGE		X
REMOTE CONTROL DOOR MIRRORS		X
CRUISE CONTROL		X
ELECTRIC SUNROOF		X

NO WONDER IT'S SO RELIABLE, THERE'S NOTHING TO GO WRONG

Look what you get with the Citroën 2CV. A complete set of fully round wheels, one on each corner, for perfect mobility.

A peppy little engine tucked away up front, that not only starts with the turn of a key, but slops in exactly the same manner.

Completely transparent windows for superb all-round visibility.

A totally automated braking system, simply activated by depressing a pedal with the foot.

An automatic sunshine roof, you automatically roll it back when the sun comes out.

Central locking system. You can reach all the doors from the drivers seat, and many more features too numerous to mention.

In fact everything a driver will ever need to get him reliably and comfortably from A to B.

CITROËN 2CV £2499.

Check Yellow Pages for your nearest Citroën dealer.

C Translation and Drafting

1 Translate and make sure that your version comes up to sales promotion requirements.

"Language is the picture and counterpart of thought."

Mark Hopkins

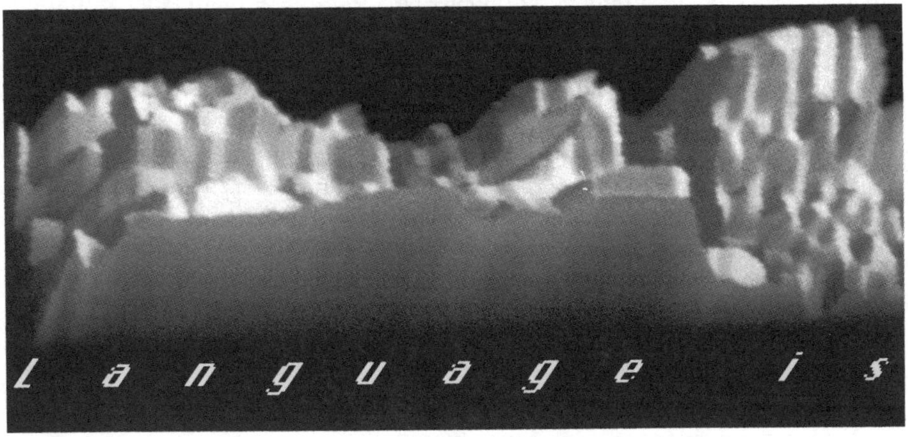

How will man and machine work together in the future?
This intriguing philosophical and functional question has a promising answer:
with the spoken word.
And the machines will understand the words and respond.
They will weld, or drive screws, or paint, or write – they will even understand different languages.
To convert language into information a computer can comprehend, the AEG division of Daimler-Benz is currently researching and developing sophisticated new word-based systems. Man will talk to Machine and Machine will respond – for the benefit of Man.
Together with its work in electronics, automation and communications technology, this is one example of the vital and future-oriented activities being undertaken today by AEG.
Working together with vehicle manufacturing, aviation and aeronautics, our researchers are finding intelligent solutions to major challenges that concern us all.
At Daimler-Benz, we speak your language.

DAIMLER-BENZ

Daimler-Benz AG, Postfach 80 02 30, D-7000 Stuttgart 80, F.R.A.

2 Draft an advert (text and collage) for promoting either men's wear (sweaters, shirts, ties, jackets, trousers etc.), women's wear (dresses, skirts, coats, knitwear etc.) or electrical equipment (household appliances, radios, cassette recorders, record players, personal computers etc.)

D Additional Practice

1 Transform the relative clauses by using a participle.

a) It is a special kind of language that is used in advertising.
b) Young people as well as adults who watch commercial spots regularly are highly influenced in their buying decisions.
c) Many ads contain certain key words that are intended to persuade the consumer.
d) Guilt feelings are produced in housewives that make them believe that anyone who loves his family has to use a certain brand.
e) From the moment you walk out your front door in the morning to when you switch off the light at night you take in information bits that influence your wants.
f) Advertising knows three female stereotypes: the attractive blonde who hoodwinks the male buyers, the dynamic grandmother who lives on garlic tablets and the emancipated businesswoman who is stressed and longs for a mild and mellow puff.
g) Sometimes ads make us buy things which we do not need.
h) The code of advertising practice which was recommended by the committee has to be reconsidered.

2 Transform the sentences without changing the meaning by using one of the following prepositions + '-ing form' (gerund).

apart from – before – by – in spite of – instead of – without

a) The firms want us to remember a special brand and for that reason they present it on radio, TV and billboards again and again.
b) They often claim that an article is suitable for a certain purpose and persuade the customer in such a way to buy it.
c) Advertising doesn't only remind us of products which are already on the market, it also informs us about new ones.
d) We could use our scarce resources much more economically if we switched to more educational advertising, e.g. in the field of energy.
e) You can get more information about the product if you ask an expert.
f) If the sales aren't promoted by advertising agencies large-scale production will not pay.
g) When you want to buy a second-hand car you should test it first and then buy it.
h) Most of the adverts don't inform us about the product, they make us believe that we cannot do without it.

i) If the firms didn't advertise their products as the best on the market, their share of the market would decline.

j) We know that the gorgeous displays in the supermarket hoodwink us into buying more than we need, but nevertheless we like to buy there.

3 Sales talk. – You may go to any of the following shops and the shop-assistants will tell you that the goods asked for are the best you can imagine; nothing is better, nothing works more precisely or can be used more economically.
Work out short dialogues between shopper and shop-assistant asking for a special quality of an article/price/size/form/fashion/etc. and praise the article by superlatives and comparisons.

A dialogue at a household supply store could run like that:

Example: *Shop-assistant:* *"What can I do for you?"*
Shopper: *"I'd like to know if you can recommend this tin-opener."*
Shop-assistant: *"Well, it's the best you can get. There is nothing more handy than this one. It works much more easily than similar products of other firms. And don't forget the reduced price. It's as cheap as five years ago."*
Shopper: *"All right. I'll take it. Sorry, how much is it?"*

Find variations for shopping at the undermentioned shops.

a) at the grocer's
b) at the electrical supply store
c) at the florist's
d) at the radio shop
e) at women's or men's outfitter
f) at the sporting goods store

3.6 Dynamic Management in a World of Bits and Bytes

People who start technological companies are seldom endowed with great abilities as both business managers and production experts. Even more rarely have they learned through personal experience just what it takes to organize and run a small company and make it grow fast into a big one.

The two founders of "INTEL CORP.", an American firm for integrated electronics, are bright exceptions who relied on their production, management, and marketing skills at least as much as they did on their technical knowledge – with striking results.

They succeeded at the end of the 60s in overcoming the technical obstacles to jam thousands of transistors onto a tiny memory chip. This success that started the third generation of computers caused a big leap forward in the electronic technology that has been changing life in offices, banks, factories, hospitals, homes, schools, and universities.

At the beginning of the 1970s the two founders of "INTEL CORP." pioneered again by introducing a microcomputer, the long-predicted "computer on a chip". These slices of electronic brain power have found their way into a host of products, among them wristwatches, traffic lights, pinball machines, cash registers, and pocket calculators.

As these memory chips and related devices have become more and more reliable, smaller and smaller, and steadily less expensive, they are increasingly replacing electromechanical relays, switches, and timers that control a wide range of industrial and consumer products.

In computers, the major market, they have replaced the technologically obsolete core memories. A single core can store one "bit", or one "yes" or "no" of binary computer language. A single chip can hold tens of thousands of such coded instructions. Computers are not designed to process single bits; they usually process a collection of 8 bits called a byte.

Computers using integrated circuits (ICs) have more than 100 000 components such as transistors, diodes, resistors on a single chip. As the manufacturer does not have to connect thousands of such components together the computer production has become much simpler; they lend themselves to mass production.

It's obvious that "INTEL's" success and permanent expansion must be based on an effective management and a skilled staff. To hang on to skilled people they use a special technique. Instead of firing foremen and other managers who flop when promoted to more demanding jobs, they split their tasks, giving them smaller responsibilities. Some of these "recycled" men have again advanced to higher positions; only a few have left.

Middle managers at "INTEL" are monitored carefully but have a lot of operational freedom. For example, purchasing has been streamlined to the point where the engineer in charge of a project can buy whatever he needs up to a certain amount by simply signing for it, provided it is in his budget.

Such decentralized decision making seems to be the most effective way in an industry that makes products which grow obsolete even faster than people.

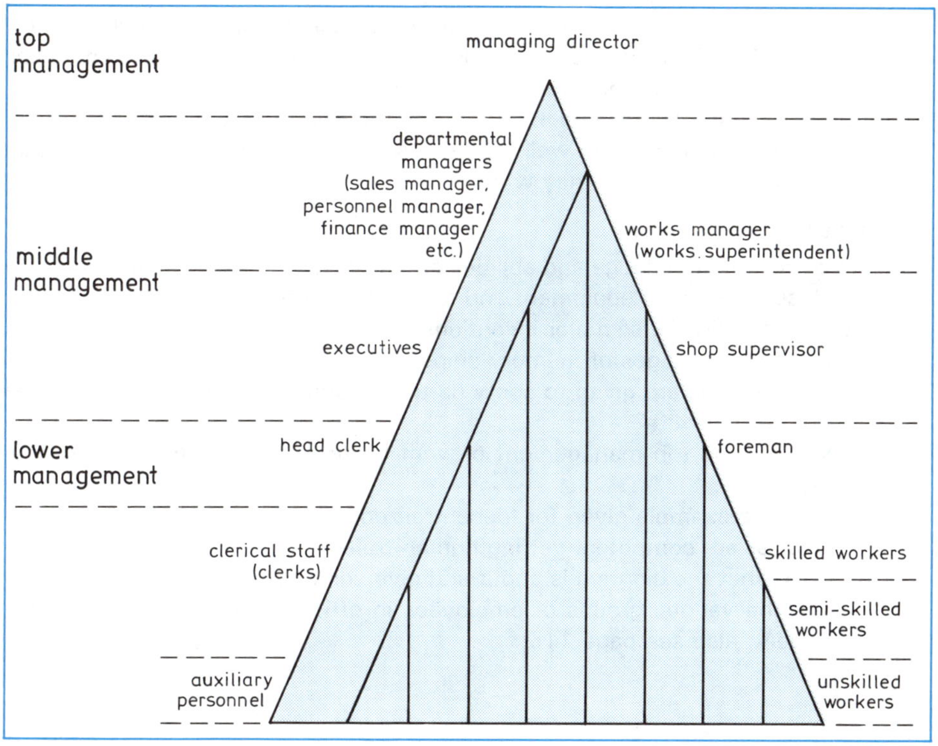

The ladder of promotion in office departments and on the shop floor

For the dynamic managers of "INTEL CORP." the future looks just as exciting as the past. They are not concentrating too much on profitable products, thereby neglecting new opportunities. Personal computers have become common; computer technology is taught in schools. Computer systems are able to read handwriting, understand speech and produce spoken output. The range of using this technology seems to be unlimited. Let us hope that it can also offer the chance to create more jobs than it eliminates.

"Boy, what a day," the husband moaned to his wife. "The electronic brain broke down this morning and we all had to think."

A Comprehension Practice

1 General comprehension
Which of the following statements are true and which are false according to the text? – Correct them if necessary.

a) The American firm mentioned has specialized in the production of transistor radios.
b) "INTEL" has not been very successful though it is a firm in the third generation which was founded by American pioneers.
c) The inventions of the firm had a major influence on computer technology.
d) The main disadvantages of electronics are the higher costs in production and the bad influence on general employment.
e) A new field of "INTEL's" activities is the recycling of waste products.
f) The middle managers are well off because they get such a high income that they can buy whatever they want.

2 Detailed comprehension

a) What sort of knowledge and abilities are necessary to found a company that produces electronic equipment and to run such a firm successfully?
b) What were "INTEL's" major inventions?
c) State the advantages of memory chips.
d) What examples are given to show us that microcomputers are playing their role in our daily life?
e) How does the top management prevent losing skilled foremen and executives?
f) Explain the example given for 'decentralized decision making'.
g) In how far are computers getting human traits?
h) Explain what the diagram is about and give some typical examples of activities of the various groups of employees in office departments (e.g. clerks, managers; also see page 115).

B Vocabulary Work

1 Explain the meaning of the following words and phrases as used in the text.

a) they are endowed with (1)
b) they are bright exceptions (7)
c) to overcome obstacles (13)
d) to jam onto (13/14)
e) to make a big leap forward (16/17)
f) long-predicted (24)
g) related devices (30/31)
h) to be promoted to more demanding jobs (46)
i) the engineer in charge of a project (51)
j) to produce spoken output (59)

2 Find words and phrases in the text that mean the same.

a) successful methods to sell products
b) memory chips and related devices, microcomputers etc.
c) no longer up-to-date because of the progress in technology
d) persons who introduce new things and methods
e) method
f) to fail in a job
g) to make more efficient
h) on condition that

3 Fill in the blanks with the correct terms from the list.

analysing – data – designing – devices – display – electronic systems – hardware – input – output – printer – processing – program – software – unit

What is a computer and what is it used for?
Computers are .... They are used for handling, or ..., facts and figures. The facts and figures processed by a computer are usually known as .... Computers can process large amounts of data very quickly. The data fed into a computer are called ... data. They are processed according to a set of instructions called a .... The results of processing are ... data which are very often necessary information for making decisions. A computer system consists of a central processing ..., input and output ... like the visual ... unit, similar to a TV screen, and .... The parts made from electrical and mechanical components are called .... The program, the so-called ..., differs according to the special requirements of the user. A businessman e.g. uses it for calculating or ... a list of customers or stock, an engineer can use it for ..., producing diagrams or for controlling.

C Steps to Précis Writing

1 Find five divisions in the text where a major change of thought is given and propose a short headline for each of them.

2 Make a list of all the items you think are important. The notes should be as brief as possible:

a) From "People who ..." to "... striking results".
b) From "They succeeded ..." to "... pocket calculators".

3 Reproduce the contents of the following divisions in your own words using the items mentioned below. The words should not exceed the number given.

a) From "As these ..." to "... mass production". (45 words)
chips – replacing – thousands of instructions – bits, byte – IC components – mass production
b) From "It's obvious ..." to "... than people". (45 words)
success – qualified staff – special technique – operational freedom
c) From "For the ..." to the end. (30 words)
optimistic future – dynamic management – unlimited range of use – labour market

D Additional Practice

1 Letter of application

When you apply for a job with an English firm there are certain details about yourself they want to know: your age, nationality, whether married or single, your educational background with subjects studied, especially your knowledge of foreign languages, practical training, special courses, e.g. in computer technology and qualifications obtained (e.g. Certificate of Technical Education = Fachoberschulreife, entrance qualifications for a polytechnic = Fachhochschulreife, G.C.S.E. 'A' level = Allg. Hochschulreife), previous business experience, if any, special interests as far as they are relevant. They also want to get some references where they can ask about you. Write a very brief formal letter of application to William Atkins Ltd., P.O. Box 1349, Liverpool, L20 6HJ, applying for the post of a secretary advertised in ... of (date) ... Tell them that you hope to be granted an interview and enclose a summary of your personal background (curriculum vitae).

This personal background should be given under the following headings:

Application by:	– name, – address, – telephone,
Personal details:	– date and place of birth, – nationality, – marital status, etc.
Education:	– school attendance, – subjects esp. languages, – qualifications, etc.
Business experience:	– if any ________
Special interests:	– if any ________
References:	– name and full address, – status.

TYPIST/ SECRETARY CLAPHAM COMMON

Young person with fast accurate typing & excellent WP skills. Good telephone manner. Interesting position/varied workload, immediate start.

Phone [redacted]

DIRECTOR'S PA. £14,000 pa package. We require a Secretary (no shorthand) with excellent all round experience to work for a charming, highly popular Director of our hectic Executive Recruitment Consultancy. Based in beautiful Covent Garden offices, the role offers an attractive balance of secretarial, telephone liaison and administrative responsibility. Applicants must be "new technology" friendly. Please call Ros Preskett on [redacted] No agencies.

MARKETING Secretary c£12,500. Working as assistant to a busy marketing manager, you will need good copy/WP skills, be aged 21+ and be able to work on your own initiative when setting up promotions etc. Tavistock Appts. [redacted].

2 Change the following clauses using an -ing form.

a) He is a man who relies on his personal experience.
b) As microcomputers become more and more reliable, they are finding their way into a host of technical products
c) He had no cause to disagree with his superiors because he was not supposed to make decisions.
d) After his boss had grown too old he succeeded him.
e) There was the danger that he could lose his job.
f) He could be very proud that he had advanced to such a high position.
g) The executive saw that I did my work properly.

h) Her boss complained that he had not been asked before.
i) The new secretary cannot finish her work on time although she works overtime.
j) In some cases it is better to split the tasks of managers who are no longer successful in the wide range of their activities than to fire them.

3 Asking the reason behind

You are sceptical and want to know reasons. Ask questions with either
What makes you think that ... or
What made you decide to ...

a) I'm the right man for the job.
b) I made up my mind and applied for that job.
c) These tasks require close supervision.
d) I don't believe that my work is assessed properly.
e) I have the specialized knowledge required at my disposal.
f) I should like to ask for a higher pay.
g) We'll have to work overtime.
h) I saw no other way out but to give notice.
i) They might dislike that kind of criticism.
j) We are expected to wait until he's back.

3.7 Trade Unions in Britain

Trade unions have members in virtually every occupation and represent nearly half the working population of Britain. As well as negotiating pay and other terms and conditions of employment with employers, they provide certain benefits and services – for example educational facilities, legal advice and benefit payments during industrial disputes.
At the end of 1986 the total membership of British trade unions was about 10.6 million, of whom 80 per cent were in the 24 unions with over 100,000 members. During the 1980s there was a decline in trade unionism, primarily reflecting the movement in the economy away from manufacturing which had a relatively high level of membership. The number of unions also fell as there has been an increase in mergers, and a number of small unions and of long-established craft unions were absorbed by larger unions (see table below). Certain rights and privileges are reserved for independent trade unions.

Trade Union Membership		
Year	*No. of unions*	*Membership (m)*
1976	473	12.3
1979	453	13.2
1982	408	11.5
1986	355	10.6

When talking about the decline you should not forget the influence of computerization as the press scene shows us.
For more than two centuries, London's Fleet Street was the centre of the British newspaper world. But for the past five decades, Fleet Street was also synonymous with autocratic unions whose members operated the old-fashioned machines. The unions dictated who was hired and shut down presses at will.

Fleet Street

Then the once great power of the unions crumbled fast, due to a wave of highly efficient computer-based technology.

Most of the Fleet Street papers moved to modern plants outside the City. It no longer seemed to be a question of whether the printers' unions allowed these moves to take place. They were forced to reach agreements with newspaper owners on reduced staffs and labour-saving technology – or they risked seeing their members shut out of the new plants. This was a bitter defeat for the unions. Until then, owners had considered it easier to grant union demands than risk a shutdown.

The beginnings of the present law on industrial relations were established more than a century ago. At the beginning of the present century, unions were given a wide degree of immunity from legal action under the civil law, and the immunity of those organising strikes was also strengthened. Peaceful picketing during strikes was also made legal. The Employment Acts 1980, 1982 and 1988 were designed to obtain a better balance between rights and responsibilities in industrial relations and trade union affairs.

In recent years, several strikes have resulted in the decrease of the power of the unions. In the expanding private sector service industries, union density is rapidly going down. "Deunionisation" has become a key word – and a threat which union leaders have become uncomfortably aware of.

The long-term future would appear even bleaker. Forecasts on economic growth assume that the new jobs will come predominantly in the less unionised service sector

Where did you say the fresh ammunition was?

while the blue-collar manufacturing base, the traditional recruiting ground of unions, will continue its decline. When manufacturing jobs are created nowadays, they are frequently on greenfield sites covered by single-union deals with no-strike clauses. Japanese employers, for example, invariably insist on such deals as a condition of their investment. The struggle going on in the TUC, the Trades Union Congress, over the development of single unionism has also called the future roles of the unions in question. A structural reform has long been overdue.

Exercises

A Comprehension Practice

1 What are the tasks of the unions? Give examples.

2 Describe the table "Trade Union Membership".

3 Which factors have caused the decline in the number of unions and their members?

4 What happened to the trade unions' influence in Fleet Street and what were the reasons?

5 What is said about the development of law concerning industrial relations?

6 What has the growth of the service sector to do with further developments of the unions?

7 Which discussion is going on in the TUC?

8 Why do Japanese firms insist on no-strike clauses?

B Vocabulary Work

Explain the meaning of the following words and expressions as used in their context:

a) working population
b) to negotiate pay
c) terms and conditions of employment
d) educational facilities
e) industrial disputes
f) merger
g) at will
h) agreement on reduced staff
i) labour-saving technology
j) a wide degree of immunity
k) picketing
l) industrial relations
m) de-unionisation
n) blue-collar manufacturer (white-collar worker)
o) no-strike clause

C Discussion and Comment

1 The trade union movement started in the 19th century. What were the reasons?

2 Trade unions have become a strong political factor. Is it justified? Explain by giving examples.

3 Should doctors and nurses be allowed to strike? Discuss.

4 What is the message of the cartoon on page 120?

5 Analyse the following diagram, paying also attention to its headline:

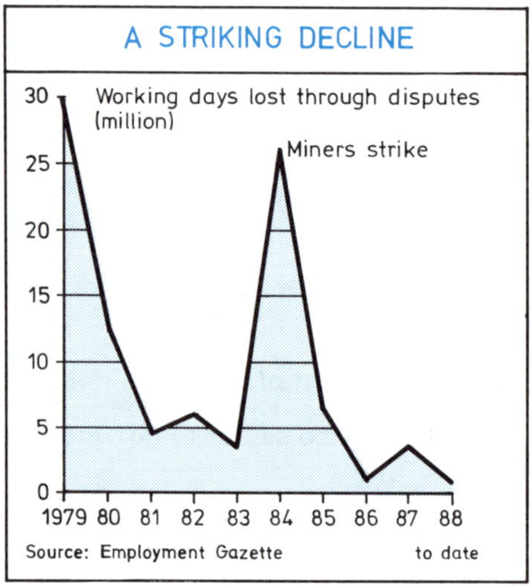

D Additional Practice

1 Letter-to-the editor

Sir, The dockers' reaction to the Government's decision to abolish the Dock Labour Scheme was entirely predictable. During the 1950s and 1960s I was a regular user of London's East India Docks, exporting packaging materials, taking the various strikes and work interruptions in my stride.

When, in the mid-1970s, the dockers refused to handle unpalleted goods and made difficulties with unloading my lorries by actions including lightning strikes, we were forced, like many other exporters, to look for alternative, more reliable and cheaper dock facilities. After trying many other ports, we found in the privately owned Felixstowe docks the only one without a Dock Labour Scheme.

I was therefore not surprised when by the late 1970s London docks were closed one by one. It seems the dockers will once more have to learn the hard way that there are always alternatives if one is forced into them.

S. G., London NW4
(THE DAILY TELEGRAPH 1989)

a) Translate the letter.

b) Analyse the writer's viewpoint.

2 a) Fill in the correct prepositions.

"The unions affiliated ... Congress vary ... size and number and the view they hold ... organizations. There are craft unions, industrial unions, general workers' unions, and non-manual and professional bodies. Broadly speaking, the craft union believes that organization should be based ... the type ... job. The industrial union believes ... that workers should be organised ... the basis ... the commodity they produce or service they provide, while the general workers' union evolved ... the organizing the unskilled. ... these differing theories ... organization, which have ... other countries brought unions ... serious conflict ... each other, we have still been able, largely ... the existence ... the TUC as a single national co-ordinating body, justifiably to talk ... "the British trade union movement" as a single entity."

(*From ABC OF THE TUC", London 1986*)

b) Translate the above text into good German.

3 Gerund/Participle/Infinitive. Which form is correct?

a) The main objectives of the TUC are (promote) the interests of its affiliated associations.
b) The TUC tries (resolve) difficulties in inter-union disputes.
c) In the 1980s, there was a decline in trade unionism, primarily (reflect) the movement in the economy.
d) Any trade union (wish) to use money for political purposes must set up a separate fund.
e) Unions were given immunity from legal action, the immunities of those (organise) industrial action also (be strengthened).
f) Unions were in the business of (exercise) their industrial muscle.
g) The Labour government saw the unions as an integral part, (consult) them at every turn of economic policy.
h) The Thatcher government was strict, union power (run) up against tough laws.
i) In the private sector service union density is going down, "deunionisation" (become) a key word.
j) The struggle (go) on in the TUC has called the future role of the unions in question.
k) Fleet Street was synonymous with autocratic unions (dictate) who was to be hired.
l) Unions risked (see) their members shut out of the new plants.
m) The new contract should include a clause (forbid) strikes.

4 Translate the following sentences.

a) In Großbritannien gibt es etwa 350 Gewerkschaften, in der Bundesrepublik Deutschland nur 16.
b) Eine Reihe der britischen Gewerkschaften stehen der Labour Party nahe.
c) In der Bundesrepublik Deutschland stehen die Gewerkschaften der Einführung neuer Technologien positiv gegenüber, wenn diese keine Arbeitsplätze gefährden.
d) Der TUC vertritt 83% aller britischen Gewerkschaftler.

e) Die britische Regierung setzte neue Gesetze durch, die die Macht der Gewerkschaften einschränken.
f) Man muß nicht mehr einer Gewerkschaft angehören, um seinen Arbeitsplatz nicht zu verlieren.
g) Die Einführung neuer Technologien und der Personalabbau führte zu einer ernsten Auseinandersetzung mit den Gewerkschaften.
h) Alle streikenden Arbeiter wurden fristlos entlassen.
i) Die Regierung lobte den Unternehmer im Unterhaus, wobei der Premierminister sich auf Meinungsumfragen bezog.
j) Im Gegensatz zu der Bundesrepublik Deutschland gibt es in Großbritannien relativ viele Streiks, vor allem wilde Streiks, die in der Öffentlichkeit auf wenig Verständnis stoßen.

3.8 Woman's Place in a Man's World

There is no doubt that women, in most societies have been exploited, treated as inferior, and debarred from activities which they are at least as well equipped as men to carry out. More than a hundred years ago people began to question whether men were really so much wiser, stronger, altogether more sensible and better than women.

Meanwhile a big step forward has been made, and the days don't seem to be too far away when women will take their place alongside men on equal terms.

On the other hand it can't be denied that women are still unfairly treated and that the changes in our way of living have affected women more than men. They have achieved new roles without being able to drop those which are ascribed to them by nature of which are expected by tradition. The problem can be focused on the question how can a woman be a wife and mother, and have a full-time job as well?

Though there is a trend to learn a profession, girls are still encouraged to think that their only aim in life is to get married, have children and then live happily ever after. There are two things wrong with this life: first, society has such a low opinion of it that it doesn't seem worth doing at all. Second, it has become a sentence of solitary confinement with hard labour, leaving the prisoner no role to play on release.

Here are some statements from interviews with women under thirty, married and with at least one child under five:

"Being at home all day is terribly boring, frustrating and to my mind very inferior." –

"I regret sometimes that I didn't learn a job, because what shall I do if I'm bored when the children grow up?" –

"I'm used to an office with people coming and going, and now I don't get any company at all. I don't want to leave my children but I would like some company." –

"Sometimes I'm so fed up I could scream. You have no idea what it's like to spend all day in one room, trying to keep the children quiet because the landlady can't bear noise. I feel like I'm in a cage." –

These women are more frustrated because they have been brought up to believe that a real woman finds her happiness in life through looking after her husband, home and children. But a household of former times used to have a lot of people in it – parents, grandparents, uncles, aunts, fellow-workers of one kind or another, and children of all ages. Social and industrial changes have scattered the adults, taken them outside the home to work, and the children off to school. The housewife is left alone at home with the drudgery, but without earning money. Families are 'planned' almost out of existence: women can stop having children after the second or third baby. So a girl who marries before she is twenty, and has two children in the first years of marriage, spends her twenties and thirties chained to the house. But when she is only forty the children will themselves have left home, and there she is – with no training, no job and nothing to do.

It is only fair to point out that some women are still quite happy to be wives and mothers, but that is only where their personal circumstances produce some of the right setting – the support of close relatives, staying in the place where they grew up, a large enough house and garden to make a proper job, more children and friends in the neighbourhood.

For the others, the answer seems to be: get a job. In other words, if a woman's traditional role is so unsatisfactory, try a man's.

But work is still a man's world! Millions of women do work, of course, but what are they doing? The short answer is that they start at the bottom and stay there. About forty per cent of girls leaving school in Britain go into routine clerical work.

In industry women do the semi-skilled and unskilled work: there are very few skilled female operatives, except in the textile and clothing industries. Most apprenticeships are strictly for men only. About three in every four women working are doing jobs which take less than six months to learn. What about the professions? It's all right to be a teacher or a nurse; acceptable to be a doctor, dentist or lawyer; distinctly odd to be a politician, scientist, engineer or statistician; impossible to enter the Church or the Stock Exchange.

Quite a number of women are still paid less than men, even when they are doing the same jobs. And what does equal pay mean, without an equal chance of getting the better-paid jobs?

But the times are changing.

(Partly taken, abridged and altered, from: Joy Groombridge, His and Hers, 'Connexions', Penguin Education, Harmondsworth, Middlesex, England)

Exercises

A Comprehension Practice

Give detailed answers using your own words.

a) What is meant by "women have been exploited, treated as inferior and debarred from activities"?
b) In how far has people's attitude towards women changed since last century?
c) Why has modern life affected women more than men?
d) What's the criticism on being a housewife and mother like?
e) What's the difference between a household nowadays and in former times?
f) Which prerequisites are necessary to enjoy the status of a housewife and mother?
g) Which jobs are preferably given to women?
h) Is the equal pay argument women's only claim?

B Vocabulary Work

1 Fill in the gaps using the corresponding vocabulary from the text.

a) Women are as well ... as men to become a lawyer, a politician or anything else.
b) Since the last century people have been ... whether men are better than women.
c) The changes in our way of living have ... women more than men.
d) They had to ... new roles and couldn't ... those being ascribed to them by nature.
e) They are still unfairly ... in our society and sometimes paid less.
f) 40 per cent of the female school-leavers go into routine ... work.
g) In industry they do the ... and ... work.
h) Many housewives are ... nowadays because they had not been ... in their youth to learn a profession.
i) If the personal ... provide the right ..., e.g. a large enough house and garden, friends in the ..., etc., women may still be happy as housewives and mothers.

2 Use the following phrases in sentences of your own.

a) it can't be denied
b) to question whether
c) on equal terms
d) to earn one's own living
e) to be equipped to
f) to be treated as
g) to be debarred from
h) it can be focused on
i) to be chained to
j) to make a proper job.

C Text Analysis

1 Find divisions in the text where a major change of thought is given and find a short headline for each of them.

2 What is the message of the text?

3 What can you say about the writer's point of view?

4 Look at the text in detail and show which means (headline, text composition, language, style, etc.) the writer uses for his intention.

D Comment and Discussion

1 Would you say that men and women are equal and have the same abilities? Give reasons and try to find examples that emphasise your opinion.

2 What's the message of the cartoon and what's your comment?

3 Why does society show such a low opinion of the housewife's role? What is your opinion?

4 Discuss pros and cons of a housewife taking a job outside the home. Consider it from the individual, social and economic point of view.

5 Do you think there should be special administrative regulations, e.g. quotes, to offer better chances for women?

6 Driven by the need to attract and keep more women employees because of a developing labour shortage, companies are adopting "family-friendly" policies, like parental leaves. – Discuss!

E Additional Practice

1 Transform the following sentences by using an infinitive construction with either "to", "how to", "what to", "where to", "whether to", "in order to".

Example: *There were quite a few school-leavers who were wondering what they should do.*
There were quite a few school-leavers who were wondering ***what to do.***

a) The head clerk explained to the new secretary how she had to use the new automatic typewriter.
b) She asked him where she could get the new address from.
c) The sales manager wondered what he should do to avoid a further flop.
d) The personnel manager told the applicant that he should be a bit more specific about his personal background.
e) The personal assistant asked what he had to do.
f) Quite a few attend evening courses because they want to be promoted.
g) He was not the kind of boss who liked damping down all his employees' initiative.
h) She couldn't decide whether she should give notice or not.

2 Use the text on page 124–126 as source for a newspaper article of not more than 100 words. The article is to be published in a popular paper. Your point of view is enthusiasm about the new trend. Don't forget an eye-catching headline.

3.9 Minorities and Prejudice

I had been a soldier in the Royal Air Force for more than six years and had been welcomed and smiled at by grateful civilians wherever I had met them. Thank God, the war was over and I felt quite confident to find a civilian job.

The officer whose job it was to advise on careers had encouraged me because of my science degree and experience in electronics. Industry was reorganising itself for post-war production and there was already an urgent demand for qualified labour in the field of electronics.

I had been given a letter of introduction to the Higher Appointments Office, the board that provides jobs for higher qualifications. They interviewed me on my educational background, service career and experience in industry. At the end of the interview they told me that I would be notified of any vacancies suitable to my experience and qualifications.

Two weeks later they sent me a letter with the address of a vacancy for a qualified engineer. I wrote a letter of application and received a very encouraging reply with an invitation to an interview. I felt on top of the world.

I was nervous when I stood in front of the Head Office of the firm. I approached the receptionist's desk. "Good morning", I said and gave my name. "I am here for an interview with Mr Symonds."

I had taken a great deal of care with my appearance that morning. I was wearing my best suit with the right shirt and tie and pocket handkerchief; my shoes were smartly polished and I was wearing my best smile. Yet the receptionist's smile suddenly disappeared. She reached for a large diary and consulted it as if to verify my statement, then she picked up the telephone and, cupping her hand around the mouthpiece as if for greater privacy, spoke rapidly into it.

"Will you come this way?" – She set off down a wide corridor. At the end of it we entered an automatic lift. The girl kept a silent hostility and avoided looking at me. At the second floor we stepped out into a passage on to which several rooms opened; pausing briefly outside one of them she said "In there", and quickly retreated to the lift. I knocked on the door and entered a spacious room where four men were seated at a large table.

One of them rose, walked around to shake hands with me and introduce his colleagues, and then indicated a chair in which I seated myself. Then they began to question me closely on the latest developments of electronics, on theory, equipment, circuits and operation. They were thorough, but I was relaxed now; the years of study were about to pay off.

And then it was all over. Mr Symonds, the gentleman who had welcomed me, leaned back in his chair and looked from one to another of his associates. They nodded to him, and he said: "Sir, my associates and I are completely satisfied with your replies and feel sure that in terms of qualification, ability and experience, you are suited to the post we have in mind. But we are faced with a certain difficulty. Employing you would mean placing you in a position of authority over a number of our English employees, many of whom have been with us a very long time, and we feel that such an appointment would affect the balance of good relationship in our firm. So, I'm afraid, we will not be able to use you." At this he rose, extending his hand and said goodbye.

I felt drained of strength and thought; yet somehow I managed to leave the office. I had just been brought face to face with something I had either forgotten or completely ignored for more than six exciting years – my black skin. It had not mattered when I volunteered for the R.A.F. service in 1940, it had not mattered in the hectic uncertainties of war-time.

Disappointment and resentment were inside me. The more I thought of it the more I realised that the whole interview had been a waste of time. They had agreed on their decision before I had walked into that office; the receptionist had told them about my black skin, and all that followed had been a cruel, meaningless game.

(Adapted, shortened and slightly altered from "To Sir, With Love", E. R. Braithwaite, The Bodley Head Ltd., London)

Exercises

A Comprehension Practice

Answer in your own words.

1 What does the story tell us about our hero's qualifications?

2 Where did he spend the last six years?

3 What made him look for a new job?

4 What were the chances on the labour market?

5 Who helped him to find a new job?

6 What kind of preparation did he make before he went to the interview with Mr Symonds?

7 What was this interview about?

8 What was the result of the interview and why wasn't he given the job?

9 How did the staff manager explain the reason for not employing him?

10 When had the decision been taken not to employ him?

B Summary, Analysis and Comment

1 Give a short summary of the story.

2 How would you describe the way our hero is dealt with by the board of interviewers at Head Office?

3 Where do you think the climax of the story is reached and how does the author create tension?

4 How was it possible that the hero of the story had ignored his black skin?

5 Could you imagine something similar to the story happening in our country nowadays? – What makes you think so?

C Further Discussion

1 "We want the foreigners to feel at ease here, but not as future citizens with all the rights and duties involved." – Are you of the same opinion? – Give reasons.

2 "Europe's municipal services would break down if the foreigners went home." – Can you agree to this statement? Give reasons.

3 The presence of several million foreign children, some of them with severe language handicaps, causes a lot of problems. – Outline what these difficulties are like and try to show ways to come to a solution of the problem.

4 A minority group is usually characterized by the fact that is members have low positions in economy and society. – Discuss examples.

5 Some economists have suggested "to take the jobs to the workers" via investments in developing countries. – What are the pros, what are the cons?

D Additional Practice

1 Who goes where to find a job?

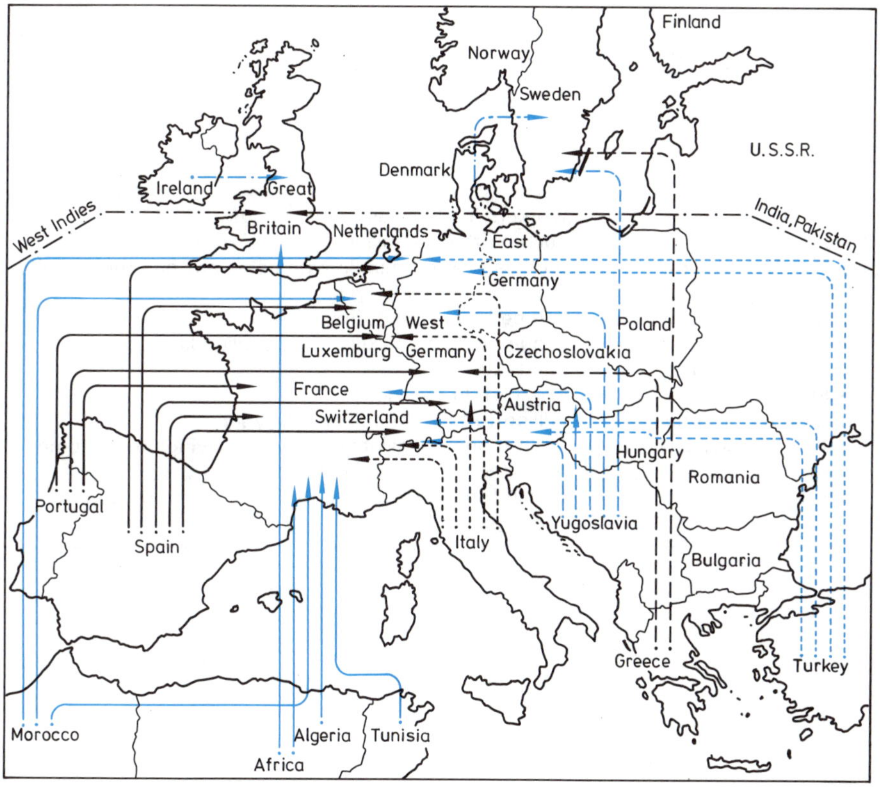

a) Some European countries have become a magnet for foreign workers, as the map makes clear. The workers come from a variety of countries, most of which are in or near Western Euope. Some nationalities prefer special countries. Form similar sentences according to the example.

Example: ***Denmark*** */ For the Danes going to Sweden it is advisable to speak Swedish.*
For the . . .

b) In the host countries it might be useful for people in permanent contact with foreign workers to understand their language.
Form similar sentences according to the example.

Example: ***Sweden*** */ For a Swedish manufacturer employing Danes it might be useful to understand Danish.*
For a . . .

2 Unspoken assumptions. – Form sentences from the switchboard and decide whether the assumptions represent either the view of the host countries or that of the countries supplying the workers.

Example:

assume	leave their families at home

The host countries assumed that the foreign workers would leave their families at home.

assume believe be of the opinion feel sure expect hope look forward to suppose take it for granted take into consideration think trust	workers in their best working age come without families provide jobs for people who could not find them at home stay for only a few years can be housed in dormitories acquire industrial skills to be applied later at home pay taxes eager to do overtime willing to take on dull and dirty jobs remit money to relatives or bring savings back home unlimited economic expansion obtain foreign exchange for imports of industrial equipment

3 Use an **infinitive** either with or without "to" or a **participle**.

a) When I stood in front of the gate I felt that my heart beat.
b) We saw that she reached for a large diary.
c) He was the first applicant who had applied for the job that day.
d) "Would you like that I help you to find out where it is?" he was asked.
e) I noticed that the receptionist spoke very rapidly into the receiver.
f) He hadn't expected that the secretary would welcome him in such a way.
g) "Would you prefer it if I introduce you to Mrs Jagger, the executive in charge of questions like that?"
h) I couldn't believe that she was the person who could help me.
i) "We expect that our employees do their duty," he was told.
j) There are always plenty of people who believe that they are able to do such a job.
k) We want to employ someone who could take care of all the English and French correspondence in our firm.
l) He was that kind of man who was needed in industry in those days.
m) They could not prove that I was wrong but they didn't accept my answers.

4 Put in the correct **preposition** and -ing form **(gerund)**.

Example: He was afraid ... (lose) all chances.
He was afraid of losing all chances.

a) I was interest ... (find) a job in the petrochemical industry.
b) They insisted ... (ask) me questions concerning my motivation applying for that post.
c) I got more and more tired ... (try) it again and again.
d) On the other hand there was no reason ... (give) it up.
e) There were difficulties ... (be promoted) in our department.
f) They apologized ... (not have answered) my letter immediately.
g) I felt proud ... (get) the chance to prove that I was the right man.
h) They didn't say what they actually thought for fear ... (lose) their jobs.
i) Meanwhile she had succeeded ... (convince) her boss that being different doesn't mean being worse.
j) ... (have abolished) most of the class distinctions we should prevent people ... (build up) new prejudices against foreigners.
k) They complained ... (be treated) as second-class people.
l) Let's take the opportunity ... (integrate) people from abroad whenever they want.

3.10 The European Community

Patrick-Benjamin B., born in the Federal Republic of Germany in 1983, is 18 years old and just sitting for the ECSE – the European Certificate of Secondary Education. His curriculum includes two European languages besides his mother tongue – Patrick has chosen English and French – as well as one special subject: data-processing. The examination takes place in the whole of the European Community on the same day at the same time, examination questions having been set by the EEC (European Educational Council) in Strasbourg.

Patrick and his school-mates are not particularly nervous, because they are well prepared: their teachers have regularly provided excellent software for their homework at the computer. Books are only very rarely used, the knack is to be a computer expert and to have access to all computer libraries by means of remote data transmission. Dennis-Christopher, Patrick's younger brother, even tried to find out through friends in England what the examination questions for his brother would be like. Good old times of the past when pupils and students were able to discuss all questions with their examiners, when the range of questions was limited and everything had to be written down by hand.

After the examinations, Patrick will go down to Frankfurt to see his aunt. Although he is a rail fan, he will not take the Opportunity to go by one of the old-fashioned EC-trains, he prefers the magnetic monorail which has been in use between 10 of the bigger cities within Germany and between some Eurocaps, as the former capitals of the individual countries of the past are now called. Travelling in general is no longer as time-consuming as it used to be about 10 years ago! If Patrick wants to see his friends in Preston/Lancashire (northern England), he orders his ticket through his computer from the local ETA office (European Travel Association), takes the underground to Dortmund, and then boards the through train to Edinburgh, which only stops in Essen, Düsseldorf, Cologne, Aachen, Brussels, Calais, London, Manchester, and Preston. The whole journey only takes him some eight hours – his father used to make it in 16 to 18 hours in the late 80s. The Channel Tunnel, which has been in operation for eight years now, makes Britain more accessible to visitors from the continent, the number of visitors having risen by nearly 30 per cent.

However, Patrick knows that technical progress has brought about some problems. As he uses a public network to obtain his ticket, the possibility that his personal data can also be read by someone else is great. So he does not wonder about finding offers for travel equipment on his computer only one day later.

The same applies to telecalls: the invoice which appears on this computer once a month does not only state the dates, duration and cost of the televised calls, but also the names and addresses of the persons called. And somewhere – this is what many people are afraid of – Big Brother is watching everybody. Perhaps there is even an institution to register how many times one certain TV-programme from among the selection of 52 is watched ...

Exercises

A Comprehension and Comment

1 Sum up the main aspects of living in Europe in 2001 as decribed in the text.

2 Should examination papers be set by a national or European body for all students alike, or do you prefer the procedure you have to go through? Give reasons.

3 Do you think a misuse of personal data such as described in the text is possible? What could be the consequences?

4 The text mainly refers to the technical side of life and its consequences. There are also changes expected in the fields of human and social relations. What would you welcome, what should be avoided?

5 If nearly all fields of inner-European relationships are harmonized, why not invent a common European language – perhaps named Eurospeech or Eurolink? State your opinion.

B Text Production

The following dates and facts are to be used for different kinds of text production.

1 Prepare a short lecture on "The Development of the European Community". Use the dates and map below.

March 1957 – Treaty of Rome signed by Belgium, The Federal Republic of Germany, France, Italy, Luxemburg and The Netherlands

1 Jan 1958 – European Economic Community (EEC) established

1961 – Britain's first application for entry into the Common Market

1963 – negotiations failed because of the veto of France

1967 – Britain applied for membership again together with Denmark, Eire and Norway

1970 – beginning of negotiations on the enlargement of the Community

1971 – decision in the House of Commons in favour of Britain's entry

22 Jan 1972 – Treaty signed by the four new applicants

24 Sept 1972 – Norwegian referendum unexpectedly against entry

1 Jan 1973 – the Community of the Nine with Britain, Eire and Denmark as new members

1975 – strong British opposition against British membership makes referendum in Britain necessary; result: majority in favour of membership

1 Jan 1981 – Greece 10th member of the Community

1984 – first elections to the European Parliament

1986 – Portugal and Spain join the EC

1989 – second elections to the European Parliament, Austria decides to apply for membership in the near future

1991 – Turkey joins the EC (scheduled)

1992 – creation of a true single market for goods, capital and labour

The EC member states

2 Draft a dialogue between a less informed student and one with expert knowledge on the objectives of the EC. Use the list below.

Objectives of the EC

- to improve the national economies and to raise the peoples' standard of living
- free trade between the member countries
- abolition of internal tariffs and quotas
- acceptance of a common external tariff to imports from non-member countries
- free movement of persons, services and capital
- development of common economic policies (trade, agricultural, energy, transport, competition, environmental policy, etc.)
- establishment of a common legal system
- assimilation of social conditions
- harmonization of taxes
- creation of a monetary union including a common currency
- political union

3 The European Parliament is one of the institutions within the Community.

Institutions and their functions	
The Council of Ministers	it represents the governments of the member countries, protects national interests, takes major decisions and determines how the Treaty should be applied in practice
The Commission	it is the executive institution and represents the Community as a whole and carries out the decisions of the Council of Ministers
The European Parliament	it comprises representatives of all the member countries and it supervises the activities of the Community in the interest of all
The Court of Justice	is has to settle disputes about the way how the Treaty should be interpreted

a) Make notes from the diagrams below as to the political influence in Europarliament. Concentrate on the main facts and trends.

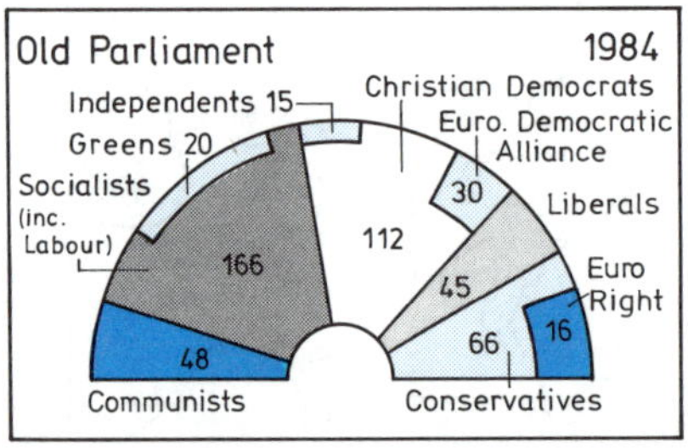

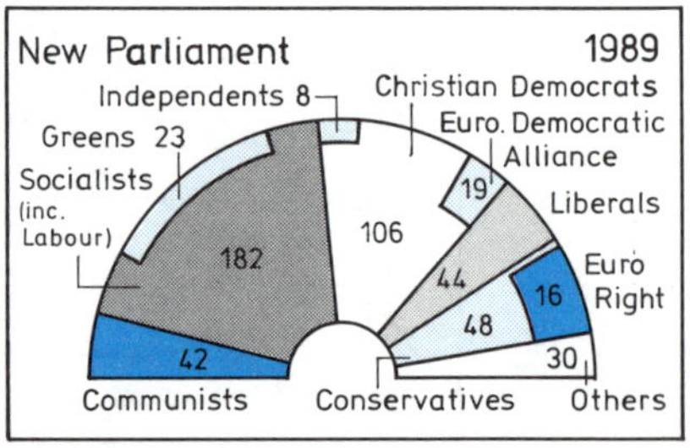

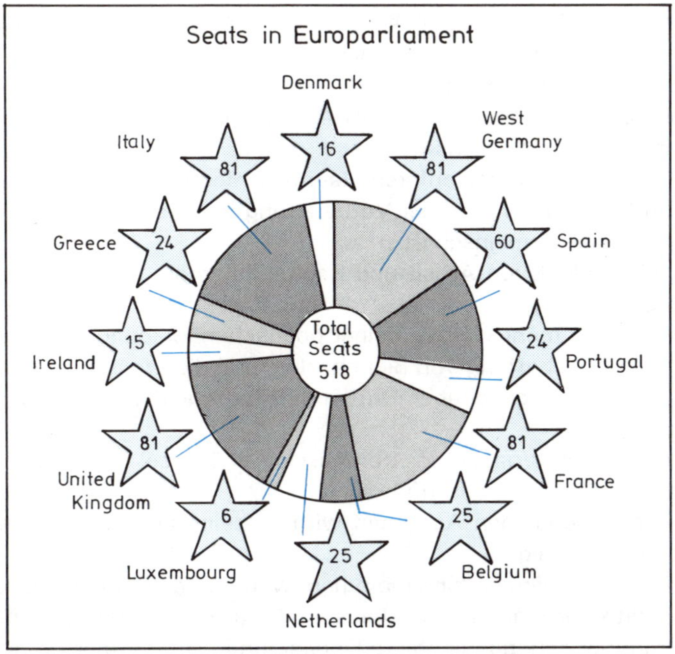

b) Write a brief paragraph analysing the political trends in Europe as the diagrams reveal.

C Additional Practice

1 Fill in the missing prepositions.

among – apart from – at – by – during – for – from – in – into – on – toward – under – within

a) The EEC came ... being ... 1st January, 1958.
b) ... the terms of the Treaty of Rome six European countries agreed to establish a Common Market.
c) In a first transitional period the industrial tariffs ... the member states were eliminated.
d) Food prices in Britain were expected to rise ... 15 per cent ... transition.
e) Increases ... efficiency and competitive power should compensate the balance of payments costs of entry ... ten years.
f) ... the political advantages, the concept of the EC is based ... economic principles.
g) It can be expected that further countries will be interested ... the Community and that they will apply ... entry in the near future.
h) An economic disadvantage ... Britain is that there are more goods ... member countries being ... sale in the shops.
i) Progress ... a united Europe is slower than it was ... the beginning of the great experiment.
j) It is evident that most countries insist ... defending their national interests.

2 Translate the following sentences.

a) Die europäische Wirtschaftsgemeinschaft wurde am 25. 3. 1957 gegründet, als 6 Staaten die sogenannten Römischen Verträge unterzeichneten.

b) Großbritanniens erster Antrag auf Aufnahme in die Gemeinschaft scheiterte am Einspruch Frankreichs.

c) Die europäische Gipfelkonferenz (summit meeting) der 6 Mitgliedsländer im Dezember 1969 stimmte der Vorbereitung von Verhandlungen über eine Erweiterung der Gemeinschaft zu.

d) Die Freizügigkeit von Arbeit und Kapital innerhalb der Gemeinschaft ist ein wichtiges Ziel.

e) Wir sind nicht mehr weit von einer politischen Einigung in Europa entfernt.

f) Durch die Abschaffung von Binnenzöllen und die Errichtung eines gemeinsamen Außenzolls gegenüber Drittländern entstand eine Zollunion (customs union).

g) Eine der Hauptaufgaben der Kommission in Brüssel ist es, die Entscheidungen des Ministerrats auszuführen.

h) Eine der wesentlichen Aufgaben wird es sein, sich auf gemeinsame politische Ziele zu einigen.

i) Es kann nicht länger hingenommen werden, daß durch die gemeinsame Agrarpolitik fortwährend ein Überschuß (surplus) produziert wird.

j) Es hat immer schon eine starke Opposition in Großbritannien gegen die Mitgliedschaft gegeben.

3 Give a good German version of the following letter-to-the-editor.

Sir, I have just re-read Mr Heath's televised speech to the nation of July 8, 1971, commending the terms negotiated for UK membership of the EC. It is entirely about economics, with not a single word about politics - let alone any suggestion that a decision to join would commit us to "ever closer political union".

That may have been his ultimate aim, but he omitted to point it out to us at the time. Certainly, the treaty referred to "ever closer union", but the word "political" is a later interpolation.

On October 13, 1971, at the Conservative Party conference, the Foreign Secretary, Sir Alec Douglas-Home, said:

I find the arguments on sovereignty rather unreal. What we propose to do is to agree, in certain carefully defined areas of economic activity, to come together with countries of the Community for certain collective economic advantages, and within this carefully defined area we agreed to be guided by certain rules and regulations, which in some cases hold precedence over our laws and regulations.

That was what we were told: a very explicit statement of the meaning of membership as it came to be understood by all but a handful. We cannot have been morally committed to anything more.

Yours faithfully,
D.,
47 Old Church Street,
Chelsea, SW3.
(TIMES)

Part 4

Communication in Business (II)

4.1 Conclusion of a Contract of Sale

Under English law the seller generally is not bound by his offer. The offer invites the customer to place an order that has to be acknowledged to conclude the contract of sale. An acknowledgement of order is also necessary if conditions are altered or a counter-proposal has been made.
A firm offer can only be revoked as long as an order has not been mailed. Otherwise a contract of sale has come about.

4.1.1 Order

John Milligan and Sons

25 Williams Street
Cardiff CF1 1UH
Tel. 0222 578 304

Our ref: JM/SP   Your ref: FT/JG   Date: 15th June, 19..

ORDER NO. 289

EURO ELECTRIC LTD
38 Silverdale Road
LIVERPOOL
L1 4EA.

Dear Sirs,

Order for electric toothbrushes

We have received your offer of the 11th of this month together with the descriptive literature and price list.

We are pleased to inform you that we have decided to place the following trial order with you in line with the terms stated in your offer.

	Cat.-No.	Single Price	Total
35 electric toothbrushes "vitadent"	25 a	£ 20.00	£ 700.00
35 electric toothbrushes "vitadent L"	25 b	£ 26.00	£ 910.00
			£ 1,610.00

We trust that you will give this order your prompt and careful attention. If the goods meet with our customers' approval, substantial repeat orders will follow.

As you promised immediate delivery after receipt of order we expect the toothbrushes by the end of this month at the latest.

Yours faithfully,

John Lewis Ltd., London, writes a letter to NOVOLUX GmbH, Bielefeld.

Dear Sirs,

Thank you for your offer of June 14. The quality of your lighting fittings comes up to our wishes, but we feel that the prices quoted are rather high.

We should like to place an order with you but must ask you to consider whether you can reduce your prices by 10 %.

We trust that you will see your way to making us a price concession.

Yours faithfully,

Herr Heller of Novolux GmbH, Bielefeld, phones John Lewis Ltd, London, to find out whether a compromise is possible.

Telephonist: John Lewis Ltd. Good morning.

Mr Heller's secretary: Novolux, Bielefeld, West Germany. Hold the line, please. ... Herr Heller, London für Sie.

Heller: Good morning. Can I speak to Mr Black, please?

Telephonist: Yes sir, who's calling, please?

Heller: This is Mr Heller of Novolux, Bielefeld.

Telephonist: Just a minute, Herr Heller ... I'll put you through to Mr Black.

Black: Black speaking.

Heller: Good morning, Mr Black. This is Mr Heller from Bielefeld. I'm phoning about our offer for lighting fittings.

Black: Oh. Good morning, Mr Heller. Did you receive our letter?

Heller: Of course, I hoped a personal talk could help to find a compromise.

Black: Well, erm ... I like the way in which you handled my inquiry and I'm sure that your products fit into our line, but the present rate of exchange makes your goods so expensive for the British market.

Heller: I see. This was the reason why we offered an introductory discount of 25% on our list prices. Erm ... but you suggest a further reduction by 10%. Well, first let me know which articles you are interested in and how many you could order.

Black: We're interested in your living room lighting fittings, and I believe that we could place a trial order for some 50 units. But your price leaves us with only a very small profit.

Heller: Well, ... we're sure that our lighting fittings will sell well in Britain and we would like to do business with you. Therefore I can allow you a good-will discount of 30% on our list prices. But further concessions are not possible.

Black: That's not bad. I think we can accept your offer now. We'll order 50 lighting fittings of Cat. No. 62 and find out whether they are suitable for our market.

Heller: Splendid. Would you confirm this order as soon as possible?

Black: You'll receive our letter by the end of this week.

Heller: Fine. We'll do our best to execute your order promptly and carefully. Well, that's all for the moment then. Goodbye Mr. Black.

Black: Thank you for calling, Herr Heller, and goodbye.

Guided letter writing

Write an order referring to the conversation above and use alternative phrases from the pattern below.

Dear	Sir, Sirs,

We	confirm our telephone conversation of this morning have received your letter of ... thank you for your quotation of ...	and

enclose our order for the following: are pleased to place the following trial order:	(goods, quantities, prices)

As agreed, We understand that	prices are subject to an introductory discount of 30%. you allow a special discount of 30% on the list prices.

Please inform us It will help us to know We shall be glad to know	when the goods will be	dispatched. forwarded. delivered. shipped.

We	trust hope	that	you will give this order your prompt attention. this order will turn out to our satisfaction.

Yours faithfully, Encl.

Additional useful phrases

1 Openings

We thank you for your offer of 14th February.	Wir danken Ihnen für Ihr Angebot vom 14. Februar.
We refer to your letter dated 1st March.	Wir beziehen uns auf Ihren Brief vom 1. März.
We acknowledge receipt of your letter of ...	Wir bestätigen den Eingang Ihres Schreibens vom ...
Please supply the following goods.	Bitte liefern Sie uns die folgenden Waren.
Please send us the undermentioned goods.	Bitte senden Sie uns die unten aufgeführten Waren.
We are pleased to place an order with you for ...	Gerne erteilen wir Ihnen einen Auftrag über ...
We order for immediate delivery on the terms stated below.	Wir bestellen zur sofortigen Lieferung zu den unten angeführten Bedingungen.
Enclosed please find our order form No. 547.	Als Anlage fügen wir unser Auftragsformular Nr. 547 bei.

2 Statements on particulars

The delivery date in our order must be strictly observed.	Der Liefertermin in unserem Auftrag muß streng eingehalten werden.
The goods must be delivered within a month.	Die Waren müssen innerhalb eines Monats geliefert werden.
Detailed packing instructions/shipping instructions will follow.	Genaue Verpackungsanweisungen/ Versandanweisungen werden folgen.
We reserve the right to cancel the order if the goods are not up to sample.	Wir behalten uns das Recht vor, den Auftrag zu widerrufen, falls die Waren nicht dem Muster entsprechen.
Payment will be made as usual.	Zahlung erfolgt wie üblich.

3 Endings

We hope that you will give this order your careful attention.	Wir hoffen, daß Sie diesem Auftrag Ihre besondere Aufmerksamkeit schenken.
We ask for prompt delivery as the goods are needed urgently.	Wir bitten um sofortige Lieferung, da die Waren dringend gebraucht werden.
Please acknowledge this order and confirm that you can deliver by the end of this month at the latest.	Bestätigen Sie bitte diesen Auftrag, und geben Sie die verbindliche Zusage, daß Sie spätestens bis zum Ende dieses Monats liefern können.

Exercises

A Gap Letter Exercise

Fill in the missing words:

1 Referring ... your offer ... 15th October we are pleased to ... the following order ... you. 20 electric typewriters Cat. No. 253 at £ 110 each. It was very generous of you to ... us the extra discount ... 8%. Please note that we must have the typewriters here ... the 5th of May ... the latest. Payment will be ... as usual. Please ... this order immediately.

2 We ... you for your quotation ... 3rd August. We order the articles for immediate ... on the ... stated in your letter ... please find our order ... No. 319. However, we must ... the right to ... the order if the goods are not ... to sample. We hope that this order will turn out to our ...

B Further Exercises

Draft letters from the following particulars:

1 Grüner & Petzel, Südstr. 15, 4400 Münster, write to Stevens & Sons, 4 Victoria Street, MANCHESTER M4 1CA. They refer to an offer made by Stevens dated ... The goods meet the expectations of Grüner & Petzel and they also agree to the prices and conditions stated. Therefore they are pleased to place an order as per attached order form. They expect that the order will be executed promptly and in accordance with their instructions.

2 F. Stolze u. Sohn, Postfach 1243, 8000 München 46, had the opportunity to examine the samples and patterns sent by John Nickels, 288 Bradford Terrace, MANCHESTER M60 2HB. Stolze u. Sohn agree to the prices with the exception of article No. 52 which is too expensive and not competitive enough for the market in München. Stolze u. Sohn enclose their order for the remainder and ask whether the price for article No. 52 could be reduced by 10%. Under these circumstances they are prepared to order article No. 52 as well.

3 As you plan to spend your holidays in Cornwall you wrote to the manager of The Seaside Hotel who sent you a brochure in which you found full details of the charges. Ask for reservations for 15 nights commencing 15th June. State the accomodation you require, e.g. single room, double room, twin-bedded room with (or without) private bathroom, private shower and toilet, bed and breakfast, B & B and evening meal, full board. Ask for an early confirmation of your booking.

4 Die Firma Dircks & Co., Bahnhofstr. 20, 5000 Köln, hat von der englischen Firma Taylor & Son Ltd, 235 Park Street, LONDON EC 4P 432 mit Schreiben vom ... ein Angebot über 50 Herrenmäntel erhalten. Der Stückpreis beträgt £ 52.00. Bestellen Sie als Sachbearbeiter von Dircks & Co. mit heutigem Datum die 50 Herrenmäntel, indem Sie sich auf das Angebot beziehen. Es war vereinbart, daß ein Sonderrabatt von 30% auf die Listenpreise gewährt werden soll. Sie legen großen Wert darauf, daß der Liefertermin ... eingehalten wird. Behalten Sie sich das Recht vor, vom Vertrag zurückzutreten, falls die Mäntel nicht dem Muster entsprechen. Sie hoffen aber, daß der Auftrag zu Ihrer Zufriedenheit ausfällt.

5 Die Importfirma Klaasen, Winkelweg 16, 2000 Hamburg 36, hat von der englischen Firma Grant & Clarkson, 132 Mortimer Street, LONDON WI C 37D ein Angebot über Waschmaschinen (washing machines) erhalten. Beantworten Sie das Angebot mit heutigem Datum nach folgenden Angaben:

- den Eingang des Angebots vom ... bestätigen
- Bedauern ausdrücken, daß Sie nicht in der Lage sind, den Bedingungen zuzustimmen, da die Preise zu hoch und daher auf dem hiesigen Markt nicht konkurrenzfähig sind
- Falls jedoch die Preise um £ 35.00 pro Stück gesenkt werden könnten, würden Sie einen Probeauftrag erteilen, vorausgesetzt (provided), daß die Qualität der Waschmaschinen erstklassig ist
- Zum Ausdruck bringen, daß das Angebot einer anderen Firma angenommen wird, falls Grant & Clarkson nicht in der Lage sind, die Waren zu den obigen Preisen zu liefern

6 Übersetzen Sie folgenden Brief:

Sehr geehrte Herren,
vielen Dank für Ihr Angebot vom ... 19... Wir haben es sorgfältig geprüft und freuen uns, Ihnen den folgenden Auftrag zu den in Ihrem Schreiben angegebenen Bedingungen zu erteilen:

10 UF 20 Automatik 200-Liter-Gefrierschränke zu 630,00 DM pro Stück
10 UF 30 Automatik 300-Liter-Gefrierschränke zu 850,00 DM pro Stück

Wir legen großen Wert darauf, daß die Waren innerhalb eines Monats geliefert werden, da die Mehrwertsteuer (value-added tax/VAT) erhöht wird. Weiterhin müssen wir Sie bitten, die beigefügten Versandanweisungen genauestens einzuhalten. Wie vereinbart, erfolgt die Zahlung per Überweisung innerhalb von 30 Tagen nach Lieferungsdatum.

Bestätigen Sie bitte diesen Auftrag sobald wie möglich.
Hochachtungsvoll

4.1.2 Acknowledgement of Order

EURO ELECTRIC LIMITED

38 Silverdale Road
Liverpool
L 1 4EA

Telephone: 051 623 7850
Telex: 584 962
Fax: 051 344 8203

Our ref: FT/JG   Your ref: JM/SP   Date: 21st June, 19..

Messrs John Milligan and Sons
25 Williams Street
CARDIFF
CF1 1UH

Dear Sirs,

Order for electric toothbrushes

We were pleased to receive your order No. 289 for electric toothbrushes. As all items were in stock we have despatched them to you today by parcel post.

We hope that the consignment will arrive in good condition and that we may have the pleasure of further orders from you.

Yours faithfully,

Dear Sirs,

We acknowledge with thanks the receipt of your order No. 651 and will despatch the goods in accordance with your instructions.

Our shipping department is executing your order today, and will let you know when the consignment will reach you.

We hope the goods will arrive safely and in good time and that you will be pleased with them.

Yours faithfully,

Dear Sirs,

We thank you for your order of 15th July for freezers.

In our last letter we stated that estimated delivery would be two weeks after receipt of order. As the present go-slow of all transport workers in Britain is causing some delay in the despatch of a number of our consignments we doubt if we can keep to your delivery date. We assure you that we are doing everything to get the freezers away.

Meanwhile, we apologize for the delay and hope you will understand that it is due to causes beyond our control.

We should appreciate your confirmation that you will accept late delivery.

Yours faithfully,

TELEX

att mr lang

re yr order 5789

pleased to receive yr tlx of today. cfm rcpt of yr order. guarantee despatch within 15 days. exact delivery date flws asap. shipment in accordance with conditions of our offer dated 17 july.

rgds peter johnson

TELEX

Abbreviations Used in Telex Messages

asap	as soon as possible	**rcpt**	receipt
attn	for the attention of	**re**	referring to
cfm	confirm	**rgds**	regards
eta	expected time of arrival	**rpt**	repeat
flws	follows	**thks**	thank you for
ok	agreed/do you agree?	**tlx**	telex
paymt	payment	**u**	you
pls	please	**yr**	your

Guided letter writing

Write a letter using alternative phrases from the pattern below.

Dear	Sir, Madam, Sirs, Mr, Mrs . . . ,

We	acknowledge receipt of thank you for are pleased to acknowledge	your order No. . . .

dated 16th May of November 5	for . . . (goods, quantities, prices).

The	goods consignment	will be	sent despatched shipped forwarded delivered	to you by	road rail parcel post sea air freight	immediately. tomorrow. next week. on June 6th. by June 6th.

We	hope trust	that	the quality of the goods will meet with your approval the consignment will arrive safely	and

induce you to place further orders with us. look forward to receiving your further orders.

Yours faithfully,

Additional useful phrases

1 Openings

We acknowledge with thanks your order of . . .	Wir bestätigen dankend Ihren Auftrag vom . . .
Thank you for your order of 12th August, which is receiving immediate attention.	Wir danken Ihnen für Ihren Auftrag vom 12. August, den wir umgehend erledigen werden.
Your order for . . . is acknowledged with thanks.	Ihr Auftrag über . . . wird von uns dankend bestätigt.

2 Further statements

Your order will be carried out/executed according to your instructions.	Ihr Auftrag wird entsprechend Ihren Anweisungen ausgeführt/erledigt.
Your order has meanwhile been put in hand.	Ihr Auftrag wird inzwischen bearbeitet.

We are pleased to inform you that the goods stated in your order have been despatched today.	Wir freuen uns, Ihnen mitteilen zu können, daß die in Ihrem Auftrag angegebenen Waren heute abgesandt worden sind.
We enclose our invoice and look forward to receiving your payment by the end of this month.	Wir fügen unsere Rechnung bei und sehen Ihrer Zahlung bis spätestens zum Ende dieses Monats entgegen.
We are sorry to have to tell you that we cannot supply the goods you ordered on ... because the goods are out of stock/no longer available.	Es tut uns leid, Ihnen mitteilen zu müssen, daß wir die Waren, die Sie am ... bestellten, nicht liefern können, da die Waren nicht mehr vorrätig sind.
We are extremely sorry that we cannot keep to the delivery date you stipulated in your order.	Wir bedauern es sehr, daß wir das von Ihnen in Ihrem Auftrag festgesetzte Lieferungsdatum nicht einhalten können.
Advance and back orders make it impossible to deliver on time.	Vorbestellungen und unerledigte Aufträge machen es unmöglich, rechtzeitig zu liefern.
Under these circumstances we have to accept your cancellation with regret.	Unter diesen Bedingungen müssen wir Ihren Rücktritt mit Bedauern annehmen.

3 Endings

We hope to have further orders from you.	Wir hoffen, weitere Aufträge von Ihnen zu erhalten.
We hope that the execution of this order will lead to further business.	Wir hoffen, daß die Ausführung dieses Auftrages zu weiteren Geschäften führt.
We trust that the goods will arrive in excellent condition.	Wir hoffen, daß die Waren in ausgezeichnetem Zustand ankommen werden.

Exercises

A Gap Letter Exercise

Fill in the missing words.

1 We thank you for your order ... 20th May ... electric toothbrushes. As the articles are ... stock we will ... them ... parcel post. We hope the ... will arrive ... and that you will ... further orders ... us.

2 We ... receipt of your order of the 8th of this month. Much to our ... we have to inform you that we cannot ... to the promised delivery ... because of the present transport workers' ... Under these ... we would be extremely ... to have to accept your ... We hope that you will understand our situation which is ... to ... beyond our control.

B Further Exercises

1 Stevens & Sons, 4 Victoria Street, MANCHESTER M4 1CA, acknowledge the order from Grüner & Petzel, Südstr. 15, 4400 Münster, Federal Republic of Germany: 20 electric typewriters, Cat. No. 253 at £ 110.00 each. Stevens & Sons will execute the order by the end of the month. Terms of delivery and payment will be accepted as mentioned in the order. They hope that the consignment will arrive safely.

2 Novolux GmbH, Gartenstr. 5, D 4800 Bielefeld, send an acknowledgement to ELO Import Ltd, P.O. Box 250, Colombo/Sri Lanka. The articles are: 100 lighting fittings, Cat. No. 53, prices and discounts as agreed. They announce that the goods will be dispatched by air freight. Invoice in triplicate in DM is enclosed.

3 Read the telex on page 145 and write it out in full, putting in omitted letters and words.

4 Firma Taylor & Son (vgl. S. 143, Aufg. 4) bestätigen den Auftrag der deutschen Firma Dircks & Co. über die 50 Herrenmäntel. Die im Auftrag angegebenen Preise und Lieferungsbedingungen werden akzeptiert. Die Waren sollen nächste Woche verschickt werden, so daß sie früher als vereinbart in Deutschland ankommen werden. Taylor & Son sind sicher, daß die Mäntel genau dem Muster entsprechen und daß sie bei den deutschen Kunden Anklang finden werden.

5 Wandeln Sie den Brief zu Aufgabe 4 in eine Benachrichtigung per Telex um.

6 Euro Electric schreibt an Milligan & Sons, daß sie den Auftrag Nr. 289 über elektrische Zahnbürsten erhalten haben. Sie bedauert jedoch außerordentlich, daß sie die bestellte Type Vitadent L im Moment nicht liefern kann, da keine Lagerbestände mehr vorhanden sind. Die Produktion mußte für 3 Wochen wegen technischer Schwierigkeiten unterbrochen werden. Euro Electric hofft jedoch, innerhalb von 8 Wochen alle Vorbestellungen und unerledigten Aufträge bearbeiten zu können. Euro Electric möchte wissen, ob unter diesen Bedingungen der Auftrag ausgeführt werden soll oder ob Milligan & Sons stornieren wollen.
Trotz dieser unerfreulichen Situation hofft Euro Electric auf weitere gute Geschäftsbeziehungen.

7 Übersetzung
Sehr geehrte Herren,
wir danken Ihnen für Ihren Auftrag vom 6. Januar 19 . . Wir bedauern jedoch, Ihnen mitteilen zu müssen, daß wir den Auftrag nicht zu den angegebenen Preisen ausführen können. Diese Preise sind aus unserer alten Preisliste des vergangenen Jahres entnommen, die in der Zwischenzeit um 5% erhöht wurden. Falls Sie uns trotz dieser Änderung einen Auftrag erteilen, werden wir uns bemühen, die Waren so schnell wie möglich zu versenden.
Wir sind sicher, daß sich die Waren gut auf dem englischen Markt verkaufen lassen.

Wir hoffen, bald von Ihnen zu hören.
Hochachtungsvoll

8 Übersetzung

Sehr geehrte Herren,

wir danken Ihnen für Ihren Auftrag vom 10. Dezember 19 . ., der inzwischen bearbeitet wird. Leider müssen wir Sie darüber informieren, daß wir den von Ihnen angegebenen Liefertermin wahrscheinlich nicht einhalten können, da die Hafenarbeiter (dockers) streiken. Sollten Sie unter keinen Umständen eine Verzögerung akzeptieren wollen, werden wir die Sendung per Luftfracht schicken. In diesem Fall bitten wir um eine kurze Bestätigung per Telex.

Trotz dieser Schwierigkeiten hoffen wir, daß Sie uns weitere Aufträge erteilen werden.

Hochachtungsvoll

9 Bestätigen Sie per Telex, daß die Sendung (Aufgabe 8) per Luftfracht geschickt werden soll.

4.2 Performance of a Contract of Sale

When a contract of sale has been concluded the seller is obliged to deliver the goods at the agreed time. The goods must be exactly of the kind ordered and have to be free from faults. The buyer has to accept the goods and must pay for them in line with the terms of the order, provided that he hasn't got any cause for complaint.

contract of sale / sales contract / sales agreement		
parties:	seller (supplier)	buyer (customer)
obligations:	– deliver the goods – guarantee the goods to be free from faults	– accept the goods – pay for the goods

4.2.1 Delivery

After delivery of the goods the seller usually sends the buyer an invoice. The invoice must give details about the quantity, description of quality of the goods, price per unit and the total amount. At the end of the invoice additional clauses are to be found concerning methods of despatch and terms of payment. A short but polite covering letter may be added.

EURO ELECTRIC LIMITED

E E
L

38 Silverdale Road
Liverpool
L 1 4EA

Lichtstudio B. Lang
Postfach 398

D 4400 Münster

West Germany

15th August, 19..

Dear Sirs,

Your Order No. 2315

We are pleased to inform you that the light fittings ordered by you on 28th July have been despatched by rail today.

Further details are contained in our invoice No. 829 enclosed in duplicate.

We look forward to receiving your payment by bank transfer or cheque.

Yours faithfully,

Encl./Invoice

EURO ELECTRIC LIMITED

E E
L

38 Silverdale Road
Liverpool
L 1 4EA

Lichtstudio B. Lang
Postfach 3 98

D 4400 Münster

West Germany

15th August, 19..

INVOICE NO. 829

Your Order No. 2315

Item	Cat. No.	Quantity	Description	Single Price	Total in £.p
1	L 317	30	fluorescent fittings	10.15	304.50
2	L 125	20	outdoor lanterns	8.00	160.00
3	L 233	20	table lamps	7.85	157.00

Invoice Amount 621.50

per Rail /Carriage paid

Terms: 2 % one month

Bankers: Barclays Bank, Liverpool
1054327

In foreign trade we distinguish between different types of invoices:

- **Commercial Invoice** (Export Invoice)
  This is the official regular invoice showing all the costs of the goods delivered, including freight and insurance.
- **Pro Forma Invoice**
  This is a preliminary invoice stating the value of the goods ordered. The importer may need one to apply for an important license. Sometimes it is used as a request for payment in advance for goods ordered by an unknown customer or a doubtful payer.
- **Consular Invoice**
  Some importing countries may insist on the consignment being accompanied by an invoice certified by their own consulate in the exporting country. It enables the customs officer to charge the correct import duties.

Further documents used in export trade are:

- **Certificate of Origin**
  This certificate states the country of origin of imported goods. It has become important with the growth of the EC which gives privileges to goods of member countries.
- **Bill of Lading** (B/L)
  A Bill of Lading is a document which accompanies consignments by sea.[1] It gives full details of the shipment, weight, marks, numbers and value. There must be three copies: one retained by the seller, one given to the shipping company, one forwarded to the buyer or his bank, and very often there are as many as seven.
  Sometimes the buyer will only get a copy of the B/L against payment. The buyer obtains the goods by presenting his copy to the carrier.
  The B/L is a document of title, which means that it may be used to transfer ownership of the goods from one person to another. A B/L is "clean" if it acknowledges the receipt of the consignment in good condition; it is called "unclean" or "foul" if it mentions any defects in the condition of the goods.
- **Insurance Policy**
  This document gives evidence that the goods are insured against usual risks like average, theft, robbery, pilferage etc.

Specimen Letters

Dear Sirs,

We wish to inform you that we have forwarded today by M. S. "Gloria" 4 cases containing the tools you ordered on 24th September.

Enclosed you will find our invoice amounting to £ 4,215.00. The usual 3 % discount may be deducted if payment is made within 30 days after receipt of goods.

We hope the consignment will reach you in good condition.

Yours faithfully,

---

[1] For transport by road, rail or air = consignment note or waybill

Dear Sirs,

Please find enclosed a copy of the Commercial Invoice covering the consignment of 200 instant calculators.

As agreed, the original shipping documents (commercial invoice in triplicate, consular invoice in duplicate, full set of clean bills of lading and insurance policy) will be handed to you by Deutsche Bank Hamburg on payment of our draft.

Yours faithfully,

Useful Phrases

1 Openings

We are pleased to inform you that the goods you ordered have been despatched by rail / air freight this morning.	Wir freuen uns, Ihnen mitteilen zu können, daß die von Ihnen bestellten Waren heute morgen mit der Bahn/per Luftfracht versandt worden sind.
Thank you for sending us packing and shipping instructions on your order for food mixers.	Wir bedanken uns dafür, daß Sie uns die Verpackungs- und Versandanweisungen für Ihren Auftrag über Futtermischer zugeschickt haben.
We have today despatched by S. S. "Mary" a consignment of ... and enclose shipping documents.	Wir haben heute mit dem Dampfschiff "Mary" eine Sendung über ... abgeschickt und legen die Versanddokumente bei.
Your consignment of toys has been despatched per M. S. "Ruth", due to arrive at Hull on April 24th.	Die für Sie bestimmte Sendung über Spielsachen wurde mit M. S. "Ruth" abgesandt, die am 24. April in Hull ankommen soll.
We wish to confirm despatch of your package of machine tools by Lufthansa flight No. 157 to Dublin today.	Wir möchten den heutigen Versand Ihres Pakets mit Werkzeugmaschinen per Lufthansaflug Nr. 157 nach Dublin bestätigen.

2 Further Statements

We enclose invoice in duplicate (triplicate, quadruplicate, quintuplicate).	Wir legen die Rechnung in zweifacher (dreifacher, vierfacher, fünffacher) Ausfertigung bei.
The enclosed invoice covers goods supplied according to your order No. ... of ...	Die beigefügte Rechnung umfaßt Waren, die entsprechend Ihrem Auftrag Nr. ... vom ... geliefert werden.
The documents have been sent to the Deutsche Bank AG München, from which you will get further information.	Die Dokumente wurden der Deutschen Bank AG München zugesandt, von der Sie weitere Informationen erhalten.
We enclose the bill of lading and shipping documents and hope that you will have no difficulty in disposing of the goods.	Wir legen den Frachtbrief und die Versanddokumente bei und hoffen, daß Sie keine Schwierigkeiten haben werden, über die Waren zu verfügen.

The shipping documents listed below have been delivered to the First National City Bank, New York, together with our draft.	Die unten aufgeführten Versanddokumente sind an die First National City Bank, New York, zusammen mit unserer Tratte geschickt worden.
Please remit the invoice amount by bank transfer to our account with the National Westminster Bank, Birmingham.	Bitte zahlen Sie den Rechnungsbetrag durch Banküberweisung auf unser Konto bei der National Westminster Bank, Birmingham.
We accept cheques for invoices up to the amount of ...	Wir akzeptieren Schecks für Rechnungsbeträge bis ...

3 Endings

We hope that the consignment will arrive safely.	Wir hoffen, daß die Sendung sicher ankommt.
Your advice that the consignment has arrived safely would be appreciated.	Wir würden es zu schätzen wissen, wenn Sie uns benachrichtigten, daß die Sendung sicher angekommen ist. / Wir möchten Sie bitten, uns zu benachrichtigen, ...
We hope that you will be satisfied with this shipment and look forward to further orders from you.	Wir hoffen, daß diese Sendung Sie zufriedengestellt hat, und freuen uns auf weitere Aufträge von Ihnen.

Exercises

1 Grant & Clarkson, 132 Mortimer Street, LONDON W1 37D, advise Klaasen & Co., Winkelweg 16, 2000 Hamburg 36, that their order, dated ... was despatched by M/V "York" leaving for Hamburg the next day. They attach the invoice in triplicate. The shipping documents have been sent to the Deutsche Bank AG Hamburg which will present a 60 d/s draft on Klaasen. They hope that the consignment will arrive in excellent condition.

2 An English firm which is unknown to you has placed an order with you. You want to execute this order. Write a letter enclosing your pro forma invoice. State that the goods will be despatched as soon as you receive advice of payment from your bank.

3 An English exporter informs a German dealer that his order No. 162 for engine parts was despatched by container service via Bremerhaven yesterday. It should arrive by the time the German dealer receives the letter. As agreed, Bremen is inserted as the destination on the Railway Consignment Note. The exporter asks to be advised that the consignment has arrived safely.

4 Draft a telex from the particulars given in exercise No. 3.

5 EURO ELECTRIC LIMITED, Liverpool, schreibt an Bernhard Fuchs & Söhne, Georgstr. 13, 5000 Köln, daß 60 elektrische Zahnbürsten, Type Vitadent L, gemäß Auftrag Nr. 520 heute per Luftfracht versandt wurden. Weitere Einzelheiten können der Rechnung entnommen werden, die in zweifacher Ausfertigung beiliegt. Zahlung soll wie üblich durch Überweisung erfolgen.

6 Grüner & Petzel, Südstr. 15, 4400 Münster, benachrichtigen John Nickels, 288 Bradford Terrace, MANCHESTER M60 2H6, daß die bestellten Waren heute per Bahn verschickt worden sind. Ihrem Schreiben legen Grüner & Petzel folgende Dokumente bei:

- Handelsrechnung Nr. 2588 über 8 590,00 DM in 3facher Ausfertigung
- 1 reingezeichnetes Bordkonnossement
- 1 Bahnfrachtbrief
- 1 Versicherungspolice
- 1 Ursprungszeugnis

Grüner & Petzel bitten John Nickels, den Rechnungsbetrag wie vereinbart auf ihr Konto bei der Dresdner Bank, Münster, zu überweisen.

7 Übersetzung

Sehr geehrte Damen und Herren,

wir freuen uns, Ihnen mitteilen zu können, daß die ersten der von Ihnen bestellten Maschinen heute dem Dampfer „Gloria" zum Versand übergeben worden sind. Das Schiff verläßt Hamburg morgen und soll am 15. d. M. in Dublin ankommen. Die beigefügte Rechnung bezieht sich auf die Positionen 1–10 Ihres Auftrags Nr. 315 vom ...
Die Versanddokumente sind der Irish Commercial Bank zugesandt worden, von der Sie weitere Anweisungen erhalten werden. Geben Sie uns bitte Nachricht, daß die Sendung sicher angekommen ist.
Wir hoffen, daß die Qualität unserer Erzeugnisse Sie auch weiterhin veranlassen wird, mit uns größere Geschäfte abzuschließen.

Hochachtungsvoll

8 Übersetzung

Sehr geehrte Damen und Herren,

vielen Dank dafür, daß Sie uns die Verpackungs- und Versandanweisungen für Ihren Auftrag Nr. 356 vom 03. 08. d. J. zugeschickt haben.
Entsprechend Ihren Anweisungen haben wir heute die Kameras mit dem Lufthansaflug 2581 nach Lagos versandt.
Kosten, Fracht und Versicherung sind von Ihnen zu bezahlen und deshalb in der beigefügten Rechnungskopie einbezogen (included). Die übrigen Dokumente wurden der Trading Bank Lagos zugeschickt, die sie Ihnen bei Zahlung unseres Wechsels aushändigen wird.
Wir hoffen, daß Sie keine Schwierigkeiten haben werden, die Kameras zu übernehmen, und wären Ihnen dankbar, wenn Sie uns den Erhalt der Waren bestätigten.

Hochachtungsvoll

4.2.2 Payment

According to the terms of payment customers usually settle their invoices by transfer, cheque, bill of exchange, letter of credit, documents against acceptance or documents against payment.

If the buyer wants to pay by transfer he orders his bank to remit money from his account to that of the seller. His account will then be debited with the amount whereas the seller's account will be credited with it.

Sometimes a customer pays by cheque. This is a written instruction to his bank to pay money out of his account. The customer who writes out (or draws) the cheque is the drawer, the supplier who gets the money is the payee and the bank on which the cheque is drawn is the drawee. We distinguish between two types of cheque. An **open cheque** can be cashed at the bank by anyone who presents it, whereas a **crossed cheque,** which bears two parallel lines across the face, must be paid into a bank account.

If invoices are settled by bill of exchange (B/E), the seller (drawer) will draw a draft on the buyer (drawee). The seller will order the buyer to pay a certain amount to the person named in the bill (payee), or to his order. In international trade a bill of exchange is payable at sight, i.e. when it is presented to the debtor, or at a certain number of days after sight.

If the drawee does not honour the bill on due date the payee must have it protested for non-payment and can then take legal action against him. In order to avoid such a risk the seller could ask for payment by a confirmed, irrevocable letter of credit (L/C), which is the most widely spread method of payment in foreign trade. Under this agreement the importer instructs his bank to effect payment only when the exporter has given his bank the shipping documents. Usually it is a condition of the credit that the documents shall be released against payment in cash or acceptance. The credit (L/C) is "confirmed" if the exporter's bank guarantees payment; it is "irrevocable" if it cannot be cancelled by the importer.

A Letter of Credit Transaction

IMPORTER asks his BANK in LAGOS to authorize BANK in HAMBURG to pay EXPORTER	EXPORTER "sells" documents to BANK in HAMBURG which sends them to BANK in LAGOS which obtains payment from IMPORTER

This documentary letter of credit is similar to the documentary bill of exchange. In this case payment will be effected by documents against acceptance (D/A). If D/A has been agreed upon, the documents are only handed over to the importer against acceptance of a draft drawn on him by the exporter. This draft usually falls due 30/60/90 days after sight.

Under D/P terms (documents against payment / cash against documents) the documents relating to the shipment are only released to the importer against payment which may be effected cash or by a sight draft.

Task: Summarize the text in English and in German.

Specimen Letters

Buyers write to sellers:

Dear Sirs,

Thank you for informing us that our order No. 3801 for machine tools is ready for shipment.

We have instructed our bank to remit the invoice amount of DM ... to your account with Deutsche Bank Hamburg.

Yours faithfully,

Dear Sirs,

We are pleased to inform you that the consignment - our order No. 4003 - has arrived safely.

In settlement of your invoice we enclose our cheque No. 3875 for DM ... on the Commercial Bank, Manchester.

Please send us your receipt.

Yours faithfully,

Sellers write to buyers:

Dear Sirs,

Thank you for your letter of 25th February for light fittings. All items are now ready for despatch and will be shipped by M/S "Starlight" leaving Hamburg tomorrow.

Enclosed please find shipping documents and our sight draft drawn at 60 days as agreed. Please accept and return it immediately.

Yours faithfully,

Dear Sirs,

We have received your shipping instructions which will be strictly observed.

As agreed, payment should be made by Irrevocable Letter of Credit in our name through the National Westminster Bank, London. As soon the credit has been established the consignment will be shipped and the documents presented to the bank.

Yours faithfully,

Guided letter writing

Write a letter using alternative phrases from the pattern below.

Dear Sirs,

In	settlement of payment of order to settle	your invoice

a)

we have	advised instructed asked	our bank our bankers the National Westminster Bank

to	transfer remit	the	sum amount	of	DM 3,000.00 £ 500.60 $ 1,560.00

to your account	with at	Westdeutsche Landesbank. Barclays Bank Limited.

b)

we enclose our	cheque accepted draft	for amounting to

DM 3,000.00 £ 500,60 $ 1,560.00	on	Deutsche Bank AG Hamburg. the Midland Bank Ltd., Manchester.

c)

we have arranged for an irrevocable L/C

to be opened to be issued	in your favour by (name of the bank).

Yours faithfully,

1 Remittance

We have asked our bank to remit the sum to your account with Westdeutsche Landebank.	Wir haben unsere Bank gebeten, die Summe auf Ihr Konto bei der Westdeutschen Landesbank zu überweisen.
We transferred DM ... to your account yesterday.	Wir haben gestern DM ... auf Ihr Konto überwiesen.
Kindly remit the amount of invoice to Deutsche Bank Hamburg, account No. ...	Bitte überweisen Sie den Rechnungsbetrag zur Deutschen Bank Hamburg, Konto-Nr. ...
We confirm receipt of your remittance of ...	Wir bestätigen den Eingang Ihrer Überweisung vom ...

2 Cheque

Payment will be effected by cheque.	Zahlung wird durch Scheck geleistet.
We enclose a crossed cheque for £ ... on Barclays Bank London.	Wir fügen einen Verrechnungsscheck über £ ... auf die Barclays Bank London bei.
We thank you for your cheque which you sent us in payment of our invoice of ...	Wir danken Ihnen für Ihren Scheck, den Sie uns zur Begleichung unserer Rechnung vom ... gesandt haben.
Our cheque for DM ... drawn on Dresdner Bank settles our account (balance) with you.	Unser Scheck über DM ..., gezogen auf die Dresdner Bank, gleicht unser Konto bei Ihnen aus.

3 Bill of Exchange

We have drawn on you a 3 months' sight draft for DM ... / at 90 days' sight for DM ...	Wir haben einen Dreimonatswechsel/einen Wechsel per 90 Tage in Höhe von DM ... auf Sie gezogen.
Kindly accept the draft and return it as soon as possible / by return of post/ immediately.	Akzeptieren Sie bitte den Wechsel, und schicken Sie ihn so bald wie möglich/ postwendend/unverzüglich zurück.
Please honour our draft when it is presented.	Lösen Sie bitte unseren Wechsel ein, wenn er vorgelegt wird.
The draft for £ ... on Messrs ... has been presented for acceptance.	Die Tratte über £ ..., die auf Firma ... gezogen wurde, ist zum Akzept vorgelegt worden.
We have received your invoice No. ... and agree to accept your draft at 30 d/s for the amount due.	Wir haben Ihre Rechnung Nr. ... erhalten und sind damit einverstanden, Ihre Tratte per 30 Tage in Höhe des fälligen Betrages zu akzeptieren.

4 L/C, D/A, D/P

As requested we have asked the Midland Bank to open an irrevocable credit for £ ... in your favour.	Wie gewünscht, haben wir die Midland Bank gebeten, ein unwiderrufliches Akkreditiv über £ ... zu Ihren Gunsten zu eröffnen.
We have instructed our bank to hand over the shipping documents against acceptance (payment) of our draft.	Wir haben unsere Bank angewiesen, die Verschiffungsdokumente gegen die Annahme (Zahlung) unseres Wechsels zu übergeben.

Our bankers' correspondents in Nairobi will release the documents only on payment of our sight draft for $ ...	Die Geschäftsfreunde unserer Bank in Nairobi werden die Dokumente nur gegen Zahlung unserer Sichttratte über $ ... übergeben.
At the request of Messrs ... we authorize you to draw on us.	Auf die Bitte von Firma ... ermächtigen wir Sie, auf uns einen Wechsel zu ziehen.
Please draw on us for the amount due and attach the shipping documents to your draft.	Bitte ziehen Sie einen Wechsel auf uns in Höhe des fälligen Betrages, und legen Sie die Verschiffungsdokumente Ihrer Tratte bei.

Exercises

1 A German manufacturer has received an order from an unknown American firm. Write a letter to the new American customer and state that the goods ordered are ready for despatch. You will be pleased to arrange shipment on receipt of the customer's remittance as per attached invoice. For further business you suggest payment on a letter of credit basis.

2 A German exporter writes to an overseas buyer. In his letter he refers to the order No. 856 for scientific instruments and advises that he has drawn on the buyer at 90 days' sight for the amount of DM 8,500.00. Invoice covering the whole consignment is enclosed. As agreed, shipping documents and draft have been sent to the First National City Bank, New York.

3 Klaus Becker OHG, Postfach 3567, 4400 Münster, benachrichtigt mit heutigem Datum EURO ELECTRIC LIMITED, 38 Silverdale Road, LIVERPOOL L1 4EA, daß die Sendung gemäß Auftrag Nr. 7859 heute dem Spediteur übergeben wurde. Wie vereinbart, sind die Verschiffungsdokumente sowie die Handelsrechnung in dreifacher Ausfertigung beigefügt. Bitten Sie als Sachbearbeiter(in) für die Becker OHG um Zahlung, sobald die Waren in England angekommen sind. Der Betrag von DM 5 000,00 soll per Überweisung auf das Konto bei der Deutschen Bank, Münster, gezahlt werden. Die Firma Becker ist davon überzeugt, daß die Waren in England einen guten Absatz finden. Weitere Aufträge werden mit der üblichen Sorgfalt ausgeführt.

4 Grüner & Petzel, Südstr. 15, 4400 Münster, bestätigen der Lieferfirma Stevens & Sons, 4 Victoria Street, MANCHESTER M4 1CA, die sichere Ankunft einer Sendung von 20 Schreibmaschinen. Um das Konto auszugleichen, fügen sie einen Scheck über DM 4 990,00 auf die Commerzbank Münster bei und bitten um Empfangsbestätigung.

5 Geben Sie als Sachbearbeiter der Deutschen Bank AG, Frankfurt, der Firma J. Brown, 7 Cheshire Road, LIVERPOOL L70 1AD, schriftlich folgende Information: Die Firma Hoffbrink, Lindenweg 15, 6000 Frankfurt 50, hat veranlaßt, daß die Deutsche Bank J. Brown berechtigt, Wechsel auf sie bis zu einer Höhe von £ 8 000,00 mit einer Laufzeit von 2 Monaten zu ziehen. Konnossement, Versicherungspolice und Handelsfaktura in dreifacher Ausfertigung müssen der Commercial Bank in Liverpool vorgelegt werden, die angewiesen wurde, sie anzukaufen.

6 Please translate:

a) Heute morgen haben wir einen Verrechnungsscheck über £ 3000,00 auf die Midland Bank Ltd., Manchester, gezogen. Wir fügen diesen Scheck zum Ausgleich unseres Kontos (bei Ihnen) bei. Bitte bestätigen Sie den Empfang.

b) Vielen Dank für Ihre Anzeige, daß die Sendung – unser Auftrag Nr. 782 – den Spediteuren übergeben wurde. Wir haben unsere Bank beauftragt, die fällige Summe auf Ihr Konto bei der Barclays Bank zu überweisen.

c) Wir beziehen uns auf Ihren Auftrag Nr. 375 über 50 Sommerkleider (summer dresses). Wir haben auf Sie einen Zweimonatswechsel in der Höhe von DM 9000,00 gezogen und bitten Sie, die Tratte zu akzeptieren und sie umgehend zurückzusenden.

d) Wir freuen uns, Ihnen mitteilen zu können, daß die bestellten Waren heute zum Versand übergeben worden sind. Als Anlage erhalten Sie eine Rechnungskopie, über deren Betrag wir eine Tratte auf Sie gezogen haben. Die Tratte und die Dokumente werden an die Lloyd's Bank weitergeleitet, die angewiesen wurde, die Papiere nur gegen Ihr Akzept auszuhändigen.

e) Wir bestätigen den Empfang Ihrer Versandanzeige vom 3. März. Wir schlagen vor, daß die Zahlung der Ware auf der Basis eines unwiderruflichen bestätigten Akkreditivs erfolgt, das zu Ihren Gunsten bei Ihrer Bank eröffnet wird. Bitte geben Sie Nachricht, ob Sie diese Zahlungsweise akzeptieren, so daß wir unsere Bank entsprechend (accordingly) instruieren können.

7 Find out different meanings of the word "draft" as a verb or noun. Make sentences and give a German translation if necessary. Do the same with the word "release".

8 Form sentences with the following words and expressions.
to pay by cheque, payment in advance, to settle an invoice, to be credited with, to cash, crossed cheque, acceptance, payee, drawee, in our favour, sight draft, payment by instalments, to fall due on, to remit an amount, to transfer DM 2000.00 to, to be payable, to effect payment, to release documents, to pay money into a bank account, to withdraw money from a bank account, to overdraw an account.

9 A phone call
An American importer rings you up. Your employer is a German manufacturer (cf. Exercise 1) and you work in the Sales Department. The American customer says that he remitted the amount due 3 weeks ago but he has not yet received the consignment. He wants to know whether your account has been credited with the invoice amount. He needs the goods urgently. You know that the goods were despatched yesterday. Say that further business should be done on a letter of credit basis. The American importer would like to avoid delays in delivery and asks whether you could offer another method of payment. You may suggest D/A. Simulate the dialogue and invent further details. There may also be a telephonist connecting the American customer with your department.

4.3 Non-Performance of a Contract of Sale

The non-performance of a contract of sale occurs when sellers or buyers fail to meet their obligations. If the seller doesn't deliver the goods as agreed, the buyer will complain about the kind of mistake or non-fulfilment. If on the other hand the buyer doesn't pay for the goods, the seller usually will have to remind him of the amount overdue.

4.3.1 Complaints

Mistakes in business may happen every day and give cause for complaint. In spite of all possible care and attention a consignment sometimes arrives too late, or the goods may be defective, damaged or spoilt. It is also possible that the quality of the goods is not satisfactory or that the wrong goods have been sent. In all cases the customer should explain his complaint exactly and state clearly what claims he has to make. In some cases it may be good to phone the customer before writing a letter. If the complaint is justified, the seller should try to satisfy the customer by offering a fair adjustment. In many cases the trouble is settled by a compromise. To handle complaints requires a lot of tact by both parties.

complaints	**possible suggestions or claims**
delay in delivery or non-delivery	– fix a time-limit – demand immediate delivery – claim damages – cancel the order
defective/damaged goods	– reduction in price – repair of the goods – replacements for the goods
quality not satisfactory/ not up to sample	– allowance (reduction in price) – replacements for the goods – cancel the order
wrong/unsalable goods	– allowance – reject the goods – hold the goods at the supplier's disposal – replacements for the goods

Task: Give a summary on the subject "Complaints and how to handle them".

Conversation

An English importer complains about delay in delivery of spare parts for freezers.

Telephonist:	Apparatebau Frömmig
Importer:	Good morning. Can I speak to Mr Walter, please.
Telephonist:	Yes, sir. Who's calling, please?
Importer:	This is Cooper of the Continental Import Agency in Manchester.
Telephonist:	One moment, Mr Cooper. I'll put you through to Mr Walter.
Walter:	Good morning Mr Cooper. What can I do for you?
Cooper:	I'm phoning about our urgent order for spare parts concerning UF 30 automatic freezers. We were promised delivery a week ago, and they still haven't arrived.
Walter:	I'm sorry to hear that. Erm ... I remember the order. Have you received an invoice?
Cooper:	Yes, we have. And we won't pay it until we get the goods.
Walter:	Of course not, Mr Cooper. I really do understand that this is an inconvenient situation for you. I'll look into the matter at once. Could you give me the invoice number?
Cooper:	Certainly. It's RA 5785. Our customers are getting nervous, they demand early delivery, and I hope this isn't going to be a long wait.
Walter:	As far as I know this order has already been executed. However it is possible that our packing department made a mistake. In any case I will see to it myself that the spare parts reach you by the end of this week at the latest. Would that be o.k.?
Cooper:	That sounds reasonable. Could you let us have information about the reason for the delay and how you will settle this matter?
Walter:	Sure. I'll ring you back or write a short letter.
Cooper:	Right. I look forward to hearing from you.
Walter:	And please accept my apologies for the delay.
Cooper:	That's all right. Let's hope we receive the consignment by the end of the week.
Walter:	Well, goodbye then, Mr Cooper.
Cooper:	Goodbye.

Exercises

1 Read the dialogue and try to simulate it using your own words as far as possible.

2 Invent another phone call and complain about cassette recorders which do not record from radio.

Useful phrases

Here are some phrases you can use in a conversation when making a complaint:
- I'm ringing about ...
- I'm disappointed / not happy with ...
- I'm afraid I've got a complaint to make. It's about ...
- What are you going to do about it?
- I quite understand, but this isn't the first time

Phrases for reacting to complaints in a conversation:
- Oh dear, I'm sorry about that
- I really must apologize for this
- Please accept our apologies for the inconvenience caused
- I'm really very sorry, but these things are quite beyond our control
- I can't understand how that could have happened
- Well, there's nothing I can do about that, I'm afraid

The same afternoon Herr Walter dictates the following letter:

Dear Mr.Cooper,

Referring to our telephone conversation this morning I would like to inform you that your order has been sent to a customer in France because a warehouse clerk made an error when addressing the parcels.

I have instructed the packing department to treat your order with absolute priority so that the consignment should reach you by the end of this week as I promised.

Once again I must apologize for the inconvenience caused to you.

Yours sincerely,

H. Walter

H. Walter

Delay in delivery

15th November 19..

Dear Sirs,

On October 6th we placed an order with you for 30 track suits. We agreed that delivery of the sportswear should be effected by the end of the month.

When I telephoned on November 2nd to ask about the track suits I was told that they were expected shortly. As the consignment has not arrived yet we must ask you to despatch it without further delay.

Should you fail to deliver within two weeks, we shall have to cancel the order.

Yours faithfully,

Reply to above

November 20, 19..

Dear Sirs,

We thank you for your letter of November 15 regarding the late delivery of your order for 30 track suits.

Unfortunately our overseas supplier had difficulties in meeting the heavy demand for these articles, but we are pleased to say that the track suits are now ready for despatch. As your order is treated with absolute priority the consignment should reach you within 4 days.

Please accept our apologies for this delay. In the future we will do our best to ensure prompt delivery of your orders.

Yours faithfully,

Damaged goods

15th April 19..

Dear Sirs,

We refer to our order No. 815 for radio cassette recorders which arrived here today.

On unpacking the cases we found that the 10 recorders in case No. 2 were badly dented and therefore unsalable. We are sure that this damage is due to rough handling in transit.

Please send us replacements for these recorders at your earliest convenience and instruct us by return which steps you are going to take.

Yours faithfully,

Reply to above

April 19th, 19..

Dear Sirs,

We acknowledge receipt of your letter dated 15th April and regret to hear that case No. 2 was found damaged on arrival.

We immediately contacted our insurance company and ask you to hold the damaged items at our disposal until you receive further instructions.

A replacement for the unsalable recorders will be shipped tomorrow. We hope that this case will arrive in good condition.

Yours faithfully,

1 Delay in delivery or non-delivery

We regret to inform you that the goods have not been delivered on time.	Wir bedauern, Ihnen mitteilen zu müssen, daß die Waren nicht pünktlich geliefert wurden.
The goods we ordered from you have not yet arrived.	Die bei Ihnen bestellten Waren sind noch nicht angekommen.
In response to our order of ... we received neither the goods nor a reply from you.	Auf unsere Bestellung vom ... haben wir weder die Waren noch eine Antwort von Ihnen erhalten.
We must ask you to look into the matter at once and let us know the reason for the delay.	Wir müssen Sie bitten, der Angelegenheit sofort nachzugehen und uns den Grund für die Verzögerung wissen zu lassen.

2 Defective/damaged goods

Much to our regret we have to inform you that your consignment has not turned out to our satisfaction.	Zu unserem Bedauern müssen wir Ihnen mitteilen, daß Ihre Sendung nicht zu unserer Zufriedenheit ausgefallen ist.
On unpacking the case we discovered that the goods had been damaged in transit.	Beim Auspacken der Kiste entdeckten wir, daß die Waren auf der Überfahrt beschädigt wurden.
Unfortunately we must complain about the damage of case No. ...	Leider müssen wir uns über die Beschädigung der Kiste Nr. ... beschweren.
The goods are slightly (badly) damaged/bent/broken/dented/scratched/smashed/torn/soiled.	Die Waren sind leicht (schwer) beschädigt/verbogen/gebrochen/verbeult/verkratzt/zerbrochen/zerrissen/verschmutzt.
The damage is due to rough handling/unsuitable (faulty) packing.	Der Schaden ist auf unsachgemäße Behandlung/ungeeignete (mangelhafte) Verpackung zurückzuführen.
The goods were exposed to heat/cold/damp/water.	Die Waren waren Hitze/Kälte/Feuchtigkeit/Wasser ausgesetzt.

3 Quality not satisfactory

The consignment has given cause for complaint.	Die Sendung hat Grund zur Beanstandung gegeben.
When we examined the goods despatched by you on ... we found that ...	Als wir die Waren überprüften, die Sie am ... versandt haben, stellten wir fest, daß ...
Your consignment does not correspond to the quality we ordered.	Ihre Sendung stimmt nicht mit der Qualität überein, die wir bestellt haben.
The goods are not up to sample.	Die Waren entsprechen nicht dem Muster.
The goods are not representative of the sample you sent us.	Die Waren entsprechen nicht dem Muster, das Sie uns geschickt haben.
The goods are unsatisfactory/of inferior quality/partly spoilt.	Die Waren sind unzureichend/von minderer Qualität/teilweise verdorben.

4 Wrong goods/quantities

When packing the goods your despatch department must have made a mistake.	Beim Verpacken der Waren muß Ihrer Versandabteilung ein Fehler unterlaufen sein.
On opening the cases we found that we had received the wrong goods/that the goods were obviously intended for another buyer.	Beim Öffnen der Kisten stellten wir fest, daß wir die falschen Waren erhalten hatten/daß die Waren offensichtlich für einen anderen Käufer gedacht waren.
We have received a misdirected consignment.	Wir haben eine fehlgeleitete (falsch adressierte) Sendung erhalten.
We have noticed a shortage in weight of . . .	Wir haben ein Fehlgewicht von . . . festgestellt.
We found that you haven't sent the quantities ordered.	Wir stellten fest, daß Sie nicht die bestellten Mengen geschickt haben.

5 Letter endings/claims

Unless your consignment arrives here by October 15th, we shall have to cancel the order.	Falls die Sendung hier nicht bis zum 15. Oktober ankommt, werden wir gezwungen sein, den Auftrag zu widerrufen.
Should you fail to deliver the goods by . . ., we shall have to cancel the order.	Sollten Sie nicht in der Lage sein, die Waren bis zum . . . zu liefern, werden wir den Auftrag annullieren müssen.
As these goods are unsalable we have to hold them at your disposal.	Da diese Waren unverkäuflich sind, müssen wir sie zu Ihrer Verfügung halten.
Please send us replacements for these goods as soon as possible.	Senden Sie uns bitte so bald wie möglich Ersatz für diese Waren.
We shall be glad to learn that you are prepared to grant some allowance for the inferior quality of the . . .	Wir würden Ihre Mitteilung begrüßen, daß Sie bereit sind, für die minderwertige Qualität der . . . einen Nachlaß zu gewähren.
We are ready to keep the consignment, if you grant a reduction of 30% on the list prices.	Wir sind bereit, die Sendung zu behalten, falls Sie einen Preisnachlaß von 30% auf die Listenpreise gewähren.
As we have no use for such inferior quality we must reject/return the goods.	Da wir für eine derart minderwertige Qualität keine Verwendung haben, müssen wir die Waren zurückweisen/zurückschicken.
We claim damages/We hold you liable for the loss sustained.	Wir verlangen Schadensersatz/Wir machen Sie für den erlittenen Schaden haftbar.

6 Replying to complaints

We apologize for the inconvenience caused to you.	Wir entschuldigen uns für die Unannehmlichkeiten, die wir Ihnen bereitet haben.
Replacements for the faulty goods were despatched to you yesterday.	Ersatzlieferungen für die mangelhaften Waren wurden gestern an Sie versandt.
We are prepared to exchange the goods for those of another quality.	Wir sind bereit, die Waren gegen solche einer anderen Qualität umzutauschen.
We offer you a reduction of . . .	Wir bieten Ihnen einen Nachlaß von . . . an.

We are willing to make the necessary repairs free of charge.	Wir sind bereit, die notwendigen Reparaturen kostenlos durchzuführen.
We hope that you can agree to the adjustments suggested by us.	Wir hoffen, daß Sie den von uns vorgeschlagenen Regulierungen zustimmen können.
We trust that you will have no further cause to complain.	Wir hoffen, daß Sie keinen weiteren Grund zur Beschwerde haben.
In this case we cannot assume any liability.	In diesem Fall können wir keinerlei Haftung übernehmen.
Since the delay is beyond our control we regret having to reject your claims.	Da diese Verzögerung außerhalb unserer Kontrolle liegt, müssen wir zu unserem Bedauern Ihre Ansprüche zurückweisen.
Under these circumstances we have to accept your cancellation with regret.	Unter diesen Umständen müssen wir Ihren Rücktritt mit Bedauern akzeptieren.

Exercises

1 Please complete the following letters.

a) Dear Sirs,

Much to our ... we have to ... you that your consignment has given cause for ...... unpacking the cases we ... that 5 recorders show scratches. We think that this ... is due to careless ... in the warehouse.

Please send us ... as soon as possible.

b) Dear Sirs,

We have ... your letter of June 16 and are sorry to hear that the last ... arrived partly ... Replacements for the scratched recorders have been ... to you this morning. We hope that they will ... in good condition. Please return the damaged ... and accept our ... for the ... caused to you.

2 Menze & Co., Lindenstr. 40, 6000 Frankfurt a. M. 50, had made an order for cotton shirts. The English suppliers Taylor & Son Ltd., 235 Park Street, LONDON EC 4P 432 sent sport shirts which were apparently intended for another buyer. Menze & Co. want to know what they should do with the wrong goods. They also ask for replacements as soon as possible as the cotton shirts are urgently wanted.

3 Gebr. Wolf OHG, Nordstr. 8, 5000 Köln 1, placed an order for 40 vacuum cleaners with EURO ELECTRIC LTD, 38 Silverdale Road, LIVERPOOL L1 4EA. Delivery was promised by the end of last month. The vacuum cleaners haven't arrived yet, nor has there been any notice of shipment. Gebr. Wolf write a letter to EURO ELECTRIC LTD and point out that EURO ELECTRIC have always kept the delivery dates before. This is the first time Gebr. Wolf have cause for complaint. They expect that EURO ELECTRIC will do their best to ensure that the consignment will arrive soon.

4 EURO ELECTRIC beantwortet das obige Schreiben in höflicher Form. Der Verkaufsleiter entschuldigt den Lieferungsverzug. Grund ist ein Fehler in der Versandabteilung. Die Sendung ist heute verschickt worden. In Zukunft wird man dafür sorgen, daß ein solcher Fehler nicht wieder vorkommt.

5 Die Importgesellschaft Klaasen, Winkelweg 16, 2000 Hamburg 36, hat der englischen Firma Grant & Clarkson, 132 Mortimer Street, LONDON W1 C37D, einen Auftrag über Waschmaschinen erteilt. Die Sendung trifft beschädigt in Hamburg ein. Schreiben Sie als Beauftragter von Klaasen mit heutigem Datum an die englische Firma nach folgenden Angaben:

- Eingang der avisierten Sendung bestätigen
- Bedauern ausdrücken, daß die Sendung Anlaß zur Beanstandung gibt, da sie zum Teil beschädigt angekommen ist
- 3 Geräte weisen erhebliche Beschädigungen auf, die nach Meinung von Klaasen auf unsachgemäße Behandlung während der Überfahrt zurückzuführen sind
- Bei zwei weiteren Geräten, deren Verpackung unbeschädigt geblieben war, wurde festgestellt, daß die Motorpumpe (motor-driven pump) nicht richtig arbeitet
- Ein Gerät weist lediglich leichte Kratzer auf, die durch nicht sachgemäße Verpackung entstanden sind. Dieses Gerät könnte bei einem Nachlaß von 10% behalten werden
- Für die anderen beschädigten Geräte um baldige Ersatzlieferungen bitten

6 Grant & Clarkson antworten 8 Tage später.

- Sie bedanken sich für den Brief und entschuldigen sich für die verursachten Unannehmlichkeiten
- Mitteilung, daß sofort eine Ersatzlieferung geschickt wird. Die Hamburger Firma möge die unverkäuflichen Waren zur Verfügung halten
- In den nächsten Tagen wird ein Vertreter nach Hamburg kommen, um die beschädigten Maschinen zu überprüfen und um weitere Einzelheiten zu regeln
- Hoffnung ausdrücken, daß sich in Zukunft kein weiterer Anlaß zu Beanstandungen ergeben wird

7 Die Herbert Frank KG, Große Gasse 8, 2800 Bremen 1, hat von der englischen Firma Taylor & Son Ltd, 235 Park Street, LONDON EC 4P 432, 30 Herrenmäntel erhalten. Schreiben Sie als Sachbearbeiter der Frank KG nach folgenden Angaben eine Mängelrüge:

- Ankunft der Sendung (Auftrag Nr. 745) bestätigen
- Der Auftrag wurde leider nicht zufriedenstellend ausgeführt. Bei Prüfung der Waren wurden Mängel festgestellt
- 15 Mäntel entsprechen hinsichtlich der Qualität nicht den Mustern
- Zum Vergleich werden einer dieser Mängel und das Stoffmuster geschickt
- 5 Mäntel weisen Risse auf, die bereits bei der Produktion entstanden sein können
- Bereitschaft zeigen, die Mäntel schlechterer Qualität bei einem angemessenen Preisnachlaß zu behalten
- Die 5 Mäntel mit den Rissen sind jedoch unverkäuflich und müssen zurückgewiesen werden

8 Taylor & Son Ltd antworten:

- Bedauern über die mangelhafte Lieferung zum Ausdruck bringen
- Bitte, die unverkäuflichen Mäntel zurückzuschicken; Ersatzlieferung hierfür bereits veranlaßt
- Bereitschaft ausdrücken, für die 15 Mäntel, die nicht dem Muster entsprechen, einen Preisnachlaß von 30% zu gewähren
- Falls dies nicht akzeptiert werden kann, besteht die Bereitschaft, diese Mäntel ebenfalls auszutauschen
- Wunsch ausdrücken, daß diese Angelegenheit so bald wie möglich zur vollen Zufriedenheit erledigt werden sollte

9 Please translate.

a) Sehr geehrte Damen und Herren,
am 20. März haben wir Ihnen einen Auftrag über 30 Staubsauger erteilt. Es war vereinbart, daß die Lieferung spätestens bis Ende April erfolgen sollte. Am 5. Mai beschwerten wir uns über die nicht erfolgte Lieferung und baten Sie, die Waren unverzüglich zu versenden. Wir wiesen darauf hin, daß wir den Auftrag kündigen würden, falls die Waren nicht spätestens am 20. Mai hier ankommen sollten.
Da wir bis heute weder eine Antwort noch die Waren erhalten haben, sehen wir uns gezwungen, den Auftrag zu annulieren. Gleichzeitig behalten wir uns das Recht vor, Sie für den erlittenen Schaden haftbar zu machen.
Hochachtungsvoll

b) Sehr geehrte Damen und Herren,
wir bestätigen den Empfang Ihres Schreibens vom 21. Mai. Der Lieferungsverzug lag außerhalb unserer Verantwortung und ist auf einen zweimonatigen Streik in der Herstellerfirma zurückzuführen. Da wir hierfür keine Haftung übernehmen können, müssen wir Ihre Ansprüche zurückweisen.
Die Kündigung Ihres Auftrages hingegen müssen wir unter diesen Umständen mit Bedauern annehmen.
Hochachtungsvoll

10 Draft a phone call.
(Lesen Sie bitte die Übungen 3 und 4 dieser Lektion.)
Gebr. Wolf haben die Staubsauer inzwischen erhalten, sind aber mit der Lieferung unzufrieden.
Rufen Sie für Gebr. Wolf bei EURO ELECTRIC LTD an. Die Kontrollampen aller gelieferten Staubsauger leuchten nicht auf, wenn die Geräte in Betrieb sind (control lamps do not light up in operation).
Der Verkaufsleiter von EURO ELECTRIC LTD schlägt vor, die Geräte zurückzuschicken, um sie zu reparieren. Selbstverständlich werden die entstandenen Verpackungs- und Versandkosten dem Konto von Wolf gutgeschrieben. Einigen Sie sich während des Gespräches. Erfinden Sie weitere Einzelheiten.

4.3.2 Reminders

Some customers overlook the date of payment and have to be reminded of the amount due. This is usually done by a copy of the invoice, a printed notice or a letter written in a polite and friendly tone.
If the customer does not answer in reply to this reminder, the seller will write again in a polite but firmer tone. If that does not work, the following letter will be an urgent request for payment. In the last reminder the seller demands payment and warns the customer that the services of a collection agency will be used or that legal action must be taken unless the amount overdue is received by a certain date. The increasingly urgent reminders are also called collection letters or dunning letters.

Specimen Letters

First reminder

Dear Sirs,

May we draw your attention to our enclosed statement, which shows that your account is unbalanced?

We should be very much obliged if you would send us your remittance as soon as possible.

Yours faithfully,

Enclosure

Second reminder

Dear Sirs,

We refer to our September statement sent to you on the 15th October showing a balance of £3,894.13 in our favour.

We shall appreciate it if you will send your remittance within 10 days.

Yours faithfully,

Third reminder

Dear Sirs,

With reference to our letter of 2nd November asking for payment of the overdue balance of £ 3,894.13 we regret that we have not yet received your remittance.

As we cannot extend credit indefinitely we must insist on receiving payment by 30th November.

In any case, we should appreciate a letter from you to explain the delay.

Yours faithfully,

Last reminder / final demand

Dear Sirs,

We regret that our repeated requests for payment of the £ 3,894.13 owed us since 30th September have been ignored by you.

We now inform you that we shall take legal action if you do not effect payment by 15th December.

Yours faithfully,

Exercises

Study the if-clauses used in the letters above.

1 Polite and friendly request

We *should* be very much obliged	if you *would* send us your remittance as soon as possible.

2 Polite but firm request

We *shall* appreciate it	if you *will* send your remittance within 10 days.

Use the prompts below and make

a) polite and friendly requests

b) polite but firm requests

obliged	/ send us your remittance soon
appreciate it	/ send your remittance within 10 days
pleased	/ adjust your account accordingly
glad	/ explain the delay
grateful	/ send us your cheque by return
pleased	/ pay the amount due

3 Demand

We shall take legal action	if you do not effect payment by 15th December.

or:

We shall take legal action	unless you effect payment by 15th December.

Make sentences according to the patterns above using the prompts given below.

take legal action	/ you transfer the amount due
turn the matter to our legal department	/ you settle the balance at once
have to end our business relations	/ we receive your cheque
charge you 9% interest on arrears	/ you remit the invoice amount
be forced to take legal steps	/ we hear from you by the end of this month
have the amount collected through a collection agency	/ we receive your immediate answer

Further Phrases

Here are some further useful phrases. Write them down again in 3 groups.

Group 1 for first reminders / polite and friendly requests,
group 2 for second reminders / polite but firm requests,
group 3 for third and final reminders / urgent requests and demands.

We shall have to turn the matter over to our lawyer.	Wir werden die Angelegenheit unserem Rechtsanwalt übergeben müssen.
We should appreciate it if you would settle our invoice as soon as possible.	Wir wären Ihnen dankbar, wenn Sie unsere Rechnung so bald wie möglich begleichen würden.
We are still without a reply to our letter of ...	Auf unser Schreiben vom ... haben wir noch keine Antwort erhalten.
Our repeated applications/requests for payment have been ignored by you.	Unsere wiederholten Mahnungen/Zahlungsaufforderungen haben Sie nicht beachtet.

We hope to receive your cheque by return.	Wir hoffen, Ihren Scheck umgehend zu erhalten.
We shall be grateful if you will balance your account soon.	Für einen baldigen Ausgleich Ihres Kontos wären wir dankbar.
May we draw your attention to our invoice of ...	Dürfen wir Ihre Aufmerksamkeit auf unsere Rechnung vom ... lenken?
We must ask you to send us your remittance within the next days.	Wir müssen Sie darum bitten, uns Ihre Überweisung in den nächsten Tagen zukommen zu lassen.
Please give the matter your immediate attention and let us have your payment by 15th October.	Bitte richten Sie Ihre sofortige Aufmerksamkeit auf diese Angelegenheit, und nehmen Sie Ihre Zahlung bis zum 15. Oktober vor.
We have not received any reply to our two previous requests of ...	Wir haben bisher keine Antwort auf unsere zwei vorausgegangenen Nachfragen (Aufforderungen) erhalten.
According to our conditions of sale your remittance was due at the end of September.	Entsprechend unseren Verkaufsbedingungen war Ihre Zahlung Ende September fällig.
You seem to have overlooked your overdue account.	Sie scheinen die überfällige Rechnung übersehen zu haben.
Unless payment is received by 15th May, we shall be forced to take legal action.	Falls die Zahlung nicht bis zum 15. Mai eingeht, sind wir gezwungen, gerichtlich gegen Sie vorzugehen (Sie zu verklagen).

4 The invoice which Gebr. Wolf OHG, Nordstr. 8, 5000 Köln 1, sent to EURO ELECTRIC LTD, 38 Silverdale Road, LIVERPOOL L1 4EA, was due to be paid by 30th September. Amount: DM 4,500.00. On 15th October Gebr. Wolf write to EURO ELECTRIC asking them for payment of the amount overdue.

5 EURO ELECTRIC answer the letter above and apologize for the delay. Reason: invoice was misplaced. They have instructed their bankers today to transfer the sum to the account of Gebr. Wolf.

6 Stevens & Sons, 4 Victoria Street, MANCHESTER M4 1CA, have not answered the polite and friendly request for payment which Grüner & Petzel, Südstr. 15, 4400 Münster, sent them.
Amount: DM 5,340.00.
Due: 5 weeks ago.
First reminder two weeks ago.
Write a second reminder. Request payment within 10 days.

7 Stevens & Sons antworten auf das Schreiben von Grüner & Petzel (Übung Nr. 3) wiederum nicht. Entwerfen Sie einen weiteren Mahnbrief, in dem Sie sich auf die vorangegangenen Schreiben beziehen. Der längst fällige Betrag von DM 5.340,00 ist bis heute nicht eingegangen. Setzen Sie eine letzte Frist von 7 Tagen und drohen Sie gerichtliche Schritte an, falls das Konto bis zum gesetzten Termin nicht ausgeglichen ist.

8 Chesney & Co, 54 Allen Road, Beckenham/Kent, wendet sich an Gerhardsen und Co, Walsroder Weg 34, 2800 Bremen:

- Bezug zur Lieferung von 150 Modellbaukästen laut Bestellung vom 27. März
- Gesamtbetrag der Rechnung: £ 4.500,00
- Fälligkeit: 30. April
- Verwunderung, daß Rechnung bisher noch nicht beglichen wurde, da bisher alle Rechnungen sehr pünktlich bezahlt wurden
- auf Grund der guten Geschäftsbeziehungen Frist bis 20. Mai
- Hinweis auf Geschäftsbedingungen
- Vertrauen, daß nur Versehen vorliegt und Kunde innerhalb der Frist bezahlen wird

9 Hugo Thal GmbH, Im Kuniberg 79, 4350 Recklinghausen, schreibt an Fulwood Super Bikes, 203 Garstang Road, Fulwood, Preston/Lancs., PR2 4IQ:

- Hinweis auf Brief vom 21. Januar mit Mahnung zur Begleichung der Rechnung für Ergänzungslieferung
- Verweis auf prompte Erledigung der Beanstandungen
- Bezug zur zusätzlichen Lieferung der Fahrräder in der Farbe weiß
- Rechnungsbetrag bisher immer noch nicht eingegangen
- letzte Frist bis 1. März
- wenn bis dahin keine Überweisung des Rechnungsbetrages, gerichtliche Schritte

10 Translate the following letters.

a) Wir möchten Sie auf unsere Rechnung vom 6. Mai 199 . aufmerksam machen. Wahrscheinlich haben Sie übersehen, daß das Konto unausgeglichen ist.
Wir wären Ihnen sehr dankbar, wenn Sie diese Angelegenheit so bald wie möglich erledigen könnten. Sollte jedoch Ihre Überweisung bereits erfolgt sein, betrachten Sie bitte dieses Erinnerungsschreiben als nicht abgeschickt (disregard).

b) Wir haben immer noch keine Antwort von Ihnen auf unser Schreiben vom 11. 8. erhalten. Gemäß unseren Verkaufsbedingungen war der Rechnungsbetrag bereits Ende Juni fällig.
Wir würden es begrüßen, wenn Sie uns Ihren Scheck umgehend zukommen ließen und uns den Verzug erklärten.

c) Wir beziehen uns auf unsere mehrfachen Aufforderungen zur Zahlung des längst überfälligen Betrages.
Da Sie bis heute weder geantwortet noch bezahlt haben, sehen wir uns gezwungen, gerichtlich gegen Sie vorzugehen, falls wir Ihre Überweisung nicht spätestens bis zum 10. Dezember erhalten haben.
Wir hoffen sehr, daß Sie sowohl uns als auch sich selbst weitere Unannehmlichkeiten ersparen wollen.

4.4 Status Inquiry and Credit Information

When goods are sold for cash there is no need for the seller to obtain any information concerning the financial position and credit standing of the buyer. But very often goods are sold on credit. This means that the buyer is granted a period of time in which he has to pay the invoice. Selling on credit, however, exposes the seller to the risk of non-payment. If the customer has done business with the seller for a long time, the risk is usually not taken. But the risk may be very great if the customer asking for credit or giving the order is unknown to the seller. In order to diminish the risk of non-payment the creditor must have some information about the new customer's financial reputation, the extent of his business and whether he pays his accounts promptly. The seller can obtain this information from references given by the customer himself, bankers or credit inquiry agencies such as *Schimmelpfeng* in Germany.

When a status inquiry (or: credit inquiry) is written, the inquirer usually assures that any information given will be treated in strictest confidence and that he is willing to render a similar service in return. To give favourable information about a firm presents no problem, but where the report is unfavourable, the reply calls for the utmost care. In such reports the name of the firm in question is very often not mentioned. An unfavourable opinion is usually expressed in rather general terms because there are strict rules which protect individuals against defamation, slander and libel. Some people refuse to give information. Probably they are not willing to write an unfavourable report, or they don't know the firm in question well enough to be able to provide information.

Exercises

1 Explain what is meant by selling goods on credit.

2 Describe situations where there may be a great risk of non-payment.

3 When is the risk of non-payment usually avoided?

4 Where can you get information to diminish the risk of non-payment?

5 Why do some businesses refuse to give information?

Request for information

Dear Sirs,

Confidential

Messrs Walker Bros., 23 Harbour Street, Hull, Yorkshire M3 5AP, have given us your name as a reference. This firm has placed a first order with us amounting to £ 980.

We should be very obliged if you would inform us about their reputation and wether in your opinion a credit of this amount could be safely granted.

You can be sure that any information you may give us will be treated in strictest confidence, and we shall be glad to reciprocate the favour at any time.

Yours faithfully,

Favourable information

Dear Sirs,

Private and Confidential

We have received your letter dated May 5 requesting information about Messrs Walker Bros., Hull.

We are pleased to say that the firm in question enjoys a good reputation in business circles. It is flexibly managed by 3 brothers who have always met their obligations as far as our information goes. We have been doing business with them for 6 years now and are completely satisfied in all respects. Therefore we would not hesitate to grant them the credit they have asked for.

This information is strictly confidential and is given without any responsibility on our part.

Yours faithfully,

Unfavourable information

Dear Sirs,

Strictly Confidential

We have received your inquiry for information dated May 5.

We regret to inform you that we are not sure whether it would be advisable to grant a credit amounting to £980 to the firm in question.

About a year ago an action was brought against the firm by one of its suppliers for recovery of sums due, though payment was later effected in full. Consequently we deliver on cash basis or give only very limited and short credit which has never reached the sum mentioned in your letter.

We would ask you to treat this information strictly confidentially.

Yours faithfully,

Not possible to provide information

Dear Sirs,

We are in receipt of your letter of May 5.

To our surprise the firm in question has given you our name as a reference. We have hardly done business with the firm and therefore are unable to supply you with the information requested.

We are very sorry that we cannot be of service.

Yours faithfully,

1 Request for information

Your name has been given us as a trade reference by ... (name).	Ihr Name wurde uns von ... (Name) als Handelsreferenz genannt.
The firm mentioned on the enclosed slip has given us your name as a reference.	Die auf beiliegendem Blatt erwähnte Firma hat uns Ihren Namen als Referenz angegeben.
We have been referred to you by ... (name), who placed a first order with us.	Wir sind an Sie von ... (Name) verwiesen worden, der/die uns erstmalig einen Auftrag erteilt hat/haben.
We are planning to do business with ... (name).	Wir planen, in Geschäftsverbindung mit ... (Name) einzutreten.
We intend to enter into business relations with ... (name).	Wir planen, Geschäftsbeziehungen mit ... (Name) aufzunehmen.
As we have not done business with this firm until now we should be grateful if you would send us any information concerning their financial status.	Da wir mit dieser Firma bis jetzt nicht in Geschäftsverbindung standen, wären wir Ihnen dankbar, wenn Sie uns Informationen/Auskunft über ihre Finanzlage geben könnten.
In particular we are interested in their solvency/payment practices/business methods/reliability/creditworthiness.	Wir sind insbesondere an ihrer Zahlungsfähigkeit/ihren Zahlungsgewohnheiten/Geschäftsmethoden/ihrer Zuverlässigbkeit/Kreditwürdigkeit interessiert.
Do you think it would be advisable/justifiable to grant them a credit of about £ ...?	Denken Sie, daß es ratsam wäre, ihnen einen Kredit über £ ... zu gewähren?
You may rest assured that any information given will be treated in strictest confidence/as strictly confidential/ strictly confidentially.	Sie können absolut sicher sein, daß jede uns gegebene Auskunft streng vertraulich behandelt wird.
We shall always be pleased to render you a similar service/to reciprocate.	Stets werden wir gerne bereit sein, Ihnen einen entsprechenden Gegendienst zu erweisen.

2 Favourable information

We are pleased to state the following about ... (name).	Wir freuen uns, Ihnen über ... (Name) folgende Mitteilung machen zu können.
The firm mentioned in your letter is known everywhere as being creditworthy/reliable/well-managed/solvent/ sound.	Die in Ihrem Brief erwähnte Firma ist überall als kreditwürdig/zuverlässig/ gut geführt/zahlungsfähig/gesund bekannt.
Payments have been made regularly and discount taken.	Zahlungen erfolgten regelmäßig unter Ausnutzung von Skonto.
The firm in question is safe/good for £ ...	Die Firma ist kreditwürdig in Höhe von £ ...
The owners are trustworthy businessmen.	Die Eigentümer sind vertrauenswürdige Geschäftsleute.
We have no hesitation in recommending credit to the amount of $ ...	Ohne Zögern empfehlen wir, einen Kredit in Höhe von $ ... zu gewähren.
We trust that you will treat this information in strict confidence.	Wir vertrauen darauf, daß Sie diese Auskunft streng vertraulich behandeln.

3 Unfavourable information

We regret that we must inform you of the following.	Leider müssen wir Sie über folgendes informieren.
We have made repeated claims which were adjusted only after repeated reminders.	Wir haben wiederholt Beanstandungen geltend gemacht, die erst nach wiederholten Mahnungen reguliert wurden.
Obviously they are in financial difficulties.	Offensichtlich sind sie in finanziellen Schwierigkeiten.
During the last months there have been several delays in payment.	Während der letzten Monate hat es einige Zahlungsverzüge gegeben.
We would recommend caution when dealing with this firm.	Wir möchten zur Vorsicht raten, wenn Sie mit dieser Firma Geschäfte machen wollen.
This information is for your own use and given without responsibility on our part.	Diese Auskunft ist nur für Ihren persönlichen Gebrauch bestimmt und wird ohne Haftung unsererseits erteilt.
You will of course treat this information with utmost discretion.	Sie werden selbstverständlich diese Auskunft mit äußerster Diskretion behandeln.

4 Not possible to provide information

We have started doing business with the firm only recently and therefore are not able to give you the requested information.	Wir haben erst selbst vor kurzem Geschäftsbeziehungen mit dieser Firma aufgenommen und können Ihnen daher die gewünschten Auskünfte nicht erteilen.
We cannot supply you with any information on this firm as they are unknown to us.	Wir können Ihnen überhaupt keine Informationen über diese Firma geben, da sie uns unbekannt ist.
It is not customary in our line of business to give information of the requested type.	Es ist nicht üblich in unserer Branche, Informationen der gewünschten Art zu geben.

Exercises

1 Write one request for information,
one favourable reply,
one unfavourable reply,
one refusal to give information
using the phrases given above.

2 The German firm Freese & Co., Poststr. 8, 4000 Düsseldorf, have received a first order amounting to DM 20,000.00 from Norman Fowler, 23 Hope Street, HARROW M3 50P.
Mr Fowler has given his bank, Midland Bank in Harrow, as a reference. Freese & Co. have done regular business with Barclays Bank, 20 Romford Road, LONDON E7 9JB, and therefore ask for information about the financial standing of the firm.
Of course, Freese is eager to learn whether Fowler is safe for a credit up to the sum mentioned above.

3 Barclays Bank replies to Freese. Fowler is known as trustworthy and has made all payments promptly, but there are reports that he is in financial difficulties. Barclays Bank advises caution when dealing with this firm. Suggestion: ask for payment by a confirmed irrevocable L. C.
Information is given without responsibility.

4 Sie wurden von Ihren Geschäftsfreunden aus Manchester um eine Auskunft über die deutsche Firma Klocke in Bielefeld gebeten. Da diese Firma in Geschäftskreisen einen guten Ruf genießt, können Sie eine positive Auskunft erteilen. Es handelt sich um ein gut geführtes Unternehmen, dessen Geschäftsführer als zuverlässig und vertrauenswürdig gelten. Der Firma Klocke kann nach Ihrer Meinung ohne Zögern ein Kredit in Höhe von DM 15 000,00 eingeräumt werden.

5 Ihre Geschäftsfreunde aus Manchester haben Sie um eine weitere Auskunft über die deutsche Firma Gebr. Kierst in Nürnberg gebeten. Da Sie mit dieser Firma keine guten Erfahrungen gemacht haben, erteilen Sie eine negative Auskunft. Längst fällige Rechnungsbeträge wurden wiederholt erst nach mehreren Mahnschreiben beglichen. Auch ist Ihnen aus Gesprächen mit anderen Geschäftspartnern bekannt, daß sich in letzter Zeit Beschwerden über diese Firma häufen. Bitten Sie darum, daß diese Informationen mit äußerster Diskretion behandelt werden.

6 EURO ELECTRIC LTD in Liverpool wurde um eine Auskunft über eine ihr bekannte Firma in London gebeten. Der zuständige Manager von EURO ELECTRIC will in dieser Angelegenheit zurückhaltend sein und lehnt eine Auskunftserteilung höflich ab. Begründung: Im vergangenen Jahr wurden mit der genannten Firma keine Aufträge mehr abgewickelt.

7 Die Maschinenfabrik R. Schröder, Hansaring 20, 4500 Osnabrück, verhandelt wegen eines größeren Auftrages mit der Firma Blackwater & Co. Ltd., Garden Lane, MANCHESTER M4 1CA. R. Schröder wendet sich an die ihm bekannte Firma H. Carver, 26 Bridge Street, LONDON EC2 3AB, die seit Jahren mit Blackwater in Geschäftsbeziehungen steht.
Schreiben Sie im Namen von R. Schröder mit heutigem Datum an die englische Firma H. Carver nach folgenden Angaben:

- Mitteilung, daß Schröder einen Auftrag über 5 Druckereimaschinen im Gesamtwert von £ 25.000,00 erhalten hat, zahlbar 6 Monate nach Ankunft der Maschinen
- Bisher wurden noch keine Geschäfte mit der Firma getätigt. Es sind daher zuverlässige Informationen erforderlich, um zu entscheiden, ob ein langfristiger Kredit dieses Ausmaßes gewährt werden kann.
- Da Carver schon seit Jahren mit Blackwater in Geschäftsverbindung steht, bittet Schröder insbesondere um Auskunft über die Zahlungsfähigkeit und Kreditwürdigkeit der genannten Firma
- Selbstverständlich wird jede Auskunft streng vertraulich behandelt

8 Carver antwortet 10 Tage später.

- Eingang des Briefes vom ... bestätigen
- Mitteilung, daß Blackwater zu den bedeutendsten Maschinenimporteuren des Landes gehört
- Die Firma hat einen guten Ruf und ist ihren Verpflichtungen immer prompt nachgekommen
- Die Inhaber gelten als tüchtige und erfahrene Geschäftsleute; daher kann man ihnen ohne Zögern den Kredit gewähren, um den sie nachgesucht haben
- Diese Auskunft ist streng vertraulich und ohne Gewähr

9 Please translate.

a) Sehr geehrte Herren,
die Firma, die auf beigefügtem Zettel angegeben ist, hat uns Ihren Namen als Referenz angegeben. Sie beabsichtigt, mit uns in Geschäftsbeziehungen einzutreten und hat uns einen ersten Auftrag über DM 10.000,00 erteilt.
Wir sind nicht sicher, ob der Ruf und das Geschäftsgebaren dieser Firma einen Kredit in dieser Höhe rechtfertigen. Wir wären Ihnen daher sehr dankbar, wenn Sie uns einige verläßliche Informationen über die erwähnte Firma senden könnten.
Seien Sie versichert, daß jede erteilte Auskunft streng vertraulich behandelt wird. Selbstverständlich sind wir immer bereit, Ihnen einen gleichen Dienst zu erweisen.
Hochachtungsvoll

b) Streng vertraulich
Sehr geehrte Herren,
wir haben Ihr Schreiben vom ... erhalten. Zu unserer Verwunderung hat die fragliche Firma unseren Namen als Referenz angegeben, obwohl wir seit einiger Zeit mit ihr keine Geschäfte getätigt haben.
Wir haben jedoch erfahren, daß vor einigen Monaten gegen diese Firma ein Gerichtsverfahren eingeleitet wurde, weil es wiederholte Zahlungsverzüge gegeben hatte.
Wir raten deshalb zur Vorsicht, wenn Sie mit dieser Firma Geschäftsbeziehungen aufnehmen wollen. Auch möchten wir Ihnen empfehlen, zusätzliche Erkundigungen durch eine Auskunftei einzubeziehen.
Diese Auskunft ist nur für Ihren Gebrauch bestimmt und wird ohne jede Haftung erteilt.
Hochachtungsvoll

Part 5

Songs and Stories

5.1 Songs

5.1.1 Talkin' 'bout a Revolution

Don't you know
They're talkin' about a revolution
It sounds like a whisper
Don't you know
They're talkin about a revolution
It sounds like a whisper

While they're standing in the welfare lines
Crying at the doorsteps of those armies of salvation
Wasting time in the unemployment lines
Sitting around waiting for a promotion

Poor people gonna rise up
And get their share
Poor people gonna rise up
And take what's theirs

Don't you know
You better run, run, run . . .
Oh I said you better
Run, run, run . . .

Finally, the tables are starting to turn
Talkin' 'bout a revolution *(Tracy Chapman)*

Exercises

(Consider the phrases on page 188.)

1 Sum up the contents of this song in your own words.
2 Who are the people "standing in the welfare lines" and why are they standing there?
3 Find out about the Salvation Army (Heilsarmee) and explain its function.
4 A promotion in a job is a very good thing. What does Tracy Chapman mean with promotion from the unemployment lines?
5 Explain the expression "the tables are starting to turn" and show its relevance to "You better run, run, run".
6 In how far does the music support the message of the song?

5.1.2 Mountains o'Things

The life I've always wanted
I guess I'll never have
I'll be working for somebody else
Until I'm in my grave
I'll be dreaming of a life of ease
And mountains
Oh mountains o'things

To have a big expensive car
Drag my furs on the ground
And have a maid that I can tell
To bring me anything
Everyone will look at me with envy and with greed
I'll revel in their attention
And mountains
Oh mountains o'things

Sweet lazy life
Champagne and caviar
I hope you'll come and find me
Cause you know who we are
Those who deserve the best in life
And know what money's worth
And those whose sole misfortune
Was having mountains o'nothing at birth

Oh they tell me
There's still time to save my soul
They tell me
Renounce all
Renounce all those material things you gained by
Exploiting other human beings

Consume more than you need
This is the dream
Make you pauper
Or make you queen
I won't die lonely
I'll have it all prearranged
A grave that's deep and wide enough
For me and all my mountains o'things

Mostly I feel lonely
Good good people are
Good people are only
My stepping stones
It's gonna take all my mountains o'things
To surround me
Keep all my enemies away
Keep my sadness and loneliness at bay

I'll be dreaming, dreaming, dreaming ...
Dreaming

(Tracy Chapman)

Exercises

1 Sum up the main ideas of this song in your own words as far as possible.
2 Explain in your own words what the "mountains o'things" exactly are and point out their significance to the singer.
3 Why can the "mountains o'things" not save a human being's soul?
4 In how far does the contrast between "mountains o'things" and "mountains o'nothing" show the singer's social criticism?

5.1.3 Why

Why do the babies starve
When there's enough food to feed the world
Why when there 're so many of us
Are there people still alone

Why are the missiles called peace keepers
When they're aimed to kill
Why is a woman still not safe
When she's in her home

Love is hate
War is peace
No is yes
And we're all free

But somebody's gonna have to answer
The time is coming soon
Amidst all these questions and contradictions
There're some who seek the truth

But somebody's gonna have to answer
The time is coming soon
When the blind remove their blinders
And the speechless speak the truth

(Tracy Chapman)

Exercises

1 Sum up the contents of this song in your own words so as to show the singer's line of reasoning.
2 Analyse the contradictions in stanza 3 and show their significance.
3 Who could possibly be the "blind" and "speechless", and what does the singer reproach them for?
4 In how far does the rhythm, particularly at the beginning of the song, support the singer's underlying motives?
5 The "missiles" (stanza 2) clearly refer to bilateral peace talks in the past years. Find out about the actual situation and discuss in how far these talks have been successful.

5.1.4 Streets of London

Have you seen the old man in the closed down market
Kicking up the paper with his worn-out shoes
In his eyes you see no pride
Hands held loosely at his side
Yesterday's paper telling yesterday's news

Chorus:
So how can you tell me you're lonely
And say for you that the sun don't shine
Let me take you by the hand and lead you through the streets of London
I'll show you something to make you change your mind

Have you seen the old girl who walks the streets of London
Dirt in her hair and her clothes in rags
She's no time for talking, she just keeps right on walking
Carrying her home in two carrier bags

Chorus:
So how can you tell me ...

In the all-night café at a quarter past eleven
Same old man sitting there on his own
Looking at the world over the rim of his tea-cup
Each tea lasts an hour, then he wanders home alone

Chorus:
So how can you tell me ...

Have you seen the old man outside the Seaman's mission
Memory fading with the medal ribbons that he wears
In our winter city the rain cries a little pity
For one more forgotten hero and a world that doesn't care

Chorus:
So how can you tell me ...

(Ralph Mc Tell)

Exercises

1 Describe in your own words what the four stanzas tell you.

2 Analyse the structure of the song.

3 What expressions are used to produce an atmosphere of loneliness and poverty in the first stanza?

4 The chorus starts with "So how could you tell me that you are lonely". Whom does the songwriter address?

5 What may be the reason that "She's no time for talking" (2nd stanza)?

6 What is the deeper meaning of the criticism in the last two lines ("In our winter city ... a world that doesn't care.")?

5.1.5 I've been Looking for Freedom

One morning in June
Some twenty years ago
I was born
A rich man's son
I had everything
That money could buy
But freedom I had none

I've been lookin' for freedom
I've been lookin' so long
I've been lookin' for freedom
Still the search goes on
I've been lookin' for freedom
Since I left my home town
I've been lookin' for freedom
Still it can't be found

I headed down the track
My baggage on my back
I left the city far behind
Walkin' down the road
With my heavy load
Tryin' to find
Some peace of mind
Father said you'll be sorry, son
If you leave your home this way
And when you realize
The freedom money buys
You'll come
Running home some day

I paid a lotta dues
Had plenty to lose
Travelling across the land
Worked on a farm
Got some muscle in my arm
But still I'm not
A self-made man
I'll be on the run
For many years to come
I'll be searching door to door
But, given some time,
Some day I'm gonna find
The freedom I've been
Searching for

(Gary Cowtan)

Annotation: I paid a lotta dues – ich zahlte eine Menge Lehrgeld

Exercises

1 What do we learn about the singer's social background?

2 What did the singer do in order to find his "freedom"?

3 The word "freedom" is mentioned quite a few times. What could it be and why is it so difficult to find?

4 What is, in your opinion, a self-made man?

5 The singer of this song, David Hasselhoff, is a handsome, well-known and – obviously – a well-off actor. Do you think that such a person, who can afford everything, is convincing? Give reasons for your answer.

Useful Phrases for Talking about Songs

the song deals with ...
the text is about ...
the song treats a topical subject/historic event/subject of general interest/a social problem/the generation conflict etc.
in the text the subject/problem of ... is discussed
the main/central idea of ... is ...
the songwriter comments on ...
the author is of the opinion that ...
he describes ...
he expresses his point of view regarding/concerning ...
the singer has a critical attitude towards ...
he emphasizes/underlines ...
he protests against ...
he wants to give us the impression ...
he wants to influence/convince/persuade/manipulate us
he wants the listener to adopt his opinion
the author's intention is ...
the song has 4 stanzas/verses
it is composed of ...
it consists of ...
it is divided into ... each followed/preceded by a chorus
each stanza can be subdivided into ...
the first stanza concerns ...
the second stanza presents the aspect of ...
the rhyme scheme is aabb
there is no rhyme
the songwriter uses everyday English/American
he uses slang/the vocabulary of young people/the language of the world of pop
he uses ironical/aggressive/polemical language
the verse should be understood literally
it is a symbol of ...
it symbolizes ...
it is a synonym for ...
it is the opposite of ...
he compares ... to (with) ...
the expression appeals to our emotions
the statements appeals to reason
by this means the author creates a certain atmosphere/the impression that/a certain tension
the music/the rhythm goes with the text
the text has relevance/significance for ...
the message of the song is ...

5.2 Stories

5.2.1 Hard to Believe

Lincoln Jones Junior sat down on a bench in Hyde Park. He was an American in his early forties, a tall man who had once been strong and athletic, but over the last few years he had become rather fat. He wore a dark suit, coloured shirt and matching tie. He wiped his damp forehead with a large white handkerchief.

He was spending a week in London on business. However, this afternoon he had had no commitments, so he had decided to go for a walk around the interesting old city. But after an hour, discovering that he was not as athletic as he had once been, he was forced to sit down and rest.

On such a fine autumn afternoon Hyde Park was full of people. All the other seats in sight were occupied. Only this bench was almost vacant. At the other end sat only one old pensioner, slowly eating potato chips out of a newspaper parcel and dozing in the sun.

At that moment the pensioner finished his chips. He stuffed the newspaper down behind the seat and shuffled away. He had scarcely disappeared when his place was taken by someone else. A young man, with uncombed red hair and a long curly red beard, flung himself down onto the seat. He wore a worn-out parka and jeans, and the latest copy of "What's on?" was sticking out of his pocket.

The young man looked at Lincoln Jones for a minute and then suddenly burst out, "I'm in a terrible mess!"

He glanced at Lincoln Jones again to see how he had reacted to this statement. Lincoln Jones looked at him calmly and then said, "All right. Tell me your story."

"Well, I don't really expect you to believe it", said the young man defensively, "but it's quite true. I come from Glasgow, but I've spent the last few weeks on the Continent improving my education. I came back to England last night on the ferry. When I got here in the early hours I felt too exhausted to continue to Scotland straight away. As I have neither friends or relatives in London, a man travelling with me showed me a hotel near Victoria Station and I booked in there for a couple of days. I was so dead-beat after the crowded noisy ferry that I just flung myself into bed and slept for hours, not waking up till early this afternoon. By then I really felt I needed a bath or a shower to clean myself. Then I discovered I'd lost my toothbrush somewhere during my travels. So, before going down for a meal, I decided to go out and buy a toothbrush at the nearest chemist's. As it happened there wasn't a chemist's nearby. And when I finally did find one and bought my toothbrush, I realised I didn't know either the name or the address of my hotel. I've spent the last two hours looking for it, but in vain. So here I am, lost in a strange city, with no money except the small change in my pocket – 17 pence to be exact – because I left my wallet in the hotel room." –

He looked at Lincoln Jones hopefully. "So I hardly need to add – I have to ask ..., but if you could possibly lend me £ 10 ..." When Lincoln Jones still said nothing, he burst out angrily, "How could I expect such a noble gentleman like you to help me in my misfortune?"

"My dear young man", Lincoln Jones interupted him, "surely, a lad as intelligent as you should know that you are not helping your case by abusing me ... And as it happens, I'm quite prepared to believe your story. I once found myself in a similar situation."

"But, of course", continued Lincoln Jones pensively, "the flaw in your story is that you can't produce the toothbrush."

The young man's face suddenly became red as his hair and beard. He began fumbling in his pockets. "Damn it, I must have dropped it", he cursed; then he suddenly leapt up and ran off down the path.

"What a pity!" said Lincoln Jones, looking at the young man's disappearing back. "Such a clever young man and such a convincing story. If only he had thought to bring a toothbrush with him!" At that moment he looked at the ground under his seat. There amongst the autumn leaves, lay a small paper bag with a toothbrush sticking out of it. He quickly picked it up and hurried after the young man. He found him standing at a bus-stop just outside the park and looking very downcast. Lincoln Jones approached him quickly.

"You must accept my apologies", he said, "but your story did sound rather fantastic. However, I have found the missing proof." He pressed the toothbrush and a £ 20 note into the young man's hand. As he did so, the young man thanked him, turned quickly away and boarded a bus.

"Poor lad," muttered Lincoln Jones to himself as he turned back into the park. "He nearly burst into tears. I can quite understand the strain he was suffering ..."

A moment later as he walked past the bench where he had been sitting he saw that its first occupant had returned. The pensioner was poking short-sightedly amongst the leaves and papers under the seat.

"Hello," said Lincoln Jones. "Have you lost anything?" – "Yes," grunted the old man. "A toothbrush in a paper bag."

(Taken and slightly altered from FORUM No. 9, The Centre for British Teachers in Europe Ltd.; based on a short story by H. H. Munro)

Exercises

(Consider the aids and phrases on page 196/197.)

1 Retell the story in your own words as far as possible.

2 Tell the story as if it had happened to you in the role of Lincoln Jones Jr. Remember that he will only tell what happened to him.

3 Take the role of the young person and relate what happened to him. Remember that he doesn't know all of the story.

4 Invent another story you could tell the gentleman to persuade him to lend you some money. The story should have at least 80 words. Start with "I'm in a terrible mess!"

5 Make a list of all the words and phrases that
   a) describe the outward appearance of the persons in the story (e.g. a tall man, strong and athletic),
   b) describe the special way the persons behave, speak, move etc. (e.g. he wiped his damp forehead).

5.2.2 The Man Who Saved Pumpelsdrop

The important but not capital town of Pumpelsdrop lay at some distance from any other town of any size, so that it was the main shopping centre of a very large agricultural area. The farmers in this area had not been prosperous for a long time owing to a succession of poor harvests and low prices. Pumpelsdrop consequently had suffered considerably. When farmers in the country around were prosperous a lot of money was spent in the town and thus it possessed luxury shops of a quality that might cause you wonder how such a small town could have such excellent shops. These shops, however, had been carrying on only a hand-to-mouth trade for a couple of years when on the 5th of December an unexpected event happened.

Early in the afternoon of that winter day, a well-dressed man entered the principal motorcar dealer's and asked for the proprietor. His card bore the name of a noble family, one of whose estates was about fifty miles away. The proprietor had never done business with the great family before and he very respectfully asked the stranger what he could do for him. The stranger replied that he wanted two of Rolls-Royce's latest models. Full of joy at such a sudden piece of good fortune the merchant cautiously told his customer that it would take a little time to get the two cars delivered. The stranger replied that he wanted them as a Christmas present and did not require delivery until Christmas Eve. This presented no difficulties and the order was taken. The stranger declared that he would come on the morning of that day bringing his cheque with him for the total amount.

After his departure the proprietor rushed to tell the good news to his wife and in his excitement remarked that she might order herself a handsome piece of jewellery. The next day his wife went to the best jeweller's shop in the town and asked to see some necklaces and bracelets. The jeweller cunningly produced the most beautiful pieces he had bought in prosperous times but had given up all hope of selling. He told her that they were a bargain because the price had been reduced. Seduced by the price and beauty the motorcar dealer's wife ordered a necklace to be delivered to her house on Christmas Eve.

Overjoyed at the profit he had made, the jeweller said to his wife at dinner that night: "My dear, you have long needed a new fur coat, you may buy a good one for Christmas as I have done a very nice bit of business today." Next morning the jeweller's wife bought a fine mink fur coat. It was more than her husband would have expected her to spend, but she thought the bad times are perhaps over, the best things aren't always the cheapest! She then went on to a number of other shops and made many purchases for delivery by Christmas Eve, in order to bring her wardrobe into harmony with her new fur coat.

The optimism of the jeweller was shared by the other merchants, who urgently needed suits, shoes, socks, and other things which were bought on the following days. The appetite for spending money, like any other appetite, grows with use. Soon, everybody in the town was buying something and consequently everybody was selling something. The streets were filled; everywhere one saw cheerful faces and people going in and out buying and celebrating their purchases in their favourite restaurants. The town was full of activity and enjoyment. It was not long before this state of affairs affected the entire country around and neighbours came from far and near to enjoy its gay atmosphere. Every day as Christmas came nearer business improved. A new spirit of optimism was felt everywhere.

On the morning of Christmas Eve the car-dealer arose cheerfully. He had done much more business than he had expected. The two Rolls-Royce cars had arrived and had been on display in his shop-window for some days. They had found the special admiration of all and everybody had said to themselves as they passed "things are prospering".

On the afternoon of that day the town's main hardware merchant, an old friend of the car-dealer's, dropped in to see him and suggested a drink. As they were enjoying it he said to the car-dealer: "I've just had a big order for barbed wire from the Lunatic Asylum", mentioning an expensive establishment for private patients being mentally sick. "They are fencing in the whole place because one of their most valuable patients escaped about three weeks ago. People say he was one of the family of ...", and he then mentioned the name of the stranger who had ordered the two expensive cars.

The car-dealer looked at his watch. It was a quarter to six and already quite dark. The two Rolls-Royces glittered in the darkness and the car-dealer knew that they would not be called for that day. It did not matter. Business had been so good that he could afford to keep them. He raised his glass: "Long live the Lunatic", he proposed and told is story.

(Taken and slightly altered from "Fables, Parables and Plots", by W. J. Turner)

Exercises

1 Retell the whole story in your own words as far as possible.

2 Tell the story taking only the events in the sequence as they happen. Do not mention any of the background of the story, reason, intention etc.

3 What is the message of the story? Do not refer to the events in detail.

5.2.3 Old Man at the Bridge

An old Man with steel rimmed spectacles and very dusty clothes sat by the side of the road. There was a pontoon bridge across the river and carts, trucks, and men, women and children were crossing it. The mule-drawn carts staggered up the step bank from the bridge with soldiers helping push against the spokes of the wheels. The trucks ground up and away heading out of it all and the peasants plodded along in the ankle deep dust. But the old man sat there without moving. He was too tired to go any farther.

It was my business to cross the bridge, explore the bridgehead beyond and find out to what point the enemy had advanced. I did this and returned over the bridge. There were not so many carts now and very few people on foot, but the old man was still there.

"Where do you come from?" I asked him.

"From San Carlos," he said, and smiled.

That was his native town and so it gave him pleasure to mention it and he smiled.

"I was taking care of animals," he explained.

"Oh," I said, not quite understanding.

"Yes," he said, "I stayed, you see, taking care of animals. I was the last one to leave the town of San Carlos."

He did not look like a shepherd nor a herdsman and I looked at his black dusty clothes and his grey dusty face and his steel rimmed spectacles and said, "What animals were they?"

"Various animals," he said, and shook his head. "I had to leave them."

I was watching the bridge and the African looking country of the Ebro Delta and wondering how long now it would be before we would see the enemy, and listening all the while for the first noises that would signal that ever mysterious event called contact, and the old man still sat there.

"What animals were they?" I asked.

"There were three animals altogether," he explained. "There were two goats and a cat and then there were four pairs of pigeons."

"And you had to leave them?" I asked.

"Yes. Because of the artillery. The captain told me to go because of the artillery."

"And you have no family?" I asked, watching the far end of the bridge where a few last carts were hurrying down the slope of the bank.

"No," he said, "only the animals I stated. The cat, of course, will be all right. A cat can look out for itself, but I cannot think what will become of the others."

"What politics have you?" I asked.

"I am without politics," he said. "I am seventy-six years old. I have come twelve kilometers now and I think now I can go no further."

"This is not a good place to stop," I said. "If you can make it, there are trucks up the road where it forks for Tortosa."

"I will wait a while," he said, "and then I will go. Where do the trucks go?"

"Towards Barcelona," I told him.

"I know of no one in that direction," he said, "but thank you very much. Thank you again very much."

He looked at me very blankly and tiredly, then said, having to share his worry with someone, "The cat will be all right, I am sure. There is no need to be unquiet about the cat. But the others. Now what do you think about the others?"

"Why they'll probably come through it all right."

"You think so?"

"Why not," I said, watching the far bank where now there were no carts.

"But what will they do under the artillery when I was told to leave because of the artillery?"

"Did you leave the dove cage unlocked?" I asked.

"Yes."

"Then they'll fly."

"Yes, certainly they'll fly. But the others. It's better not to think about the others," he said.

"If you are rested I would go," I urged. "Get up and try to walk now."

"Thank you," he said and got to his feet, swayed from side to side and then sat down backwards in the dust.

"I was taking care of animals," he said dully, but no longer to me. "I was only taking care of animals."

There was nothing to do about him. It was Easter Sunday and the Fascists were advancing toward the Ebro. It was a grey overcast day with a low ceiling so their planes were not up. That and the fact that cats know how to look after themselves was all the good luck that old man would ever have.

(Taken from "The fifth Column and the first Forty-Nine", by Ernest Hemingway)

Exercises

1 In not more than 50 words, describe what happens in Hemingway's famous short story.

2 The words "bridge", "road", "sky" and "Easter" have a deeper significance. Explain the meaning of these words and find out in how far they are important for the understanding of this short story.

3 What does the conversation between the old man and the soldier reveal about their relationship? Is the soldier really interested in the old man's fate?

4 Discuss the problem of war with people who were affected by war and write about the experience.

5.2.4 The Computer Widow

For every home computer sold in America, there is a computer widow somewhere.

I dropped over to see the Bengals the other night. Mrs Bengal offered me a drink.

"Where's Walter?" I asked Adele.

"Where he always is these nights. He's in the library talking to his home computer."

"He talks to a computer?"

"All the time. It's taken the place of televion, conversation and foreplay," she said bitterly.

"I didn't know Walter was in to computers."

"That's all he is in to. As soon as he finishes dinner, he leaves the table and says, 'Well, I've got to go in and program a new household fiscal budget for 1983.' "

"At least he's working to save you money."

"He says he's working on a new budget, but I walked in last night and he was playing 'Star Wars'. I've never felt so alone in my life. At least when he watched football I could sit next to him. But now that he has a home computer he says he has to be alone with his software."

"You poor kid. Maybe he'll tire of it."

"No way. He reads computer magazins the way he used to read 'Playboy'. His idea of a centerfold now is a microcomputer that will expand to 128 bytes and produce a six-color screen resolution."

"Has he told you this?"

"No, but he talks in his sleep."

"Well, at least he's not dreaming about another woman," I said.

"I could compete with another woman," Adele said. "But I can't compete with a computer. We have no communication any more. I'm at my wits' end."
"You're not thinking of leaving him?"
"I threatened to last week, and he said to hold off until he could program all the variables and come up with a modified alternative."
"Have you ever thought about getting your own home computer and plugging into his? Perhaps you could talk that way."
"I'm not interested in interfacing with him through a terminal. After all, we're in the same house."
"Maybe I should talk to him," I suggested.
"You can try, but I doubt if it will do any good."
I went into the library and found Walter hunched over his keyboard. "Hi, Walter. Am I disturbing you?"
"No," he said, squinting at me.
"How is life?" I asked.
"Fine. I was having a problem for a while, but I straightened it out."
"What news of Adele?"
"Wait a minute," he said. "I'll find out."
He put in a disk, pushed a code key and typed ADELE on the screen. Then he hit his RETURN button.
"Here it is," he said. "She's either in the kitchen, the bath, her bedroom or went to a baseball game."
"Adele thinks she's losing you to a floppy disk retrieval system," I told him.
"That's ridiculous," Walter said. "All I'm trying is store index data that will be able to forecast how we can enjoy the September years of our life."
"We've been friends for years, so I'm going to ask you a very personal question, Walter. How much do you love Adele?"
Walter, without saying a word, inserted a disk, and started hitting the keyboard.
"What are you doing?" I asked.
"I'm counting the ways. It's much faster to do on a computer."

(Art Buchwald)

Exercises

1 Describe Walter's attitude towards his wife.

2 How does his wife react?

3 Why would it be easier for Adele to compete with another woman?

4 What is the deeper meaning of this story? Can it be taken seriously?

5 Discuss the influence of computers in the different fields of human life.

Aids for Analysing Short Stories

I Contents of the story

Aspects	Useful Phrases
Who tells the story? What is the relation in which the narrator stands to the story (point of view)? – first-person point of view (the main character tells his own story in the first person) – third-person point of view (The author tells the story as an observer without giving his own comments) – omniscient point of view (the author knows everything about his characters and gives his own comments)	The narrator appears/doesn't appear in the story The story is told from the point of view of the young man. The author expresses his point of view concerning ...
Where and when does the action take place?	The story takes place in ... The story is about ... The story deals with ... The scene/action is set in ...
How is the story constructed? – beginning of the story – sequence of actions – chronological narration – plot – flashbacks (= Rückblenden) – story within a story (= Rahmenerzählung) – climax – end of the story (solution, open ending)	The story begins with ... The story is divided into ... The action proceeds in several stages In the course of the action ... In the course of events ... In the next paragraph the story comes to/reaches a climax. Two actions occur simultaneously The story concludes with ... It ends by ...

II Characters of the story

Aspects	Useful Phrases
Are the characters developing or do they remain unchanged? Are the persons described by direct characterization? – outward appearance – personal qualities Are the persons described by indirect characterization? – presentation of a character through action	She was a good-looking woman He had a round, fat and good-humoured face He was an honest man In his outward appearance ... The person represents ... The activities of the principal/main character/person show ... The description of ... shows us
– presentation of a character by the description of his environment	The person is motivated by ... The author describes the contrasts with his environment
Which details of the characters are of special importance?	The person is in a conflict of interests The author gives some typical details An important component of his personality is ...

III Further aspects of interpretation

Do details of style and language have any significance? – choice of the words – repetition of words – sentence structure (simple or complex sentences, long/short/incomplete sentences, direct/indirect speech)	These words indicate ... These words are taken from colloquial language The repetition of this word underlines the idea of ... The repetition of certain elements of the sentence emphasizes ... The author uses short sentences The complexity of the sentences ... One of the characteristics of style is direct speech The sentence is introduced/concluded by ...
– symbols – personification – alliteration – irony	The expression has a symbolic meaning A double meaning is seen in ... The house/person stands for ... The animal signifies ... It represents ... The word is a symbol of .../for ... By the word the author means ... The evil is personified by ... The device of alliteration is used to show ... The statement contains irony He speaks ironically
How does the author create tension? Do places and actions have a symbolic meaning? What is the message of the story? What is the general effect or atmosphere produced by the story?	Tension arises from ... Tension is created by ... The place symbolizes ... The author gives his view/opinion The intention of the author becomes apparent by/is shown in the phrase The story produces an atmosphere of greyness and emptiness

Appendix

British and American Money

GB: 100 p (pence) = £ 1 (pound)	value	coin/banknote
½ p	half a penny	a halfpenny [heipni]
1 p	a penny, one p [pi]	a penny
2 p	twopence [tʌpns]	a twopenny [tʌpni] piece
5 p	five pence	a fivepenny piece, a 5 p piece
10 p	ten pence	a tenpenny piece, a 10 p piece
50 p	fifty pence	a fifty penny piece
£ 1	a pound	a pound piece
£ 1	a pound	a pound note
£ 5, £ 10, £ 20	five/ten/twenty pounds	a five/ten/twenty pound note

US: 100 c (cents) = $ 1 (dollar)	value	coin/bill
1 c	a cent	a penny
5 c	five cents	a nickel
10 c	ten cents	a dime
25 c	twenty-five cents	a quarter
50 c	half a dollar	a half-dollar
$ 1	a dollar	a dollar bill
$ 5, $ 10, $ 20	five/ten/twenty dollars	a five/ten/twenty dollar bill

Weights and Measures

Weight

GB:		
	1 ounce (oz)	= 28.35 grams (gm)
16 ounces	= 1 pound (lb)	= 0.45 kilogram (kg)
14 pounds	= 1 stone	= 6.35 kilograms
112 pounds	= 1 hundredweight (cwt)	= 50.8 kilograms
20 hundredweight	= 1 ton (long ton)	= 1.02 metric tons
US:		
100 pounds	= 1 hundredweight (short cwt)	= 45.4 kilograms
20 hundredweight	= 1 ton (short ton)	= 0.91 metric ton

Linear Measure

GB/US:		
	1 inch (in)	= 2.54 centimetres/centimeters
12 inches	= 1 foot (ft)	= 30.48 cm
3 feet	= 1 yard (yd)	= 0.91 metre/meter
1,760 yards	= 1 mile	= 1.6 kilometres/kilometers

Liquid Measure

GB:	1 pint	= 0.57 litre	US:	1 pint	= 0.47 liter
2 pints	= 1 quart	= 1.14 litres	2 pints	= 1 quart	= 0.95 liter
4 quarts	= 1 gallon	= 4.55 litres	4 quarts	= 1 gallon	= 3.79 liters

Common Abbreviations

abbr.	abbreviated	abgekürzt
A-level	advanced level	Abitur
AA	Automobile Association	Automobil Club
A.C.	alternating current	Wechselstrom
a/c	account current	Kontokorrent/Rechnung
ad	advertisement	Anzeige/Annonce
AD	Anno Domini – in the year of the Lord	im Jahre (des Herrn)
ADC	Advice of Duration Call	Telefonat mit Angabe der Dauer
a.m.	ante meridiem – before noon	vormittags
A.P.	Associated Press	(Presseagentur)
approx.	approximately	annähernd/ungefähr
Ave.	Avenue	Straße
b.	born	geboren
B & B	bed and breakfast	Übernachtung mit Frühstück
BBC	British Broadcasting Corporation	
B/E	Bill of Exchange	Wechsel (Handels-)
b/f	brought forward	Übertrag
BL	British Leyland	(britischer Autokonzern)
B/L	Bill of Lading	Seefrachtbrief/Konnossement
Bros.	Brothers	Gebrüder (Firmenbestandteil)
C	Centigrade	Celsius
c	cent	(US Währungseinheit)
Cath.	Catholic	Katholik
Cat.-No.	catalogue number	Katalognummer
CBI	Confederation of British Industry	Verband der britischen Industrie
cc	cubic centimetre	Kubikzentimeter
CD	compact disc	
cf.	confer	vergleiche
C & F	cost and freight	einschl. Kosten und Fracht
CFC	Chlorofluorcarbon	FCKW
CIA	US: Central Intelligence Agency	(amerikanischer Geheimdienst)
CIF	cost, insurance, freight	einschl. Kosten, Versicherung, Fracht
Co.	Company	Gesellschaft (Firmenbestandteil)
c/o	care of	per Adresse
COD	cash on delivery	per Nachnahme
cont.	contents	Inhalt
Co-op	Co-operative (Society)	Genossenschaft
Corp.	Corporation	Gesellschaft
CSE	Certificate of Secondary Education	(entspricht Hauptschulabschluß)
cu(b).	cubic	Kubik
CWO	cash with order	Zahlung bei Auftragserteilung
cwt	hundredweight	etwa ein Zentner (50,8 kg)
D/A	documents against acceptance	Dokumente gegen Akzept
dbl	double	doppel
D.C.	direct current	Gleichstrom
dept.	department	Abteilung
div.	dividend	Dividende
DIY	Do-It-Yourself	Bastler-, Hobby-
do.	ditto, the same	desgleichen
doz.	dozen	Dutzend
D/P	documents against payment	Dokumente gegen Zahlung
d/s	days after sight	Tage nach Sicht (Wechsel)
dupl.	duplicate	doppelte Ausführung

EC	European Community	Europäische Gemeinschaft
ed. or Ed.	edited by	herausgegeben von
EEC	European Economic Community	Europäische Wirtschaftsgemeinschaft
EDP	electronic data processing	elektronische Datenverarbeitung
e.g.	exempli gratia – for instance	zum Beispiel
encl.	enclosure	Anlage
Esq.	Esquire	Herrn ...
etc.	et cetera – and so on	und so weiter
ex.	example	Beispiel
F.	Fahrenheit	(engl. Thermometereinteilung)
FAS	free alongside ship	frei Längsseite Schiff
FBI	US: Federal Bureau of Investigation	Bundeskriminalpolizei
fig.	figurative	bildlich
FOB	free on board	frei an Bord
FOR	free on rail	frei Waggon
FRG	Federal Republic of Germany	Bundesrepublik Deutschland
ft	foot/feet	Fuß (30,48 cm)
furn.	furnished	möbliert
gal.	gallon	Gallone (US: 3,79 Liter, GB: 4,55 Liter)
GATT	General Agreement on Tariffs and Trade	Internationales Zoll- und Handelsabkommen
GB	Great Britain	
GCE (A-level)	General Certificate of Education	Allgemeine Hochschulreife/Abitur
GCSE (O-level)	General Certificate of Secondary Education	Mittlerer Bildungsabschluß
GDR	German Democratic Republic	Deutsche Demokratische Republik (DDR)
gm	gram	Gramm
GMT	Greenwich Mean Time	
GNP	Gross National Product	Bruttosozialprodukt
GP	General Practitioner	prakt. Arzt
h & c	hot and cold (water)	warmes und kaltes Wasser
HM	Her Majesty	
h.p.	horsepower	PS, Pferdestärken
hr(s)	hour(s)	Stunde(n), Uhr
IC	integrated circuit	integrierter Schaltkreis
i.e.	id est – in other words	das heißt
IMF	International Monetary Fund	Internationaler Währungsfonds
in	inch	Zoll (2,54 cm)
Inc.	Incorporated	US: (Firmenbestandteil bei Kapitalgesellschaft)
incl.	including	einschließlich
IQ	Intelligence Quotient	Intelligenzquotient
kph	kilometres per hour	Kilometer pro Stunde
£	pound	brit. Pfund Sterling
lab.	laboratory	Labor
Lab.	Labour Party	Arbeiterpartei
lb./lbs.	libra – pound	engl. Pfund (0,45 kg)
L/C	Letter of Credit	Akkreditiv (Kredit)
Lib.	Liberal Party	Liberale Partei
(Women's) Lib	Liberation	Emanzipationsbewegung)
LP	long-playing (record)	Langspielplatte

Ltd.	limited liability	beschränkte Haftung (GB: Firmenbestandteil bei Kapitalgesellschaft, entspricht GmbH)
L.V.'s	luncheon vouchers	Essenmarken
M (2)	motorway	Autobahn (Nummer 2)
maths	mathematics	Mathematik
max.	maximum	maximal/Maximum
Messrs	– Messieurs –	(Briefanrede bei Personengesellschaft)
Middx	Middlesex	(engl. Grafschaft)
min.	minimum	minimal/Minimum
misc.	miscellaneous	verschiedene
M.O.	money order	Postanweisung
MP	Member of Parliament	Abgeordneter
mph	miles per hour	Meilen pro Stunde
Mr	Mister,	(Briefanreden, siehe S. 14/15; 61/62)
Mrs	Mistress, –	
Ms		
M.S.	motorship	Motorschiff
M.V.	motor vessel	
NATO	North Atlantic Treaty Organisation	Nordatlantikpakt
NB	nota bene – take special note of	zur Beachtung
No(s).	number(s)	Nummer(n)
OECD	Organisation for Economic Cooperation and Development	Organisation für wirtschaftliche Zusammenarbeit und Entwicklung
O-level	ordinary level	mittlerer Abschluß (Prüfung)
OPEC	Organisation of Petroleum Exporting Countries	Organisation Öl exportierender Länder
oz	ounce	Unze (28,35 gr)
p	pence/penny	brit. Währungseinheit
p.a.	per annum – per year	pro Jahr
PA	Personal Assistant	persönlicher Assistent
p.c.	per cent	Prozent
PLC	public limited company	(GB = Firmenbezeichnung bei Kapitalgesellschaft, entspricht AG)
p.m.	post meridiem – after noon	nach 12 Uhr mittags
PM	Prime Minister	Ministerpräsident
P.O.Box	Post Office Box	Postfach
pp.	per procurationem – by proxy	per Prokura
pp.	pages	Seiten
PR	Public Relations	Öffentlichkeitsarbeit, Werbung
Prot.	Protestant	Protestant
prox.	proximo – next month	nächsten Monats
P.S.	postscript	Nachschrift
PTO	please turn over	bitte wenden
p.w.	per week	pro Woche
RAC	Royal Automobil Club	Königl. Automobilclub
RAF	Royal Air Force	Königl. Luftwaffe
Rd.	road	Straße
r.p.m.	revolutions per minute	Umdrehungen in der Minute
resp.	respectively	beziehungsweise
R.S.V.P.	répondez s'il vous plaît – please answer	um Antwort wird gebeten

$	dollar	
SALT	Strategic Arms Limitation Talks	Abrüstungsgespräche zur Begrenzung strategischer Waffen
Sq.	Square	Platz
sq.	square	Quadrat-
S.S.	steamship	Dampfschiff
St.	Street/Saint	Straße/Heilige(r)
STD	subscriber trunk dialling	(brit. Telefonselbstwählferndienst)
TU	trade union	Gewerkschaft
TUC	Trades Union Congress	(Spitzenverband der britischen Gewerkschaften)
TV	television	Fernsehen
UFO	unidentified flying object	unbekanntes Flugobjekt
UK	United Kingdom	Vereinigtes Königreich
UN	United Nations	Vereinte Nationen
UNESCO	United Nations Educational, Scientific and Cultural Organisation	(UN Kulturorganisation)
UNICEF	United Nations International Children's Emergency Fund	(UN Kinderhilfsorganisation)
UPI	United Press International	(Presseagentur)
USSR	Union of Soviet Socialist Republics	Sowjetunion
VAT	value-added tax	Mehrwertsteuer
VIP	very important person	bekannte Persönlichkeit
viz.	videlicet – namely	nämlich
vol.	volume	Band (Bücher-)
vs	versus	gegen
WHO	World Health Organisation	Weltgesundheitsorganisation
wpm	words per minute	Wörter pro Minute (Maschinenschreiben)
wt.	weight	Gewicht
Xmas	Christmas	Weihnachten
Y	economy class	Touristenklasse
yd(s)	yard(s)	Elle (0,91 m)
YMCA	Young Men's Christian Association	Christl. Verein Junger Männer
YWCA	Young Women's Christian Association	Christl. Verein Junger Frauen
ZIP-code	Zone Improvement Plan – postcode	US: Postleitzahl

Index of Grammatical Topics